왜 지금 교육경제학인가

EBS 교육인사이트

부모, 교사, 학교, 그리고 사회가
우리 아이들을 위해
바로 알아야 할 것들

왜 지금
교육경제학인가

김희삼 지음

EBS
BOOKS

"아무개, 너 나와!"

학창 시절 교실 분위기를 싸하게 만들던 말이다. 이른바 '문제 학생'에 대한 선생님의 인내심이 바닥났을 때 주로 들렸다.

"교육, 너 나와!"

나는 이 책에서 학생 대신 우리 교육을 소환하려고 한다. 우리 교육이 그동안 이룬 성과도 적지 않다. 그러나 많은 사람들이 우리 교육은 문제가 많다고 느끼고 있다.

교육은 학부 때부터 경제학을 전공으로 택한 내게 늘 관심 대상이었다. 교육 문제가 경제학의 좋은 연구 대상이라는 것은 나중에 알았다. 나는 한국에서 박사과정 수료까지 교육의 긴 단계를 경험한 후에 좀 늦은 유학길에 올랐다. 교육, 일, 노후의 삶에 이르는 사람의 일생을 주로 탐구하는 경제학자가 되어 돌아왔다. 정책연구기관에서 10년 일하는 동안 내 주된 저작물들도 교육에 관한 것이었다. 다양한 자료를 이용한 실증분석은 컴퓨터 앞에서 할 수 있는 부분이었지만, 현장을 알고 싶었다. 많은 회의, 토론, 강연, 탐방 등을 통해 여러 교육 전문가, 교사, 학생, 학부모 집단을 만났다. 대안교육에 대한 관심도 가졌다가 나를 실험하듯 과학기술특성화대학(GIST)에 둥지를 틀었다. 과목 개설과 수업 방식의 자유도가 큰 교양과목들을 가르치는 교수자가 되어 교육을 바꾸면 어떤 변화가 생기는지를 수업 실험과 다양한 비교과활동 지도를 통해 탐구해왔다.

생각해보면, 나는 한국 교육의 수혜자였다. 주입식 교육이 문제시되지 않았던 시절, 사람들이 교육을 '계층 사다리'라고 믿었던 시절, 뒤늦게 정신 차리고 공부해도 역전이 가능했던 시절에 장학금을 통한 사회의 도움도 받아 '가방끈'을 늘였다.

그런데 다들 느끼겠지만 지난 20년 남짓만 봐도 세상이 아주 많이 달라졌다. 앞으로 20~30년은 더 큰 변화가 예정 또는 예견되고 있다. 우리가 꼭 알아야 할 중요한 변화들이 이 책에 정리되어 있다. 이것이 이 책을 쓴 일차적 목적이다. 교육을 왜 바꿔야 하는지에 더 많은 사람들이 공감할수록 어떻게 바꿔야 하는지에 대한 합의 도출과 실행 가능성이 높아질 수 있다.

내가 이 책에서 교육을 불러낸 것이 교육에 대한 사람들의 불만과 비판 때문만은 아니다. 한국 사회에서 교육 문제는 난제로 손꼽히기에 '문제교육'이라 불러도 할 말은 없겠지만, 교육은 여전히, 그리고 앞으로도 다른 여러 난제들을 풀어내는 열쇠일 수밖에 없다. 무엇보다 사람을 바람직한 방향으로 변화시키는 역할을 우리는 교육에 맡겨왔기 때문이다. 그 바람직함이 무엇인지, 지금까지 교육이 그 역할을 잘해왔는지, 앞으로도 그 역할을 하는 것을 교육이라는 이름으로 불러야 할지는 이 책을 넘어 계속 고민해야 할 문제다. 좌우간 교육의 소환은 교육의 변화에 기대를 걸고 중요한 시대적 임무를 변화된 교육에 부여하는 것이기도 하다.

나는 이 책에서 우리 교육을 진단하는 데 있어 경제학적 관점과 분석 방법을 사용했다. 교육을 교육적 자원배분 과정으로 보고 경제학적 접근을 시도하는 교육경제학 분야에서 수행된 많은 실증연구들을 기반으로 했다. 그리고 효율성, 형평성, 타당성이라는 세 가지 평가기준을 사용하여 지금까지 우리 교육의 성과와 현주소를 확인하고 필요한 변화 방향을 제시했다. 또한 치열한 교육경쟁이 초래한 과중한 사교육 부담과 박약한 사회자본의 현실에서 어떤 노력을 통해 변화의 희망을 키울 수 있는지를 타진했다. 그리고 인구변동과 기술 급변이라는 거대한 파고에 대응하기 위한 미래의 교육 방향에 대해 제안했다. 이처럼 과거부터 현재까지의 우리 교육에 대한 체계적 진단, 현재 우리 교육 현실의 변화 가능성 타진, 미래의 도전 과제에 대응하는 교육의 역할과 방향에 관한 강의를 책 한 권으로 만든 것이다.

지금은 다중적 격차 및 사회갈등 심화, 기후 위기, 팬데믹, 기술 충격, 인구변동 등 여러 측면에서 뉴노멀 시대로의 진입 또는 시대 전환기로 일컫는 시기다. 여느 때보다 교육을 변화시키기 위한 노력과 투자, 지혜와 리더십이 중요한 시기로 볼 수 있다. 그러나 그동안 교육개혁을 내걸었다가 혼란과 좌초를 경험했던 학습 효과 탓인지, 명운을 걸고 교육의 변화에 주력하는 리더십은 잘 보이지 않는다. 그사이에 대부분의 사람들은 불만 많은 현재의 교육 시스템에 순응하여 각자 살아남는 각자도생을 선택하거나 선택당하고 있다. 나는 이 책이 지금의 교육에 순응하려는 사람뿐 아니라 개혁을 꿈꾸는 사람, 현실을 무시하거나 탈출을 바라는 사람 모두에게 참고가 되고, 힘이 되고, 사고 전환에 도움이 되기를 바란다.

이 책은 EBS 클래스ⓔ 강의 〈우리 아이 살리는 교육의 경제학〉(총 10강) 후에 EBS BOOKS의 제안을 받아 쓰게 됐다. 강의 녹취록을 다듬기만 하면 좀 수월하게 쓸 수 있었을 것이지만, 나는 책 한 권에 가능한 한 많은 내용을 종합적으로 담고자 거의 완전히 새로 쓰는 쪽을 택했다. 나의 이러한 구상은 근거 자료를 제시하면서도 이해가 어렵지 않게 해야 한다는 기본 원칙과 결합하여 집필 과정에서 상당한 수고를 요했다. 그동안 습득한 많은 통계 자료와 논문, 그리고 사진, 그림 및 칼럼 원고를 전문성과 대중성의 균형점에 관한 고민 속에 취사선택하고 재정리했다. EBS 강의를 이미 본 시청자도 이 책에서 새로운 내용을 많이 접할 수 있을 것이며, 이 책을 읽은 독자들이 강의를 보면 책에는 담기지 않은 현장감을 느낄 수 있을 것이다.

이 책의 발간에 이르기까지 여러 사람의 도움을 받았다. 집필을 권유한 EBS BOOKS와 독자의 눈높이로 초고를 읽어준 안해원 학생, 편집 및 디자인을 맡은 오하라, 대중 강연에 통계 자료를 많이 쓰는 것의 부적절함보다 미덕을 사준 EBS의 김형준 PD와 김미란 작가, 클래스ⓔ 강의의 모태가 된 GIST 〈교육의 경제학〉과목의 수강생들에게 고마움을 전한다. 그리고 나의 사랑하는 가족과 나에게 지금까지 배움과 도움을 준 세상의 많은 은인들에게 감사한다.

2021년 늦가을

김희삼

차례

1부

왜 경제학자가
교육을
불러냈을까?

교육 역시 투입으로 산출을 얻는 자원배분 과정이므로 경제학적 관점으로 교육 문제를 진단할 수 있다. 교육적 자원배분을 효율성, 형평성, 타당성의 기준으로 균형 있게 바라보고 실증적으로 평가해보는 것이다. 논쟁이 뜨거운 입시제도 역시 이렇게 접근하면 어떨까?

1장

교육의 경제학?
자원배분 과정으로 본 교육

．
．
．

나는 교육 문제를 주로 연구하는 경제학자다. 경제학자가 교육 문제를 연구한다고 하면 이상하게 생각하는 사람이 많다. 2020년 1학기에 있었던 일이다. 코로나19가 터지는 바람에 대학마다 온라인 개학을 했다. 아마 1학년 신입생이었던 듯하다. 그 학생이 첫 온라인 수업에 들어오더니 대뜸 "어? 수업을 잘못 들어온 것 같아요" 하는 것이다. 수업의 제목은 〈교육의 경제학〉이었다. 그 학생은 교육하고 경제학이 만나는 게 좀 이상하게 느껴진 모양이다. 그래서 내가 되물었다. "'교육' 보고 들어온 거예요? '경제학' 보고 들어온 거예요?" 그만큼 사람들은 경제학과 교육의 조합을 약간 '잘못된 만남'처럼 인식하는 것 같다. 심지어 내게 방송 강연을 의뢰하러 찾아온 피디마저도 첫 질문이 "경제학자이신데 왜 교육 문제를 그렇게 연구하세요?"였다.

교육과 경제학의 상관성

경제학이라는 것이 워낙 연구하는 범위가 넓다. 단순히 경제 관련 이슈들만 다루는 것이 아니라 환경, 건강, 가족, 법 등의 문제나 범죄까지도 연구한다. 그래서 현대 경제학에서는 경제학의 정의를 그냥 '경제학자가 하는 (모든) 것'이라고 이야기하기도 한다. 약간 경제학 제국주의 같기도 한데, 경제학적 시각으로 분석해볼 수 있는 대상이 많다는 의미다. 또 경제학자들은 데이터와 계량분석 방법을 가지고 실증 분석을 하는 일이 많다. 그래서인지 경제 및 사회 문제와 관련된 어떤 사안을 논리적으로 설명하거나 상대를 객관적인 증거로 설득할 필요가 있을 때 경제학적인 사고방식, 경제학적인 분석 방법 등이 자주 동원된다.

그럼 교육과 경제학은 어떤 관련성을 가질 수 있는가. 사실 경제학과 교육은 상호 궁합이 꽤 잘 맞는다. 교육이 무엇인가? 이전에 교육학 전공 박사과정 학생들을 대상으로 '교육경제학'이라는 과목을 강의한 적이 있다. 그때 첫 수업에서 학생들에게 물어봤다. "교육이 뭐예요?" 그랬더니 맨 앞에 앉아있던 학생 한 명이 씩씩하게 대답했다. "사람을 변화시키는 겁니다." 매우 멋있는 정의다. 그래서 다시 물었다. "사람을 나쁜 방향으로 변화시키는 것도 교육인가요? 교도소에서 동료 수감자에게 나쁜 짓을 배우기도 하잖아요. 그런 것도 교육이라고 볼 수 있습니까?" 그러자 그 학생이 자신의 정의를 다듬었다. "사람을 좋은 방향으로 변화시키는 것이 교육입니다." 대부분의 사람은 이와 같은 정의에 이의를 제기하지 않을 것이다.

교육은 영어로 에듀케이션(education)이다. 이 말의 어원이 에듀카레(educare)인데, '에(e-)'는 '밖으로'라는 뜻이 있고 '듀카레(-ducare)'는 '끌어내다'라는 뜻이 있다. 그런데 이 말이 어떻게 '교육'이라는 말이 되었을까? 보통 우리는 교육이라는 것이 교수자가 학생에게 자기가 아는 것을 주입하는 것, 즉 안으로 넣어주는 것이라고 생각한다. 하지만 그 어원이 뜻하는 바는 반대다. 교육이란 학생이 원래 자기 안에 가지고 있는 것을 밖으로 끌어내주는 것이다. 상호작용을 통해서 학생들의 경험이라든지 자기만의 생각, 질문, 지식 이런 것들을 충분히 끄집어내주는 것이다. 이것은 일방적인 강의보다는 활발한 토론과 학생 중심의 활동을 통해 가능하다.

그렇다면 경제학은 무엇인가. 경제학은 잘 알다시피 영어로 이코노믹스(economics)다. 그 어원은 오이코스(oikos)와 노머스(nomos)의 결합인데 오이코스는 '집, 가정'이라는 뜻이 있고 노머스는 '법, 규범'이란 뜻이 있다. 집을 관리하는, 즉 가정을 다스리는 그런 방법에 관한 공부가 경제학의 출발점에 있었던 것이다. 16세기 중반까지만 하더라도 이코노미스트는 지금과 같은 경제학자가 아니라 가정 관리인을 지칭했다. 그러니까 지금 경제학은 하나도 모르지만 가정을 나름대로 관리하고 있는 사람이라면 원래 의미의 이코노미스트인 셈이다. 한편 한자로 경제학(經濟學)은 "세상을 다스리고 백성을 구한다"는 뜻의 경세제민(經世濟民)이라는, 송나라 때 나온 개념을 줄여서 부르는 것으로 볼 수도 있다. 이 개념은 경제학과 경제학자가 무엇을 해야 하는가에 대한 답을 담고 있다고도 할 수 있다.

이 지점에서 경제학과 교육의 상관성을 생각해볼 수 있다. 경제학의 궁극적인 목적이 세상을 잘 다스리고 백성을 구하는 데 있다고 한다면 그를 위해 구체적으로 필요한 것이 무엇일까? 경세제민의 관점에서 교육의 문제도 생각해볼 수 있는 것이다.

경제학은 기본적으로 자원배분의 학문이다. 희소한 자원을 어떻게 하면 가장 효율적으로 각 재화의 생산에 투입하고, 사회 구성원들이 바라는 대로 잘 분배할 수 있을까 하는 문제를 다룬다고 할 수 있다. 교육이라는 것도 일종의 자원배분 과정으로 볼 수 있다. 교육을 위해서는 자원이 필요하다. 돈도 시간도 노력도 들어간다. 이러한 교육적 생산 과정을 통해서 교육적 산출이 나온다. 학생의 학업성취도와 전인적 성장이 대표적 산출이고, 경제학자가 흔히 인적자본이라 부르는 생산성을 갖춘 인재도 교육의 산출이다. 이처럼 교육적 자원배분의 과정을 다루면, 그것이 바로 교육의 경제학이 되는 것이다.

교육적 자원배분의 세 가지 평가 기준

자원배분 과정으로서 교육을 다룰 때는 다음의 세 가지 평가 기준에 대해 생각해봐야 한다. 이는 경제학에서 이야기하는 자원배분의 두 가지 평가 기준에 한 가지를 더한 것이다.

　첫 번째 평가 기준은 바로 효율성이다. 효율성은 투입 대비 성과가 얼마나 높은가를 나타내는 것이다. 이를테면 돈, 시간, 노력을 들이는 정도에 따라 시험 성적이 어떤 차이를 나타내는지 하는 것 등이다(교과서와 참고서의 모든 글자가 보이지 않을 때까지 필기구로 빽빽한 실타래를 그리면서 남들보다 오랜 시간 공부하고 시험을 못 보는 학생은 효율성이 낮은 교육적 투입을 하는 셈이다).

　두 번째는 형평성이다. 형평성은 교육의 투입, 과정, 산출이 얼마나 공평하게 이루어지는가 하는 문제다. 즉 교육을 받을 기회는 균등한지, 교육에 필요한 자원은 고르게 배분되고 있는지, 교육의 결과는 고른지에 대한 것이다. 한 사회에 계층 간, 지역 간 교육 격차가 크거나 중간층이 얇아져 교육 양극화가 발생했다면 교육의 형평성이 낮은 셈이다. 보통 경제학에서는 이 효율성과 형평성을 자원배분의 중요한 평가 기준으로 삼고 있다. 그런데 아무래도 이들만으로는 좀 부족하다는 생각이 든다.

그래서 세 번째로 제시하는 것이 바로 타당성이다. 타당성은 무엇인가. 지금 우리가 배우고 가르치는 내용과 방식이 학생들에게 진짜 필요한 것인가, 특히 미래사회에 진정으로 필요한 역량을 기르는 데 도움이 되는가 하는 것이다.

왜 이렇게 타당성이란 추가적인 기준이 필요한가 하는 문제는 예를 통해 차차 살펴보겠다. 일단 여기서 잠시 언급하고 싶은 것은, 지금의 교육이 타당성 측면에서 위기에 처해 있다고 볼 수 있다는 것이다.

2011년에 미국에서 학생들을 대상으로 "학교 교육에서 바라는 것이 무엇인가" 하는 설문조사를 한 적이 있다(www.eschoolnews.com). 이때 나온 답변은, 실제적이고 쓸모 있는 것을 가르쳐줄 것, 학생 스스로가 선택하고 또 학생들이 중심이 되는 수업을 해달라는 것이었다. 아울러 현재의 교육은 교사가 일방적으로 정보를 전달하는 방식이어서 학생들이 수업에 흥미를 갖기 어렵다는 불만이 많았다. 혼자서 인터넷 검색만으로도 알 수 있는 지식을 일방적으로 전달하기보다는 교사가 삶의 멘토가 되어주기를 바란다는 것 등이었다.

우리나라는 어떨까? 우리의 현실 역시 미국과 크게 다르지 않을 것이다. 한번은 한국 교육의 효율성, 형평성, 타당성에 대해서 어떻게 생각하는지 각계 분들을 모셔놓고 간담회를 진행한 적이 있다(김희삼·글로벌지식협력단지 연구기획팀, 2019). 초중고 교사, 대학 교수, 대학생, 대학원생, 졸업생, 학부모, 또 교육 분야를 연구했던 연구원들까지 다양하게 모였다. 이들을 대상으로 효율성, 형평성, 타당성 관점에서 우리 교육에 100점 만점에 몇 점을 주겠느냐는 질문을 했다. 이때 응답 결과의 평균을 내보니 효율성은 61점, 형평성은 54점, 타당성은 50점 정도 나왔다. 세 기준 모두 점수가 그다지 높다고 할 수 없지만, 그중에서도 타당성이 가장 낮은 평가를 받은 것이다. 특히 초, 중, 고, 대학으로 학교급이 올라갈수록 타당성에 대한 평가 점수가 낮았다. 초등학교 선생님은 80점을 준 반면 중학교 선생님은 70점, 고등학교 선생님은 40점, 대학교수는 30점 이렇게 점점 낮아지는 현상을 보였다.

어떻게 보면 초, 중, 고로 갈수록 미래를 위한 준비보다도 입시에 집중하다 보니 타당성이 조금 약화되는 것이 아닌가 하고 생각할 수 있다. 그런데 대학은 왜 그럴까? 물론 평가에 참여한 사람들의 수가 매우 제한적이라는 데서 이 결과를 일반화할 수는 없겠으나 이들 대학교수가 한국 교육의 타당성에 대해 30점 정도밖에 주지 않은 것은 왜일까?

이상적인 입시제도는 존재하는가?

한편 교육적 자원배분의 평가 기준과 관련해 생각해볼 수 있는 주제가 바로 대학입시제도이다. '대학입시'라는 말만 들어도 골치 아프다며 인상을 찌푸리는 사람이 있을 것이다. 정시 전형을 지지하는 사람, 수시 전형을 지지하는 사람뿐 아니라 수험생 자녀가 없어 별다른 관련이 없어 보이는 사람들까지도 입시제도와 관련한 화제가 대두될 때마다 의견이 분분하다. 때로 이 입시 문제는 사회 분열을 조장하는 중심에 서기도 한다. 2018년에 대학입시제도 개편 공론화 위원회를 운영하면서 사회적 숙의를 통한 결론을 모색해보기도 했지만, 갈등을 임시 봉합하는 수준에 그쳤다는 평가가 많았다. 그래서 입시제도와 관련된 정책이 발표될 때마다 그것의 문제점을 지적하는 말들이 쏟아져 나온다. 대부분의 사람들이 동의할 수 있는 합리적이고 타당한 입시제도가 존재하기는 할까?

예를 들어 수시 전형 중에서 학생부 종합 전형(이른바 '학종')을 지지하는 입장에 선 사람은 이런 이유를 댈 수 있을 것이다.

"이 제도는 학생의 종합적인 능력을 평가하려는 시도이며 한 학생이 자기의 꿈을 위해서 어떤 노력을 해왔는가를 총체적으로 살피는 것으로서 수능 점수 1, 2점 차이로 당락을 가르는 것보다 더 타당성을 가진다." 혹은 "정형화된 방식으로 작업하거나 답을 찾는 일은 로봇과 인공지능이 더 잘할 수 있는 4차 산업혁명 시대에는 객관식의 수능보다 학생부 종합 전형이 나은 방식이다."

그럼 이런 주장에 대해 다른 생각을 가진 사람들은 이렇게 말할 것이다. "그 제도가 취지는 좋을지언정 우리 실정에는 맞지 않다." "수능은 각자가 노력하면 그래도 점수를 얻을 수 있지만, 학생부 종합 전형은 부모의 배경이나 학교의 뒷받침이 따르지 않으면 어려운 구조로 되어 있어 불공정한 제도다."

이렇게 어떤 제도에 찬성하는 사람도 반대하는 사람도 저마다 이유가 있고 현실적 맥락에서 일리도 있다. 그런데 이상적인 대학입시제도를 설계하기 위해서는 먼저 우리나라의 대학입시가 갖는 성격을 종합적으로 짚어봐야 한다. 그리고 이에 따라 입시제도에 요구되는 요소들을 생각해볼 필요가 있다.

첫째, 선호하는 대학과 학과를 둘러싸고 치열한 입학 경쟁이 펼쳐지는 우리나라에서 대입은 일생을 건 피라미드형 경쟁의 승패를 쥔 고부담 시험(전형)이다. 이에 따라 전형 과정의 '공정성'이 요구된다.

둘째, 대학입시제도는 고등학교, 중학교, 초등학교 등 아래 단계 교육에 대한 강력한 영향력을 갖고 있다. 대입 전형에서 무엇을 중시하는지에 따라 교실 풍경과 수업 활동이 달라진다. 이에 따라 입시에 반영되는 내용의 교육적 '타당성'이 요구된다.

셋째, 우리나라에서 대학입시는 소득과 부의 격차가 심화되고 계층 고착화 경향이 우려되는 상황에서 과거에 비해 약해지긴 했지만 여전히 노력을 통해 계층 상향 이동의 희망을 걸게 되는 사다리 역할을 할 수밖에 없다. 이에 따라 입시 결과에 있어서 계층 간, 지역 간 '형평성'이 요구된다.

넷째, 대학입시는 학생, 학부모, 교사, 평가기관, 전문가 등 많은 사람의 시간과 노력, 자원이 투입되는 전국적 학생 선발 과정이다. 이에 따라 선별의 '효율성'이 요구된다.

우리나라에서 한 줄 세우기 경쟁을 지양하고 전형 내용의 타당성을 높여야 한다는 요구가 있었다. 이를 반영하여 그동안 대입 전형이 다양화, 즉 복잡화되고 수시(학종) 전형이 확대됐다. 이 과정에서 정보력의 중요성이 높아졌다. 이에 따라 복잡해진 전형을 단순화해야 한다는 요구가 제기됐다. 전형의 복잡성은 정보력의 차이에 의한 불공정성을 낳고 선별의 효율성도 저해하기 때문에, 이러한 '단순성'의 요구는 공정성의 요구 및 효율성의 요구와 상통한다고 볼 수 있다.

그렇다면 이런 요소들을 모두 충족하는 대입제도를 설계할
수 있을까?

파이공화국의 대입 시험

여기서 사고 실험을 하나 해보자. 파이공화국이라는 나라가 있
다고 하자. 그 나라는 말이 공화국이지, 한 독재자가 장기 집권
하고 있다. 이 독재자는 중학교 때 원주율 파이(π)에 빠져 거기
에 대한 집착이 생겼다. 엉뚱하게도 그는 모든 지식 중에 가장
중요한 것은 원주율을 많은 숫자까지 암기하는 것이라고 믿게
되었다.

이 독재자는 대통령이 된 후에 교육 시스템을 전면적으로
고치겠다고 하면서, 누가 원주율을 소수점 아래 몇째 자리까
지 정확히 알고 있는가, 이 한 가지 능력으로 학력을 평가하겠
다고 선언했다. 그런데 원주율은 알다시피 무리수로서 순환하
지 않는 무한소수다. 이것은 순환하는 마디도 찾을 수 없기 때
문에 거의 난수표 비슷한 것이다. 우리는 보통 원주율이라고 하
면 3.14라는 근삿값까지 안다. 조금 많이 기억하는 사람 정도가

3.141592…… 이 정도일 것이다. 그런데 누가 소수점 아래 몇째 자리까지 암기하고 있는가 하는 것을 가지고 대학 입학 여부를 판가름하겠다고 선언한 것이다. 이제 그 나라 교육이 어떻게 되겠는가? 예를 들어서 초등학교를 졸업하려면 소수점 아래 몇째 자리까지 외워야 되고, 중학교, 고등학교로 단계가 오를 때마다 외워야 하는 소수의 자릿수가 늘어날 것이다. 파이공화국에서 가장 좋은 대학을 들어가려면 엄청나게 많은 숫자를 외워야 할 것이다.

이런 대입제도는 효율성 관점에서 어떤가? 선별 도구로서는 매우 효율적이다. 일단 채점이 매우 간단하다. 그리고 어느 계층에서 태어났든지, 어느 지역에 살든지, 암기 능력만이 판단의 기준이다. 사실 이런 공부에는 사교육도 크게 필요 없다. 형평성 관점에서도 괜찮은 제도다. 그런데 타당성 측면에서는 어떤가? 이런 교육이 아이들의 미래에 도움이 될까? 지금은 컴퓨터로 소수점 아래 오십조 단위까지도 원주율 계산이 가능하다고 한다. 인간의 머리로 열심히 외운다고 해도 기계를 따라잡을 수 없고, 또 그럴 필요도 없다. 효율적이고, 공정하고 단순하며 공평한 제도라도, 타당성이 결여되어 있으면 이상적이지는 않다.

학력고사 한 방의 추억

우리나라 대학입시제도의 역사 속에 이상적인 제도가 존재한 적은 없었을까? 사람들은 대체로 자신이 성공적으로 통과한 입시를 나름 괜찮았던 것으로 생각하는 경향이 있다. 과거 본고사 세대는 예비고사에 이어 대학에서 출제하는 어려운 시험을 거쳤다는 자부심까지 보이기도 한다.

복잡하고 어려웠던 대학입시가 단순하고 효율적인 국가 수준의 표준화된 단일 평가로 전환된 것은 1980년대 초 대입학력고사의 도입부터였다. 학력고사 세대는 여러 과목을 객관식 시험 한 방으로 평가하고 내신 성적을 일부 반영하여 대학에 가던 그 방식이 단순하고 공정했다고 회고한다. 나 역시 학력고사 세대로서, 대학을 고르고 학과를 3지망까지 정해서 원서를 먼저 낸 후에 시험을 보는 선지원 후시험 제도가 도입된 1988학년도에 입시를 치렀다. 당시는 재학생의 과외(사교육) 금지 조치가 시행되고 있을 때라 학교 수업 후에는 거의 혼자 공부해야 했다. 고등학교 때 야간자율학습은 말이 자율학습이지 강제학습이었다. 학교에 머무는 시간이 길었던 만큼 가정환경의 영향력은 상대적으로 작게 작용했다. 즉 학력고사 한 방은 효율적이고 단순하며 공정한 선별 방식이었고, 사교육 금지 시기에는 형평성도 있었다.

　그렇다면 타당성 측면에서는 어땠을까? 학력고사는 변별력을 위해 단답형 문항이 일부 도입되기도 했지만, 기본적으로 4지선다형 시험이고, 교과과정에 충실하게 출제하여 단순 지식을 평가하는 문제가 많았다(국정교과서를 썼던 국사 과목의 경우, 어느 선생님은 교과서에 삽입된 자료 사진 밑의 작은 글자 설명까지도 외우게 했다). 한국 경제가 선진국의 제품과 기술을 베껴서 추격하던 시절에는 눈앞에 주어진 것을 잘 암기하고 이해하며 그대로 따라 할 수 있는 모방형 인적자본이 필요했다. 따라서 창의성보다는 성실성, 재기보다는 끈기, 융합적 사고보다는 암기와 약간의 응용력을 요구했던 학력고사는 그 당시의 인재상에는 부합했던 평가 도구였다고 볼 수 있다. 이런 점에서 타당성 측면에서도 나름 괜찮은 점수를 줄 수 있을 것이다.

　하지만 상황은 바뀌었고 시대는 달라졌다. 사교육은 더 이상 금지되어 있지 않고, 표준화된 시험의 정답을 찾는 요령과 이른바 '킬러 문항'을 해결하는 데 도움을 주는 사교육이 가격대별로 존재한다. 그리고 1994년부터 문제해결 능력과 복합적 사고력을 평가한다며 학력고사를 밀어낸 대학수학능력시험조차 타당성이 부족하다고 비판받는 시대가 됐다. 교육적 타당성의 충족 여부는 교육의 목표, 즉 인재상과 시대 상황, 그리고 미

래사회의 요구에 따라 달라질 수 있는 것이다. 물론 인간으로
서 갖추어야 할 기본 소양은 시대가 변하더라도 큰 변화가 없
는 상수일 수 있다. 그러나 나머지 것들이 불변일 수 없음은 한
국의 100년 전 교육이 어떤 내용이었는지를 생각해보면 알 수
있다.

이처럼 대학입시제도 하나만 보더라도 우리는 교육적 자원
배분의 평가기준을 균형 있게 적용하여 평가할 필요가 있으며,
그 점수표는 시대의 요구에 따라 다르게 매겨질 수 있다. 학력
고사 한 방의 추억이 강렬했다고 하더라도, 지금 시대에 요구되
는 여러 요소들을 모두 충족할 수 없다는 점에서 현재적 대안은
되기 어렵다.

입시 교육은 타당성이 낮을 수밖에 없을까?

초, 중, 고로 갈수록 교육의 타당성이 낮아진다면, 입시 위주의
교육은 타당성이 낮을 수밖에 없는 것일까? 반드시 그렇지 않을
수 있다. OECD 35개국 중에서 캐나다, 노르웨이 같은 나라는
대입시험 자체가 없다. 대입시험이 객관식인 나라는 한국, 일
본, 미국, 터키, 칠레, 멕시코 정도를 꼽을 수 있다.

유럽 국가들 대부분이 논술형 대입시험을 채택하고 있다. 프랑스의 '바칼로레아'라든지 독일의 '아비투어' 같은 시험이 대표적인 예다. 이런 유럽 나라의 경우 학교에서 입시 위주 교육을 한다고 해서 교육의 타당성이 낮은 것이 아닐 수 있다.

프랑스의 수능시험이라고 할 수 있는 바칼로레아를 예로 들어보자. 바칼로레아에 출제된 철학 문제는 세간의 화제가 되곤 한다. 문학, 경제사회, 과학의 세 계열이 있는데, 각 계열별로 출제된 철학 문제(2018년 6월)를 예시하면 이렇다. 문학 계열에서는 "문화는 우리를 더 인간답게 만드는가?", "우리는 진실을 포기할 수 있는가?", 경제사회 계열에서는 "모든 진리는 결정적인가?", "우리는 예술에 대해서 무감각할 수 있는가?", 과학 계열은 "욕망은 우리의 불완전함에 대한 표시인가?", "정의가 무엇인지 알기 위해 불의를 경험하는 것이 필요한가?" 등이 출제됐다.

이런 방식의 논술형 시험은 객관식 시험에 비해 채점하는 데 시간과 수고가 많이 든다. 전국 단위의 평가 도구로서의 효율성은 떨어진다고 할 수 있다. 그러나 이와 같은 시험은 학교에서 고도의 추상적이고 논리적이며 비판적인 사고력을 함양하도록 하는 목표를 갖고 교육하도록 유도한다. 그래야만 학생들이 대입 시험을 볼 수 있기 때문이다.

그러면 우리나라도 이런 방식의 대입 시험을 도입할 수 있을까? 반대하는 사람이 있다면 왜일까? 가장 큰 문제 제기는 아마도 채점의 공정성 여부일 것이다. 한국 사회에서 공정성은 대입에서 가장 중요하게 인식되는 요소다. 또한 현재 학교에서 그런 문제를 대비할 수 있는 교육이 가능한가 하는 의문도 있을 것이다. 결국 관련 사교육의 팽창만 낳을 것이라는 우려가 생길 것이다.

참고로 일본은 교육의 타당성을 높이기 위해 대입시험 제도를 바꿨다. 우리의 수능과 유사했던 '대학센터시험'이라고 하는 선다형 시험을 2020년부터 폐지하고 '대학입학공동시험'이라는 지식 활용 능력을 평가하는 시험으로 전환한 것이다. 국어와 수학에 80~120자의 서술형 문항을 도입했다.

물론 반드시 논술형, 서술형 시험이라고 해서 타당성이 높은 교육을 유도하는 것은 아니고, 선다형 객관식 시험도 한계는 있지만 문항을 잘 개발하면 복합적 능력을 측정하는 좋은 평가 도구가 될 수 있다. 중요한 것은 입시제도의 설계나 입학시험 출제에 있어 효율성이나 형평성, 공정성 등 다른 기준 못지않게 교육의 타당성에 미칠 영향을 중요하게 고려할 필요가 있다는 점이다.

개혁, 순응, 무시, 탈출

『괴짜경제학(Freakonomics)』(2007)이라는 책에 이런 말이 나온다. "인센티브 도식을 만들어내느라 골머리를 앓는 똑똑한 사람들이 있다면, 더 똑똑하든 아니든 세상에 나온 인센티브 도식을 유리하게 이용해먹기 위해 시간을 투자하는 사람들도 있는 법인데, 대개 그들은 훨씬 더 수가 많을 뿐만 아니라 훨씬 더 많은 시간을 투자한다." 이 말을 입시제도 개혁과 그에 대한 사람들(사교육업계 포함)의 반응에 적용해보면, 똑똑한 전문가가 입시제도를 좋은 방향으로 바꾼다고 하더라도 그보다 훨씬 더 많은 사람이 더 많은 시간을 들여 그 제도의 허점을 찾아내 이익을 추구한다는 것이다.

이처럼 세상에는 입시제도를 포함한 교육 시스템을 개혁할 필요성에 공감하고 개혁 취지에 맞게 실천하고자 하는 사람만 있는 것은 아니다. 지금의 교육 시스템이 바람직하지 않다고 해도, 이에 대한 태도는 사람마다 다를 수 있다. 어떤 사람은 나부터 시작해 우리 사회와 교육을 바꿔보자는 개혁(voice)의 태도로 목소리를 내고 실천할 수 있다. 어떤 사람은 그냥 우리 아이만 대학에 잘 가도록 애쓰자는 순응(loyalty)의 태도를 가질 수 있다. 전자는 더 나은 시스템으로의 이행에 대한 긍정적 전망이

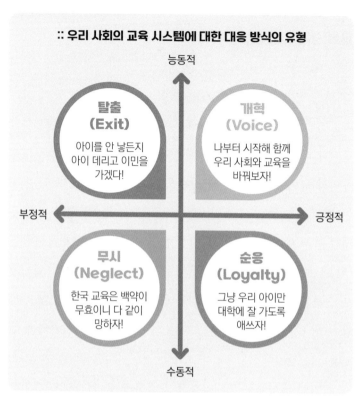

:: 우리 사회의 교육 시스템에 대한 대응 방식의 유형

능동적

**탈출
(Exit)**

아이를 안 낳든지
아이 데리고 이민을
가겠다!

**개혁
(Voice)**

나부터 시작해 함께
우리 사회와 교육을
바꿔보자!

부정적 ← → 긍정적

**무시
(Neglect)**

한국 교육은 백약이
무효이니 다 같이
망하자!

**순응
(Loyalty)**

그냥 우리 아이만
대학에 잘 가도록
애쓰자!

수동적

자료: Hirschman(1970, 176쪽)을 바탕으로 재구성.

능동적 실천과 결합된 것이고, 후자는 지금의 시스템을 인정하며 수동적으로 적응하는 태도다. 부정적 태도에는 아이를 안 낳든지 아이를 데리고 이민을 가겠다는 식의 탈출(exit) 지향도 있을 수 있고, 지금 사회에는 백약이 무효이니 다 같이 망하자는 식의 무시(neglect)의 태도도 있을 수 있다. 순응과 무시는 현재 시스템에서 얼마나 승산이 있을지를 가늠해보고 그 안에서 힘을 써보는가, 포기하는가의 차이일 것이다.

나는 그동안 학생, 학부모, 교사 등 다양한 청중 집단을 대상으로 이 네 가지 대응 방식 중 자신의 태도에 가장 가까운 것을 골라보라는 질문을 해왔다. 강의나 강연에서 손을 드는 방식으로 자신의 선택이 공개되고 있음에도 늘 70% 내외의 청중은 순응을 선택했다. 개혁을 선택하는 비율은 대략 10% 내외였다. 흥미로운 것은 학생과 학부모뿐 아니라 교사도 비슷한 비율로 순응을 선택하고 있었다는 점이다(이 조사를 할 때, 비교를 위해 늘 같은 그림—순응의 경우 "그냥 우리 아이만 대학에 잘 가도록 애쓰자!"가 표시—을 사용해왔다). 교사도 학부모와 유사한 자기 정체성으로 우리 교육 시스템을 바라보고 있거나, 개혁의 필요성은 느끼지만 시스템 변화의 주체가 될 엄두를 내지 못하거나, 아니면 그런 변화가 가능할 것으로 믿지 못하고 있는 것은 아닐까?

그런데 순응의 태도를 취하는 목적이 자신, 자기 자녀 또는 자기 제자가 미래에 잘 사는 것이라면, 현재 시스템뿐 아니라 미래가 어떤 세상이 될 것인지를 잘 전망하고 있어야 한다. 또한 개혁의 태도를 가진 경우에도 현재 시스템의 문제점을 제대로 파악하고 실행 가능한 개혁 방안을 찾아야 한다. 이 책을 읽기 시작한 사람들 중에는 개혁의 태도를 가진 비율이 더 높을

수도 있겠지만, 순응의 태도를 가진 다수의 사람들에게도 이 책은 좋은 참고가 될 수 있을 것이다. 다 읽고 난 후에 개혁의 필요성과 가능성에 대해 좀 더 공감하게 되었다면, 이 책은 목표를 달성한 셈이다.

2부

세 가지 기준으로
본
우리 교육

———

한국 경제를 아시아의 용으로 만들었던
교육은 앞으로도 힘을 발휘할 수 있을까?
한국 사회에서 개천용은 어떻게 나타나
왜 사라졌으며, 교육 사다리는 어떤 모습
으로 부활해야 할까? 자는 학생이 없는 수
업은 어떻게 만들 수 있을까? 경제성장의
관점에서 교육의 효율성, 사회이동성 차
원에서 교육의 형평성, 수업 방식에 초점
을 둔 교육의 타당성을 기준으로 우리 교
육의 과거와 현재를 평가해본다.

2장

다시 승천할 수 있을까?
경제성장과 교육의 효율성

·
·
·

대한민국 하면 어떤 동물이 떠오르는가? 단군신화 속 곰이나 백두산 호랑이를 떠올리는 사람이 있을 것이고 용을 떠올리는 사람도 있을 것이다. 곰은 한국인의 끈기를, 호랑이는 한국인의 용맹함을, 용은 승천을 바라는 한국인의 발전 욕구를 상징한다고 할 수 있다. 모두 한국의 경제성장 과정에서 우리의 인적자본이 이뤄낸 성과와 기여를 대변하고 있다.

예컨대 한때는 한국을 아시아의 '네 마리 용' 중 하나라고 일컫기도 했다. 네 마리 용은 한국, 대만, 홍콩, 싱가포르의 4대 신흥공업경제를 지칭하는데, 20세기 들어 경제발전에 성공한 아시아의 대표 사례로 거명되곤 했다. 서구의 학자들은 이 네 경제가 어떻게 비약적인 성장을 이룰 수 있었는지 그 원인을 알고자 했다. 이들에게 어떤 공통점이 존재할 것이라는 기대와 함께 말이다. 그런데 막상 연구를 해보니 네 나라가 서로 너무 달랐다. 경제의 구조도 다르고 문화적 동질성이 있다고 할 수도 없었다. 종교도 다르고 언어도 인종도 공통분모는 없었다. 다만 한 가지 같은 점이 있다면, 모두 젓가락을 사용한다는 점이었다. 그래서 이들 나라의 성장 원인이 젓가락 문화인가 하는 생각도 했다고 한다.

사실 그만큼 어떤 나라의 경제발전을 이루는 요인을 단정적으로 말하기는 어렵다. 그런데 2000년부터 OECD에서 국제학업성취도평가(PISA)라는 것을 하면서 네 마리 용의 공통점이 발견됐다. 만 15세 학생들이 매우 공부를 잘한다는 것이었다. 읽기, 수학, 과학 시험 성적에서 이 네 마리 용의 학생들은 수위권을 차지하고 있었다(2018년 PISA 수학 성적의 경우에도 79개 참여국 가운데 싱가포르는 2위, 홍콩은 4위, 대만은 5위, 한국은 7위였다). 그렇게 궁금해한 이들의 공통 요인이 인적자본이었던 것이다.

이러한 인적자본의 힘은 동아시아 국가들과 남미 국가들의 20세기 후반 경제성장의 차이를 설명하는 데도 사용됐다. 20세기 초의 출발점은 남미가 앞섰지만, 동아시아는 공교육의 확대를 통해 국민의 평균 교육 수준을 높였고, 광범한 교육열로 학생의 학업성취도가 높아져 '동아시아의 기적'이라 불리는 비약적인 경제성장을 이루었다는 것이다. 이를 가능하게 한 인적자본을 지식자본이라고도 부른다(Hanushek and Woessmann, 2016).

:: 인적자본과 경제성장

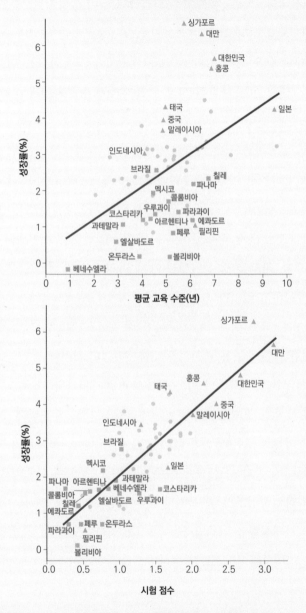

* 경제성장률은 1960~2000년의 실질 GDP 성장률 평균이고, 시험 점수는 1964~2003년의 수
  학·과학 국제평가 결과 평균의 자연지수함수 값이다.

자료: Hanushek and Woessmann(2016).

두 마리 토끼를 잡은 비결

서양의 자본주의 국가들이 G7과 G20의 핵심을 이루고 있다. 그런데 옛날에도 그랬을까? 산업혁명 이전에는 세계에서 가장 잘사는 나라가 아시아에 있었다. 중국과 인도가 그 주인공이다. 그러다가 산업혁명을 거치면서 세계 경제의 주도권이 서구로 넘어갔다. 그럼 한국 경제는 언제 이렇게 성장했을까?

우리나라는 1960년대 중반부터 1990년대 초까지 1인당 실질소득이 연평균 8% 정도 고도성장했다. 대략 9년마다 한 번씩 생활수준이 2배가 된 것이다(편리한 어림계산법으로 72라는 숫자를 연평균 성장률로 나누면 그 몫은 소득이 2배가 되는 데 걸리는 햇수를 나타낸다). 이렇게 계산하면, 27년의 나이 차가 나는 부모와 자식 세대는 각자 태어났을 때 나라의 평균적인 생활수준이 8배(=2×2×2배)나 차이가 났던 셈이다.

고도성장 이전에 한국은 대부분의 남미 국가보다 가난했고 필리핀을 동경할 정도였으니, 그 성장세가 얼마나 놀라운 것이었는지 알 수 있다. 그러면서도 한국은 남미 국가처럼 경제발전 과정에서 소득불평등이 그렇게 커지지도 않았다. 그래서 성장과 분배라는 두 마리 토끼를 잡았던 모델로 한국 경제는 칭송받아왔다. 빈부격차는 있었고 복지제도도 갖추어지지 않았지만,

:: 1인당 GDP 성장률과 소득불평등도(1965~1989년)

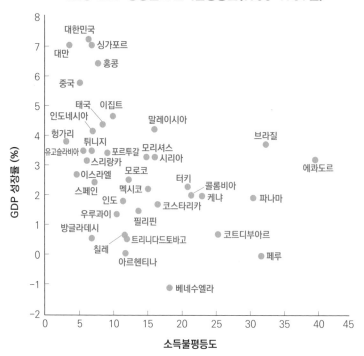

* 소득불평등도는 최상위 20% 인구와 최하위 20% 인구가 차지한 소득의 비율로서, 1960년대 말과 1970년대 초의 조사 자료를 주로 이용함.

자료: World Bank, World Development Report(1991).

경제성장의 과실이 근로대중에게도 돌아갔던 나름 포용적인 성장이었다고 할 수 있다.

그 비결이 무엇이냐고 묻는다면 교육을 답으로 꼽을 수 있다. 그때는 우리 국민이 가난하면서도 자녀만은 학교에 보내기 위해 고군분투했다. 계층을 초월한 교육열은 불평등의 확대나 대물림을 억제하는 힘이 되었다. 정부도 교육에 대해서 상당히 우선적인 투자를 했는데, 국가의 경제력 수준을 넘는 의욕적인 공교육 확대 정책을 펼쳐 다음 단계의 성장을 뒷받침한 것이다.

우리나라 공교육은 단계적으로 확대되어왔다. 1945년 광복 당시에 140만 명에 불과하던 초등학생 수는 20년 후 500만 명대로 증가했고, 초등교육 취학률도 60%에서 90% 이상으로 상승했다. 같은 기간 초등교사의 수도 2만 명에서 10만 명으로 증가했다. 학교의 수용력을 넘어 콩나물시루처럼 학생이 빽빽이 들어찬 교실에서 오전·오후반으로 나눈 2부제 수업을 했지만, 초등교육부터 의무화, 즉 무상화한 것이다. 그다음에는 중학생 수가 늘어났고, 그 후에는 고등학생 수가 늘어났다. 정부는 사립 중고등학교에도 재정 지원을 하는 방식으로 중등교육 단계의 학교를 늘렸다. 대학 교육, 즉 고등교육은 1980년대부터 확대되기 시작했다. 이러한 공교육의 단계적 팽창은 초등교육을 통해 문맹을 없애고, 중등교육을 통해 조립가공 위주의 제조업에 적합한 노동력을 양성하며, 첨단산업 진출과 함께 이에 필요한 고급 인력을 고등교육으로 조달할 필요가 있었던 한국의 사회경제적 발전 과정에 부응하는 것이었다. 그리고 가계의 경제적 여유가 생기고 자녀 수가 줄면서 유치원 교육도 조금씩 늘어났다.

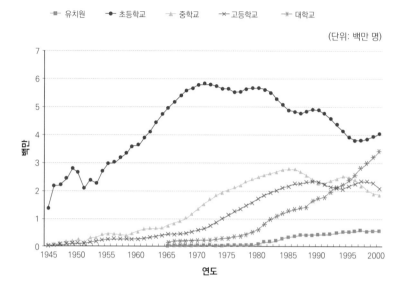

:: 학교급별 학생 수 추이

● 유치원   ● 초등학교   ▲ 중학교   ✕ 고등학교   ✳ 대학교

(단위: 백만 명)

철광석에서 반도체까지

한국의 산업구조를 보면 1960년대까지만 해도 농업사회라고
할 수 있다. GDP에서 농업이 차지하는 비중이 39% 정도 되었
다. 그러다가 최근에는 농업의 비중이 2%(2017년 기준 300억 달러
로 GDP의 2%)밖에 되지 않는다. 1차 산업인 농업에서 2차 산업인
제조업과 3차 산업인 서비스업 중심으로 경제구조가 변해가는
것은 한국의 경제발전 과정에서도 두드러졌다.

한국은 수출 주도의 경제발전 전략을 채택해서 취득한 외화를 재투자하는 방식으로 상당한 성공을 거두었다. 그런데 주요 수출 품목의 변화 속에서도 산업구조의 고도화를 엿볼 수 있다. 한국의 5대 수출품이 1960년에는 철광석, 텅스텐, 생사, 무연탄, 오징어와 같은 1차 산업 생산물이었다. 1970년에는 섬유, 합판, 가발 등 경공업 제품과 함께 철광석 그리고 전자제품이 5대 수출품으로 등장한다. 1980년에는 섬유, 전자제품, 철강제품, 신발과 함께 선박이 등장한다. 1990년이 되면 전자제품이 1위로 올라서게 된다. 또 2000년에는 반도체가 1위로 등장하고 지금까지도 우리 수출의 반도체 의존도는 매우 높은 수준이다. 물론 자동차도 상당한 경쟁력을 가진 주요 수출품이 되었고, 최근에는 자동차 부품, 디스플레이, 무선전화기 등이 강세를 보이고 있다.

이와 같은 수출 품목의 변화에는 그 배후에 이를 생산하는 인력, 즉 인적자본의 고도화가 있었으며, 이것은 교육의 단계적 발전에 의해 뒷받침됐다. 1950년대 초등교육의 의무화는 글을 읽고 쓸 수 있는 능력과 기초 수준의 지식을 가진 국민을 양성하여 1960년대부터 시작된 경공업 위주의 산업화 초기 인력 수요에 부응했다. 1960~1970년대 중등교육의 확대와 실업계 고교의 기능인력 배출은 1970~1980년대의 중화학공업 발전에

필요한 현장 노동력을 공급했다. 1980~1990년대 고등교육의
확대는 자동차, 전기·전자, 정보통신 등 고부가가치 산업의 성
장에 필요한 고직능 인력을 조달했다. 교육이 산업화와 경제발
전 단계에 맞게 인력을 공급하며 성장을 지속할 수 있게 한 것
이다.

　한국이 가발을 주요 수출품으로 생산하던 시절의 구로공단
가발공장에는 유니폼을 입은 여성 노동자가 가득했다. 젊은 여
성이 길러서 판매한 윤기 있는 머리카락이 다른 젊은 여성의 손
을 거쳐 외국 여성의 멋을 내줄 수출 상품이 된 것이다. 1970년
대에 가발 수출 세계 1위는 한국이었으나, 그 후 세계의 가발 생

:: **구로공단 가발공장 모습**

산 기지는 동남아로 넘어가게 됐다.

한국 전자산업의 시초라고 볼 수 있는 진공관 라디오(A-501)
는 1959년에 등장했다. 국산화율이 70%에 달했지만, 대졸 신입
사원 세 달 치 월급에 해당하는 높은 가격과 소비자의 외제 선호
로 인해 초창기 인기는 저조했다. 정부가 특정외래품판매금지
법(1961)을 만들고 밀수품 단속을 강화하며, 농어촌 라디오 보내
기 운동(1962)까지 전개하면서 내수가 점차 증가했다. 1965년에
는 라디오 및 전기기기가 수출 특화 품목에 포함되면서 라디오
수출이 늘어났다. 선진국 제품을 분해한 후에 모방해서 만들 수
있는 부품은 만들고 그럴 수 없는 핵심 부품은 수입해서 조립하

:: 금성사의 첫 라디오 수출

:: 현대중공업 조선소의 선박 수출

는 방식(리버스 엔지니어링, reverse engineering)으로 만든 상품을 수
출하는 것이 당시 우리 제조업의 주된 성장 전략이었던 것이다.

　포항제철에서 철강이 대량으로 생산되기 시작하자 이를 이
용해 배를 만들어 수출하려는 구상도 나왔다(사실 제철소 자체도 일
본 등에서 기술 연수를 받아 완성해간 것이다). 그런데 한국은 조선에 필
요한 설비도 없고 배를 만들어본 경험이 전혀 없는 상태였다. 이
러한 상황에서 고 정주영 회장이 외국에 조선소를 지을 돈을 빌
리러 다니면서 퇴짜를 맞다가 마지막에 상대를 설득한 일화가
유명하다. 그는 지갑에 있던 500원짜리 지폐에 그려진 거북선을
보여주며, 우리 조상이 이 철갑선을 만들어 바다에 띄웠고, 그

:: 현대 포니 자동차 수출

배로 일본군을 대파했다는 것을 이야기해 자금 대출에 성공했다고 한다. 한편 대형 선박을 만드는 과정에서는 25만 톤급 배를 한 번도 본 적 없던 직원이 영국에서 1개월, 일본에서 2주 동안 조선소들을 견학하며 연수를 받았다고 한다. 모든 것을 기록하던 그 직원에게 붙은 별명은 '걸어다니는 사진기'였다고 한다.

그다음은 외국에 수출한 최초의 국산 승용차 포니 이야기다. 차체의 디자인과 설계, 엔진과 변속기 제도 등 핵심 기술 대부분을 외국 업체들로부터 도입하여 자체적으로 조합하여 탄생시킨 모델로 1975년에 처음 생산되었다. 포니 개발 당시 자동차 개발에 대해 아무것도 몰랐던 직원은 이탈리아의 개발자가 자동차

:: 국제기능올림픽 수상자를 위한 개선 퍼레이드

설계 도면에 긋는 선은 물론 선을 긋는 자와 연필까지 똑같이 그려왔다고 한다. 사소한 것까지 빼놓지 않고 기록한 노트가 초기 국산 자동차 양산 및 수출의 초석이 되었던 것이다.

한국인의 손재주와 솜씨는 국제기능올림픽대회 석권에서 드러났다. 청소년 직업 훈련과 기능 수준 향상을 위해 1950년부터 2년마다 실시되어온 동 대회에서 한국은 1966년 첫 출전 이후 1977년부터 2015년까지 총 19회나 종합우승을 차지했다. 1970~1980년대에는 이름난 공업고등학교에 매우 우수한 학생들이 진학했고, 이들이 정부가 내건 기술입국의 현장 주역이 되었다. 국제기능올림픽 수상자를 위한 귀국 환영식에서 개선 퍼레이드가 열렸고, 산업훈장도 수여되었다.

이처럼 후발자의 이득을 바탕으로 기업이 만든 제품을 수출하고 국민이 열심히 일한 결과, 한국의 1인당 소득은 비약적으로 향상되어왔다. 1960년에는 1인당 소득이 세계 평균의 44.4%로 절반도 안 됐지만, 50년 후 2010년에는 277%로 세 배 가까이 되었다. 실질 구매력을 기준으로 환산하면 50년 만에 18배나 잘살게 되었다.

2017년에는 1인당 국민총소득이 3만 달러에 진입했다. 그런데 인구가 5,000만 명 이상이면서 1인당 소득이 3만 달러 이상인 나라는 7개국밖에 없다. 미국, 일본, 독일, 영국, 프랑스, 이탈리아 그리고 한국이다.

그런데 앞으로는 어떻게 될 것인가? 한국은 1980년대 후반 3저(저금리, 저달러, 저유가) 호황에 힘입어 8~9%의 고성장을 하다가 1인당 소득 3만 달러에 도달한 근간에 와서 성장률이 계속 떨어지고 있다. 일본은 우리보다 일찍 3만 달러 고지를 넘었지만 자산가격 거품이 1990년대 초에 붕괴한 이후 '잃어버린 20년'이라 불리는 긴 불황을 거쳤다. 이탈리아는 3만 달러를 달성한 이후 성장률이 마이너스로 고꾸라졌다. 한편 아시아의 네 마리 용 가운데 싱가포르와 홍콩은 1인당 소득이 6~7만 달러 가까이 가면서도 비교적 꾸준한 성장세를 유지해왔다. 독일은 제조업의 수출경쟁력 저하로 잃어버린 10년을 겪었지만, 노동시장 개혁을 이뤄내고 현재 유럽 경제의 중심 역할을 하고 있다. 미국은 1990년대에 IT 기반의 신경제로 호황을 누리다가 2008년 글로벌 금융위기 때 주춤했다.

한국 경제는 어떤 경로를 밟아나가게 될까? 아시아의 용으로 다시 고개를 들 수 있을까? 아니면 일본처럼 장기 침체의 늪에 빠지거나 이탈리아처럼 마이너스 성장을 하게 될까?

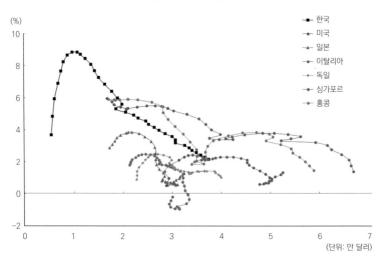

:: 1인당 소득 및 증가율의 궤적(1980~2016년)

* 가로축은 1인당 소득 수준인데, 2005년 구매력균등(PPP) 환율 기준으로 재평가한 소득이므로 같은 금액이라도 각국의 물가 수준에 따라 달라진다. 세로축은 1인당 소득증가율을 Hodrick-Prescott 필터로 평활화(smoothing)한 값이다.
자료: 한국개발연구원.

그때는 맞고 지금은 틀리다

광복 이후 반세기 동안 기적 같은 고도성장을 구가한 한국 경제는 최근 사반세기 동안은 성장률이 저하되어왔다. 경제성장의 추세를 보기 위해 10년 이동 평균으로 장기성장률을 관찰해보면 문민정부부터 지금에 이르기까지 정권이 바뀔 때마다 대략 1%p(퍼센트포인트)씩 장기성장률이 낮아져왔다(김세직, 2018). 보수정권, 진보정권 가릴 것 없이 그렇게 되어온 것이다. 왜 그

:: 10년 이동 평균 경제성장률의 추이

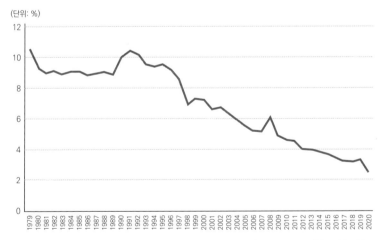

(단위: %)

* 10년 이동 평균은 경제성장률의 경향을 나타내는 선을 구하기 위해 매년도마다 그해까지의 10년 간 경제성장률을 평균한 값을 가리킨다. e-나라지표 통계를 이용해 계산했다.

럴까? 우리가 과거에 고도성장을 할 수 있었던 것이 인적자본의 힘이었다고 하면 이렇게 장기성장률이 점점 떨어지고 있는 것도 인적자본과 관련이 있지 않을까?

실제로 경제성장에 교육이 기여하는 정도는 추세적으로 하락해왔다. 10년 이동 평균 경제성장률을 해당 연도의 국민 평균 교육연수로 나누어 후자가 전자에 미치는 영향력(기울기)의 크기를 교육투자의 효율성 지표로 정의해보자. 이 지표는 국민의 인적자본에 대한 투자가 경제성장에 얼마나 기여하는지를 가늠하는 척도로 활용되는데, 그 값이 1980년 1.23에서 2015년 0.31까지 떨어졌다. 평균 교육연수가 1980년 7.6년에서 2015년 12.1년이 될 정도로 국민의 교육 수준은 월등히 높아졌다. 그러나 같은 기간 10년 이동 평균으로 계산한 장기성장률은 9.35%에서 3.7%로 크게 낮아졌기 때문이다. 교육투자가 경제성장에 점점 더 기여를 못 하고 있다는 것이다. 그 이유는 무엇일까?

과거에는 우리나라의 인적자본이 당시 성장 체제에 잘 맞았다. 앞서 언급한 라디오 이야기를 통해 생각해보자. 당시 라디오를 어떻게 만들었을까? 국내에 자체적인 기술이 없으니 일단 외국산 라디오를 분해해본 것이다. 하나하나 뜯어서 살펴보고 수많은 시행착오를 거쳐 모방해냈다. 직접 만들 수 없는 부품은 수입하고, 국내에서 만들 수 있는 것들은 낮은 임금으로 싼값에

:: 평균 교육연수와 교육투자 효율성 지표의 추이

연도	10년 이동 평균 경제성장률 (A)	평균 교육연수 (B)	교육투자 효율성 지표 (A/B)
1980	9.35	7.6	1.23
1985	9.09	8.6	1.06
1990	10.03	9.5	1.06
1995	9.58	10.3	0.93
2000	7.24	10.5	0.69
2005	5.48	11.2	0.49
2010	4.69	11.6	0.40
2015	3.70	12.1	0.31

1) 평균 교육연수 = 총 교육연수 ÷ (만 6세 이상 인구 - 학생 수). 즉 국민의 교육수준을 재학 중인 학생을 제외하고 학업을 마친 만 6세 이상 인구의 재학 기간 평균으로 측정했다.
2) 초등학교 중퇴는 3년, 중학교 중퇴는 7.5년, 고등학교 중퇴는 10.5년, 전문대 중퇴는 13년, 대학 중퇴는 14년, 석사 중퇴는 17년, 박사 중퇴는 19년으로 계산했다.
3) 이 표는 e-나라지표 통계를 이용해 계산했다. 이와 같은 방식으로 교육투자의 효율성 지표를 계산한 사례는 김세직·류근관 외(2011)의 연구가 있다.

만들어서 채워 넣어 조립해 생산했다.

핵심은 모방 능력이다. 우리가 선진 공업국들을 추격하던 시절에는 그런 모방형 인적자본이 적합했다. 이때 필요한 능력은 학교에서 가르쳐주는 것들을 잘 받아 적고 외우는 것이다. 창의성은 특별히 필요하지 않았다. 이해와 암기 중심의 주입식 교육이 타당성을 가졌던 시기라고 볼 수 있다.

그런데 지금 한국 경제의 위상은 그렇지가 않다. 이제 어떤 산업 부문에서는 베낄 게 없고 우리가 제일 앞서 있다. 오히려 우리의 기술을 다른 나라들이 추격해오고 있다. 개혁과 개방 이후 세계의 공장 역할을 해온 중국과의 기술 격차는 갈수록 줄어들고 있고, 중국이 앞선 신기술 분야도 많다. 모방과 저비용 양산에 주력하는 수출 기지는 우리보다 후발자인 개발도상국들로 넘어갔다. 과거 우리의 고도성장을 가능하게 했던 빠른 추격자(fast follower) 전략은 글로벌 가치 사슬 변화로 드러나는 세계 경제의 분업 구도 재편과 기술 변화의 물결에서 더 이상 통하지 않는다. 과거 시절에 힘을 발휘한 모방형 인적자본은 우리 경제에는 더 이상 적합하지 않다. 타당성은 시대에 따라 변한다. 운동선수로 치면 출전해야 하는 경기 종목이 달라진 셈인데, 과거 종목에 필요한 훈련을 더 하거나 운동 장비를 더 넣어봐야 성적은 오르지 않는 격이다. 그때는 맞았지만 지금은 틀릴 수 있다.

이제 창의적인 선도자(first mover)로 환골탈태하지 않으면 성장 동력을 찾기 어렵다. 그런데 한국인은 "주어진 설계도를 해석하고 자원을 동원해 물리적으로 구현하는 '실행 역량'은 세계 최고 수준이지만 제품과 서비스의 개념을 최초로 정의하는 역량, 혹은 백지에 그림을 그리는 힘이라고 할 수 있는 '개념 설계 역량'은 부족"(서울대학교 공과대학, 2015)하다는 지적이 여전히 타당한 현실이다. 정답이 있는 문제를 푸는 연습만 많이 하고, 정해진 답이 없는 문제에 대해서는 생각하고 토론해본 경험이 많지 않은 교육의 유산일 수 있다. 나아가 문제 자체를 최초로 발견하여 제시하거나 탐구 가능한 대상으로 정식화해본 경험이 적기 때문일 것이다.

대학 교육은 제 역할을 하고 있나?

대학진학률의 상승과 함께 국민의 평균 교육 수준이 높아진 기간에 경제성장률이 줄곧 내리막길을 걸어온 우리의 경험은 대학 교육이 제대로 인재를 공급하고 있는지에 관해 질문을 던지게 한다.

교육 단계별 상급 학교 진학률을 보면, 30년 전까지만 해도 고등교육기관 진학률, 즉 대학 진학률이 지금보다 훨씬 낮았다(고등교육은 대학 교육을 말하며, 중등교육은 중학교 및 고등학교 교육을 말한다). 1990년에는 인문계고(일반계고)에서 10명 중 4~5명 정도가 대학에 갔고, 실업계고(특성화고)에서는 10명 중 1명 정도만 대학에 갔다. 그러다가 2000년대가 되면 일반계고는 10명 중 8~9명이 대학에 가고, 2009년쯤 되면 특성화고에서도 10명 중 7명이 대학을 가게 된다. 특성화고의 대학 진학률이 2010년대 들어 떨어지기는 했지만, 전체적으로 보면 우리 사회는 매우 많은 학생이 고교 졸업 후 곧바로 대학에 진학하고 있다.

청년층(만 25~34세)의 고등교육 이수율을 OECD 평균과 비교해보더라도 한국의 고학력화 실태를 알 수 있다. 2019년 기

:: 한국의 교육 단계별 상급 학교 진학률

1) 진학률 = (당해 연도 졸업자 중 진학자÷당해 연도 졸업자)×100.
2) 고등교육기관에는 전문대학, 대학, 산업대학, 교육대학, 방송통신대학, 기술대학, 각종 학교 포함 (2005년부터 국외 진학자 포함).
3) 고등교육기관 진학률은 2011년 이후는 대학 등록자 기준, 2011년 이전은 대학 합격자 기준이다.
자료: 한국교육개발원, 『교육통계분석자료집』, 각 연도. 김경근(2020)에서 재인용.

준으로 한국 청년층 중에서 4년제 대학 졸업(학사) 비율은 46%로 OECD 평균 24%보다 22%p나 높고, 전문대 졸업(전문학사) 비율은 21%로 OECD 평균 8%보다 13%p 높다. 반면, 한국 청년층 가운데 석사 및 박사급 비율은 3%로 OECD 평균 15%보다 12%p 낮다(OECD, 2020). 우리나라에서 고등학교 졸업생이 선진국 평균보다 월등하게 높은 비율로 대학에 가지만, 고등학문에 대한 열정을 갖고 대학원까지 진학하는 경우는 드물다는 것을 드러낸다.

결국 우리나라에서 많은 학생이 대학에 가는 주된 이유는 공부나 연구를 하고 싶어서라기보다는 보다 나은 일자리를 갖기 위해서라고 할 수 있다. 그렇다면 과연 대학을 나온 사람은 노동시장에서 그만한 경제적 수익을 거두고 있을까? 실증 분석 결과를 보면 반드시 그렇지는 않다. 34세 이하 취업자를 대상으로 성별과 경력별 구성의 변화를 통제하고 분석한 결과에 따르면, 2000년대 들어 4년제 대졸자의 하위 20%는 고졸자 평균보다 낮은 임금을 받고 있었고, 전문대 졸업자는 하위 50%가 고졸자 평균보다도 낮은 임금을 받고 있었다(이주호 외, 2014). 경제적 수익 면에서만 따지자면 도대체 이 사람들은 왜 대학을 간 거냐고 의문을 제기할 수 있을 것이다.

이에 따라 대학 구조조정이 필요하며, 특히 부실 대학은 빨리 퇴출시켜야 한다는 주장이 제기되어왔다(이주호 외, 2014). 정부가 1996년부터 대학 설립의 준칙(교사, 교지, 교원, 수익용 기본자산 등 4대 최소 요건)만 지키면 누구나 비수도권 지역에 대학을 신설할 수 있도록 허용한 대학설립준칙주의를 시행하면서 대학의 숫자가 크게 늘어났다. 대학 신설 및 정원 증가를 규제해온 수도권 지역과 의·약대, 교·사대 등 전공을 제외하고, 비수도권에 신생 사립대학이 많이 등장했다. 1996년 109개이던 사립대학 수가 2013년에 156개까지 늘었다. 그런데 전국 대학의 입학정원이 늘어난 것은 주로 낮은 수능 성적으로 입학할 수 있는 대학들에서였다. 가고자 한다면 아무 대학이라도 들어갈 수는 있는 시대로 바뀐 것이다.

최근 학령인구 감소와 함께 입학생 충원에 큰 어려움을 겪으며 여러 대학이 존폐 위기에 놓여 있는 것도 과거 대학 입학수요가 컸던 시기에 늘어난 대학들과 정원 때문에 공급 과잉이 되었기 때문이다. 당초에 대학 설립 요건을 완화한 것은 대학교육의 초과 수요를 해소하고 수급 조절을 시장에 맡기자는 뜻이었겠지만, 한번 설립된 대학은 자의로는 문을 닫지 않았다. 사립대학을 해산할 때 설립 재단이 잔여 재산을 어느 정도 챙겨갈 수 있도록 허용해서 퇴로를 열어줘야 한다는 주장이 오래전부터 나온 것도 이 때문이다.

다른 한편에서는 하위권 대학들을 구조조정하기보다는 정부의 지원을 늘려서 교육의 질을 높이는 것이 낫지 않겠느냐는 주장도 존재한다(남기곤, 2017). 입학생의 수능 성적이 낮은 대학일수록 학생 1인당 교육비 지출이 적고 정부의 재정 지원액은 더욱 적어서 고등학교 졸업 시점에서 뒤처진 학생은 더 낮은 질의 교육을 받게 된다는 것이다. 그런데 중하위권 대학에 다니는 학생 중에 불리한 사회경제적 배경을 갖고 있는 비율이 더 높기 때문에 격차 해소 또는 차별 시정 차원에서 이 대학들에 대한 정부의 지원을 늘릴 필요가 있다는 주장이다. 미국 등 다른 나라들이 경제적 불평등과 계층 대물림을 해소하는 유력한 방법으로 대학 교육에 대한 접근성을 확대하는 정책을 펴고 있는데, 우리도 정부가 대학을 정리하기보다는 좀 더 지원하고 투자해서 더 나은 교육을 받을 수 있도록 하는 것이 좋지 않겠느냐는 것이다.

우리나라의 대학 진학률은 세계적으로도 높은 편인데, 그렇게 되기까지 고등교육의 확대를 주로 사립대학에 맡겨왔다. 국공립대학들이 고등교육의 중심이 되어 등록금의 부담 없이 공부할 수 있는 유럽 대학과는 대조적이다. 한국의 사립대학은 충분한 재정 확보 없이 설립되어 등록금 수입에 의존하여 운영해왔다. 질이 낮은 교육을 제공하는 대학에게도 대학 졸업장에 대한 높은 사회적 수요를 바탕으로 학생 모집의 기회가 주어졌기 때문이다. 정부의 지원도 관리도 받지 않는 사립대학 중에는 등록금 유용 등 재단의 부정과 비리로 내홍을 겪는 경우도 드물지 않았다. 질 낮은 교육과 높은 등록금 부담은 2010년대에 들어 등록금 인하에 대한 대학생들의 요구를 높였고, 이에 2012년부터 '반값 등록금'을 목표로 내건 등록금 동결 및 국가장학금 확대 정책이 시행되었다. 등록금 인하 요구가 거세진 것은 대학을 졸업해도 그 시간과 비용에 대한 보상을 얻지 못하는 경우가 늘어났기 때문으로 보인다.

　한국의 고등교육은 양적으로는 팽창했지만 질적으로는 내실을 갖추지 못했다고 할 수 있다. 우선 대학 교육에 대한 투자가 초·중등교육보다 낮은 현실이다. 한국의 학생 1인당 교육비 지출(2015년 구매력 평가 기준)은 초등학교가 1만 1,047달러, 중·고등학교가 1만 2,202달러인 데 비해 대학교가 1만 109달러에 그친다. OECD 회원국 평균으로는 초등학교 8,631달러, 중·고등학교 1만 10달러, 대학교 1만 5,656달러로 상급 학교일수록 학생 1인당 교육비 투자가 증가하는 것과 대조적이다. 한국의 초·중등교육은 정부가 재정 지원을 하고 있는데, 모든 공립학교와 대부분의 사립학교에 대해 지방교육재정교부금(2021년 현재 내국세의 20.79%)을 통해서 학교 운영비가 지급되고 있다. 반면 고등교육은 정부의 대학재정지원사업이 있기는 하지만, 사

:: 한국의 IMD 경쟁력 순위

연도	전체 참여 국가 수	경쟁력 순위		
		국가	교육	대학 교육
2005	51	27	40	43
2006	53	32	42	41
2007	55	29	29	39
2008	55	31	35	53
2009	57	27	36	51
2010	58	23	35	46
2011	59	22	29	39
2012	59	22	31	42
2013	60	22	25	41
2014	60	26	31	53
2015	61	25	32	38
2016	61	29	33	55
2017	63	29	37	53
2018	63	27	25	49
2019	63	28	30	55

립대학의 운영에 필요한 경상비는 등록금 재원에 의존하고 있어 등록금이 동결된 상황에서는 투자 확대를 통해 교육의 질을 개선하기 어렵다. 해법으로 정부의 고등교육 투자를 늘리는 방법, 등록금 인상폭을 확대하는 방법, 등록금을 자율화하되 교내

장학금을 늘리게 하는 방법 등이 제안되고 있는 상황이다.

기술 개발을 위한 R&D 경쟁이 치열해지는 세계시장에서 고등교육의 질적 수준은 국가의 경쟁력과도 직결된다. 국제경영개발연구소(IMD)의 국가경쟁력 평가에서 한국의 경우 대학 교육의 경쟁력(대학 교육의 경쟁사회 요구 부합 정도) 순위는 늘 국가 차원의 경쟁력 순위나 교육 전반의 경쟁력 순위보다 낮았다. 대학 진학률의 급등으로 국민들의 평균 교육 수준이 높아졌는데, 경제성장에 대한 교육의 기여도는 낮아진 것도 대학 교육의 질과 경쟁력이 높지 못하다는 것의 방증일 수 있다.

인적자본 축적인가, 학벌 간판 획득인가?

대입 경쟁이 그렇게 치열한데, 정작 대학에 들어가서 양질의 교육을 받으며 경쟁력을 잘 키우고 있을까? 대학은 어떤 기능을 하고 있으며, 왜 대학에 가는 것일까?

경제학에서는 위와 같은 질문에 대해 상반된 관점의 두 가지 이론이 존재한다. '인적자본이론'과 '선별·신호이론'이 그것이다.

먼저 인적자본이론에서는 교육을 받으면 인적자본이 실제

로 향상된다고 본다. 교육을 통해 지식, 기술, 능력이 향상되면 노동생산성이 높아지기 때문에 노동시장에서 그 기여에 대한 정당한 보상으로 높은 임금을 받게 된다는 것이다.

반면 선별·신호이론에서는 교육이 졸업장이나 자격증을 통해 구직자의 잠재적인 능력, 즉 관찰하기 힘든 개인의 생산성을 입증하는 기능을 한다고 본다. 가령 대학 졸업장은 해당 대학에 입학하여 학업을 마칠 능력과 성실성을 보여주는 증표 또는 간판으로서, 사용자에게는 구직자를 가르는 선별(스크린)의 도구가 되고, 구직자에게는 자신의 잠재적 능력에 관한 신호(시그널)를 보내는 수단이 된다는 것이다. 이 경우에는 대학 교육이 노동시장에서 필요한 능력의 향상에 도움이 되지 않더라도 특정 대학에 못 들어가는 사람과 자신을 구별 짓기 위해 대학에 가는 유인이 생긴다.

우리나라는 대졸자가 자기 전공 분야와 맞지 않은 다른 분야에서 일하는 비율이 50%나 된다. IMD 대학 교육경쟁력 순위에서 수위를 차지하는 핀란드의 두 배 수준에 달하는 미스매치 비율이다. 즉 대학 교육을 통해 직접적으로 자신이 하고 있는 일에 필요한 생산성을 향상시킨 것이라기보다는, 나는 이 대학을 나올 정도로 잠재력이 있는 사람이라는 것을 졸업장을 통해서 보여준 것이다. 대학생들이 취업을 위해 다양한 스펙 경쟁을 하는 것도 높은 토익 점수나 공모전 수상 경력 등을 통해 자신의 학습 능력과 성실함에 대해 신호를 보내기 위한 것이다. 스펙 경쟁이 비생산적이거나 비효율적이라고 생각하는 사람들은 이 선별·신호이론 쪽의 관점을 지지하고 있다고 볼 수 있다.

교육의 목적이 비단 노동시장이 요구하는 인적자본의 생산성 향상에만 있다고 보기는 어렵지 않은가 하는 반론도 있을 수 있다. 교양의 획득과 인격 성장 및 시민성 함양이 교육의 본질적 목표라고 할 수도 있다. 그런데 이러한 다면적 성장 역시 노동시장에서 핵심 역량으로 평가받고 있으며, 사용자도 구직자의 전공 지식과 적성 못지않게 인성과 사회성을 중시한다. 봉사활동과 팀워크 활동 등이 포함된 자기소개서나 이력서가 또 다른 스펙이 되어온 것도 이를 반영한다.

그렇다면 우리의 대졸자 취업시장은 대학에서 노동시장에 진정으로 필요한 인적자본을 축적하도록 유도해왔을까? 그에 앞서 우리의 대입제도는 초·중등교육에서 고등교육 이수에 진정으로 필요한 수학능력을 기르도록 유도해왔을까? 다음 단계로 진출하기 위해 전 단계에서 이루어지고 있는 교육투자의 효율성은 인적자본의 생산적인 축적이 일어나는지, 아니면 자신을 남과 구별 짓는 신호를 갖기 위한 비생산적 투자가 주로 이뤄지는지에 따라 평가될 것이다.

공부 중노동의 비효율성

2009년 통계청 〈생활시간조사〉에서 발표한 우리나라 학생의 주당 평균 공부시간은, 수업 시간을 포함했을 때, 초등학생이 44시간, 중학생이 52시간이었다. 초등학생은 성인의 법정 근로시간인 40시간보다 조금 더 공부하고 있으며, 중학생은 노사 합의하에 주당 12시간 이내로 연장할 수 있는 최대한도까지 공부하고 있는 셈이다. 그런데 고등학생의 주당 평균 공부시간은 64시간이었다. 근로기준법에 준하는 공부기준법이 있다면, 그것을 완전히 위배하는 공부 중노동이다. 더욱이 이는 전체 고등학생의 평균일 뿐이므로, 개별 학생에 따라서는 훨씬 더 많은 시간을 공부하고 있을 수 있다. 나아가 2014년의 통계청 〈생활시간조사〉에 주말 공부시간은 2009년보다 중학생이 42분, 고등학생이 30분 늘었다.

이렇게 많은 시간을 들여서 하고 있는 공부 노동이 효율적일까? 시간 투자의 효율성은 투자된 시간 대비 시험점수로 평가해볼 수 있을 것이다. 조사 대상국의 만 15세 청소년을 대상으로 학업성취도를 평가하고 있는 OECD PISA의 2012년 수학 점수를 기준으로 효율성을 평가해보자. 한국 청소년의 수학 점수 평균은 553.8점으로 66개국 중에서 5위(OECD 34개국 중에서는 1위)에 해당하는 최상위권이었다. 그런데 수학 점수를 주당 수학 학습시간(한국은 425.8분)으로 나눈 값, 이른바 '학습 효율성 지수'는 1.30으로 66개국 중 58위(OECD 34개국 중에서는 34위)에 해당하는 최하위권이었다. 학습 효율성 지수 측면에서 상위권인 나라는 오스트리아(3.72), 네덜란드(3.35), 독일(3.32), 핀란드(3.20), 노르웨이(3.18) 등 유럽 국가들이었다. 물론 아시아에서 한국 외에도 수학 점수 평균이 최상위권(1~4위)이면서 학습 효율성 지수가 낮은 곳—상하이(1.60), 싱가포르(1.46), 홍콩(2.04), 대만(1.78)—도 있었다. 그러나 한국은 베트남 다음으로 주당 수학 학습시간이 길어서 아시아의 공부 잘하는 곳 중에서도 학습 효율성 지수가 가장 낮았다.

그러면 왜 이렇게 지나치게 많은 시간을 학습에 쓰고 있는 것일까? 전쟁을 방불케 할 정도로 성적 경쟁이 치열하고, 입시 경쟁에서 0.1점 차이로 당락이 갈릴 수도 있는 구조인 데다 그에 따라 나뉜 대학의 차이가 이후 노동시장에서 임금과 고용 안정성에 큰 차이를 가져온다는 인식이 있기 때문일 것이다. 이런 상황에서는 학원의 선행학습, 학교의 수업, 다시 학원의 반복학습 등을 거치며 심화된 내용 탐구보다는 한 문제라도 실수하지 않고 신속하게 풀어내는 연습에 골몰하게 된다.

이에 반해 북유럽 국가 학생들의 학습 효율성 지수가 높게 나타나는 것은 노동시장에서 직업별·직장별 근로 조건의 격차가 적고 복지제도가 잘 되어 있기 때문으로 보인다. 그런 상황에서는 미래에 대한 불안과 경쟁 강박으로 청소년기부터 공부 중노동을 하는 학생이 적을 것이기 때문이다.

참고로 우리나라의 낮은 학습 효율성 지수는 만 16~65세 성인을 대상으로 한 OECD 국제성인역량조사(PIAAC) 자료를 분석한 결과에서도 나타났다. 한국 성인의 주당 학습시간(평균 66분)당 수리력 점수가 조사 대상국 21개 중 20위에 그친 것이다. 차이가 있다면 한국의 만 15세 학생의 수리력은 최상위권이지만, 성인의 수리력은 OECD 평균 수준에 그쳤다는 것이다(유한구·김영식, 2017).

그렇다면 대학생의 학습시간은 어떨까? 2009년 통계청 〈생활시간 조사〉에서 대학생의 주당 학습시간 평균은 26시간에 불과했다. 대학생이 한 학기에 18~24학점, 즉 18~24시간의 강의를 수강한다는 점을 고려하면 강의시간 외에 공부하는 시간은 매우 적다는 것을 보여준다.

대학생이 되어 이렇게 줄어드는 공부시간은 자습시간만 따로 떼어 봐도 드러난다. 한국교육개발원의 〈한국교육종단연구〉자료에 의하면 한국 학생의 주당 자습시간 평균이 고등학교 1학년은 10.3시간이었는데, 대학교 1학년은 5.4시간으로 절반으로 준다. 반면 미국 노동통계국 자료에 의하면 미국의 경우 주당 자습시간 평균은 고등학생이 4.9시간인데, 대학생은 9.5시간으로 약 두 배 는다.

모든 시기가 다 중요하겠지만, 어느 단계에서 더 공부할 것이 많고 사회 진출 후의 삶에 직접적인 영향을 끼칠지를 생각해보면, 대학생일 때가 아닐까? 자기 전공이 정해졌으니 당연히 그와 관련해 전문지식을 쌓고 깊이 있게 공부하며 취업이든 대학원 진학이든 졸업 후에 필요한 준비를 하면서 등록금이 아깝지 않게 생산적으로 보내야 할 것이다.

그런데 우리나라에서는 교육경쟁의 강도가 최고점에 이르는 대학입시가 임박한 고등학생의 공부시간이 생애에서 가장 길다. 그리고 대학이 결정된 후에는 바람 빠진 풍선처럼 공부에 대한 열의를 잃는 경우가 많다. 목표가 사라졌기 때문이다. 일생이 걸렸다고 인식되는 입시경쟁에서 실패했다고 생각하는 학생은 열패감에 자포자기하는 경우가 많다. 한편 경쟁에서 이겼다고 생각하는 학생도 대학에 들어가 계속 열심히 공부하기에는 너무 지쳤거나 이미 인생에서 큰 것을 다 이룬 것 같은 생각에 나태해질 수 있다. 명문대 진학에 초점을 맞춘 일점집중형 피라미드 경쟁사회를 살아가는 대학생의 모습이다. 물론 고등학교 때까지 공부만 하느라 고생했으니 대학에 들어가서는 좀 놀아야 한다는 얘기도 와닿을 수 있다. 또한 대학에 들어가서도 고등학교 때까지의 관성으로 성적을 위한 공부에 매진하는 학생도 있다. 하지만 중·고등학생 때도 여유를 좀 갖고 주말에는 쉬기도 하면서 자신의 적성에 맞는 진로를 탐색할 수 있는 시간이 필요하다. 대학에 들어가서도 A+ 학점을 받기 위해서가 아니라 새로운 꿈과 자신이 세운 목표를 위해 정진하며, 놀 때 놀더라도 공부할 때는 온전히 몰입하는 충만한 대학 생활을 하는 것이 바람직할 것이다.

효율성은 타당성과 형평성의 토대 위에서

한국 청소년의 학습시간이 매우 길고 학습 효율성이 낮은 것을 확인했다. 이와 비슷하게 한국 취업자는 노동시간이 매우 길고 노동생산성이 낮다.

산업화 이후 장시간 노동으로 유명했던 한국인의 노동시간은 2008년까지만 하더라도 연간 2,228시간에 달해 같은 해의 OECD 평균 1,769시간보다 502시간이나 길었다. 주 52시간 법제화 등의 조치로 한국인의 노동시간은 2019년에 1,967시간까지 단축됐지만, 여전히 2019년 OECD 평균인 1,726시간에 비하면 241시간 길다.

한편 노동시간당 GDP로 측정한 노동생산성은 같은 부가가치를 생산하더라도 더 많은 노동시간이 투입되면 떨어지게 되는 노동효율성 지표라고 할 수 있다. 미국 달러 가치(2010년 구매력 평가 기준)로 환산된 노동시간당 GDP는 한국이 2008년에 29.33달러여서 OECD 평균 49.08달러의 약 60% 수준에 그쳤다. 2019년에 들어서는 한국의 노동시간당 GDP가 40.49달러까지 상승해 OECD 평균 54.51달러의 74% 수준까지 따라왔으나, 아일랜드(102.69달러), 룩셈부르크(94.75달러), 노르웨이(84.25달러), 덴마크(74.97달러), 프랑스(67.52달러), 네덜란드(67.63달러), 독일(66.36달러) 등에 비하면 노동생산성이 크게 못 미친다. 참고로 구미에 비해 노동생산성이 낮은 일본(46.60달러)도 우리보다는 아직 높은 수준이다.

한국인의 근면성, 그 지표와도 같은 장시간 노동이 과거 고도성장의 밑거름이었다고 칭송하는 사람들이 있었지만, 지금은 무조건 오래 일한다고 부가가치를 많이 생산하는 것이 아니다. 시간과 노력을 들여도 더 이상 나올 것이 많지 않은 곳에서 시간을 보내거나 고생하기보다는 새로운 부가가치를 창출할 수 있는 것을 발견해서 효율적으로 일해야 하는 것이다.

2007년 한국을 방문해 청소년들을 만났던 세계적인 미래학자 앨빈 토플러는 "한국의 학생들은 하루 15시간 동안 학교와 학원에서 미래에 필요하지 않은 지식과 존재하지도 않을 직업을 위해 시간을 낭비하고 있다"라고 일갈한 바 있다. 여전히 산업화 시대에 필요한 인력과 그만그만한 지식인을 대량 생산하고 있는 것으로 보이는 한국의 교육이 다가올 시대에 타당한지에 대한 문제제기를 한 것이었다. 미래를 위한 준비로서 교육의 타당성이 부족하면 현재 시험 성적을 올리는 데 효과적인 공부라고 하더라도 결국 교육의 실용적인 목적인 인적자본의 생산성 제고, 즉 학습 외적인 효율성 달성에는 실패한 것이다.

또한 낮은 학습 효율성 지표에서 보았듯이 비효율적인 선행·반복학습 위주의 공부 중노동을 강제하는 교육 외적인 현실의 핵심은 사회경제적 불평등이다. 청소년기의 교육경쟁 결과가 생애에 걸친 노동시장 성과의 큰 격차로 이어지는 구조에 기인하는 것이다. 일자리 간의 임금과 근로 조건 및 고용 안정성의 격차가 큰 사회, 즉 노동시장을 통한 1차 분배의 형평성이 낮은 사회가 교육경쟁을 격화시켜 학습의 효율성도 낮추고 있는 것이다.

이렇게 볼 때 교육의 효율성은 타당성과 무관하지 않고 형평성과 반드시 배치되는 것도 아니다. 효율성은 타당성과 형평성에 의해 뒷받침될 때 달성의 의미가 있고 지속가능할 수 있

다. 이어서 교육의 형평성, 교육의 타당성 문제를 이야기할 것
인데, 그것들이 지금까지 살펴본 한국 교육의 효율성 문제와 밀
접히 관련되어 있음을 미리 밝혀둔다.

고도성장기 한국 경제를 상징했던 비상하는 용, 근면 성실
한 모방형 인적자본과 같은 과거의 여의주는 더 이상 큰 쓸모가
없게 된 시대에 다시 승천할 수 있을까?

3장

개천용 멸종 위기
사회이동성과 교육의 형평성(1)

•
•
•

지금부터는 교육적 자원배분의 세 가지 평가기준 중에서 형평성에 대한 이야기를 해보려 한다. 이를 위해 사회이동성이라는 개념을 가져올 것이다. 사회이동성은 사회경제적 지위의 변동성, 즉 계층 이동의 정도를 말한다. 개인이 자기 생전에 어느 정도의 계층 이동을 경험하는지, 자식의 계층이 부모의 계층과 어느 정도 독립적으로 정해지는지를 사회이동성이라고 한다. 전자를 세대 내 이동성이라고 하고, 후자를 세대 간 이동성이라고 한다.

사회이동성이 교육과는 어떤 관련이 있을까? 특별히 물려받을 재산이 없는 개인이 세대 내에서나 세대 간에서 계층 상향 이동을 이루는 거의 유일한 길 혹은 가장 유력한 길은 교육이라고 믿어왔다. 그래서 과연 우리 사회는 어느 정도의 사회이동성을 가지고 있었는지, 지금은 어떤지, 그리고 교육은 그 과정에서 어떤 역할을 해왔는지를 살펴보기로 한다.

위대한 개츠비 커브

'개천용'이라고 불리던 사람들이 있었다. 어려운 가정환경에서 열심히 공부하여 명문대학에 입학한 사람, 또는 형편이 어려워 대학에 가지 못했지만 각고의 노력으로 사법고시 등에 합격한 사람 등을 지칭할 때 주로 썼던 표현이다.

그런데 이 개천용이 언제부턴가 사라졌다는 얘기들이 들려왔다. 개천에 가면 지렁이밖에 없다고 말하는 사람도 있었다(KBS〈명견만리〉'격차사회, 개천용은 어디로 사라졌나'편, 2018년 3월 16일). 개천용이 꼭 필요한가라고 말하는 사람도 있다. 개천용이 나오게 하는 것보다는 개천을 좀 더 살 만한 곳으로 만드는 게 중요하지 않느냐는 것이다.

부와 성공에 대한 열망, 사랑에 대한 신분과 계층의 장벽을 주로 그려낸 F. 스콧 피츠제럴드의 소설 『위대한 개츠비』의 작중 화자인 닉 캐러웨이는 성공을 꿈꾸며 동부로 온 서부 출신 엘리트 청년이다. 닉은 자신이 어리고 쉽게 상처받던 시절에 아버지가 해준 다음과 같은 충고를 가슴 깊이 새기고 있었다. "누구든 남을 비판하고 싶을 때면 언제나 이 점을 명심해라. 이 세상 사람이 다 너처럼 유리한 입장에 놓여 있지는 않다는 것을 말이다."

이 충고는 근간에 한국 사회에 팽배한 이른바 '수저계급론' 과도 관련이 있다. 가령 타고난 환경이 유복해 금수저나 은수저를 물고 나온 아이가 "왜 너희는 그렇게 살아? 왜 그게 안 돼?"라고 한다든지 심지어는 "부모 재력도 실력이야"라고 생각하는 것은 닉의 아버지가 해준 충고와는 상반된 자세다.

소설 제목에서 이름을 따 '위대한 개츠비 커브'라고 불리는 그래프가 있다. 이것은 국가별 소득불평등과 계층 대물림의 정도 사이의 상관관계를 나타낸다. 가로축은 소득불평등도의 대표적 지표인 지니계수(0에 가까울수록 평등, 1에 가까울수록 불평등)를 표시한다. 세로축은 계층 대물림 정도를 세대 간 소득탄력성으로 측정한 값인데, 이 값은 부모의 소득이 부모 세대 평균보다 1% 높았을 때 그 자녀의 소득은 자녀 세대 평균보다 몇 % 높은지를 가리킨다. 가령 세대 간 소득탄력성 값이 0.5라면 부모의 소득이 100% 높을 때(평균의 2배일 때) 그 자녀의 소득은 50% 높음(평균의 1.5배)을 의미한다. 결국 원점에서 가로축 방향으로 멀어질수록 일국의 소득불평등이 심하고, 원점에서 세로축 방향으로 멀어질수록 그 나라의 계층 대물림이 심하다는 것을 나타낸다.

그림을 보면 소득불평등도가 높은 나라가 세대 간 소득탄력성도 높은 경향이 있다는 것을 알 수 있다. 소득불평등이 심할

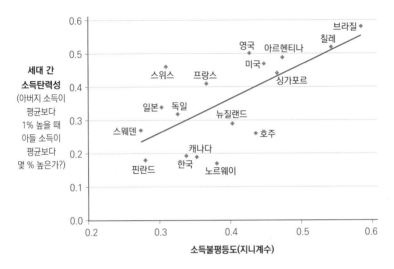

:: 위대한 개츠비 커브

세대 간
소득탄력성
(아버지 소득이
평균보다
1% 높을 때
아들 소득이
평균보다
몇 % 높은가?)

소득불평등도(지니계수)

* 아버지와 아들의 소득탄력성은 Corak(2012)을 참고했으며 한국의 경우는 한국노동패널(1998~2012) 데이터를 이용해 직접 계산했다. 지니계수는 시장소득을 기준으로 한 것으로 UNU-WIDER's World Income Inequality Database를 사용하여 계산한 1990~2000년의 평균치다.

수록 불평등이 한 세대에 그치는 것이 아니라 다음 세대로 전이
된다는 것을 의미한다. 그리고 이런 관계가 나타나는 주된 경로
는 교육으로 밝혀졌는데, 부모 세대의 소득 격차가 자녀에 대한
교육 투자 및 교육 수준의 격차를 낳고 이것이 자녀 세대의 소
득 격차로 연결되는 것이었다(Jerrim and Macmillan, 2015). 그리고
부모의 사회경제적 지위가 높으면 사회적 연줄과 여러 도전의
안전망 제공을 통해서도 자식이 성공하는 데 도움을 줄 수 있을

것이다.

소득불평등도가 높지 않고 세대 간 소득탄력성, 즉 계층 대물림도 심하지 않은 그룹에는 핀란드, 스웨덴, 노르웨이 같은 북유럽 국가와 캐나다가 포함돼 있다. 반면 소득불평등도가 높고 세대 간 소득탄력성, 즉 계층 대물림이 심한 그룹에는 브라질, 칠레, 아르헨티나 등 남미 국가와 영국, 미국 등이 포함돼 있다.

이 그림에서 한국은 소득불평등이 그렇게 심각하지도 않고 세대 간 계층이동성도 비교적 높은 나라로 보인다. 남미보다는 북유럽에 가까운 평등하고 역동적인 나라로 평가될 수 있다. 분배와 사회이동성에서도 다이내믹 코리아인 것인가!

그런데 사실 이 그림에서 한국의 좌표를 확인할 때 조심해야 할 부분이 있다. 지금의 모습이라기보다 그랬던 시절이 있었다는 것을 보여줄 뿐이라는 점이다. 우리나라의 경제성장에 교육이 잘 기여한 시절이 있었듯이 세대 간 계층이동성이 매우 높았던 시절이 있었다는 것이다. 이 그림에 사용된 각국의 소득불평등도는 1990~2000년의 평균값이어서 한국의 경우 외환위기 이후 2000년대 들어 소득불평등도가 그 전보다 높아진 것이 반영되지 않았다. 또한 한국의 세대 간 소득탄력성은 1998~2012년에 관찰된 아버지와 성인 아들의 실질소득을 평균한 값을 이용하여 계산한 것이다. 아들 표본은 대부분 외환위기 이전에 초중고를 마치고 대학에 입학한 세대로 2000년대 이후, 즉 심화된 소득불평등이 학령기 자녀의 교육 투자에 미치는 영향력이 부각되는 시점보다는 앞선 세대이다.

따라서 지금 현 시점에서도 한국이 위대한 개츠비 커브에서 '위대한 좌표'를 유지하고 있는지는 확신할 수 없다. 2000년대 이후에 학창 시절을 보내고 노동시장에 진입하여 적어도 몇 해 동안의 소득이 관찰된 성인 자녀의 자료를 가지고 그 부모와의 소득탄력성을 분석해볼 필요가 있다. 더 많은 후속 연구들이 이를 확인해줄 것으로 기대되지만, 2000년대 이후 관측된 교육 격차의 확대 양상은 교육을 매개로 한 세대 간 소득탄력성을 높이는 방향으로 작용했을 것으로 짐작하게 한다.

2000년 이후 3년 간격으로 조사되는 OECD 국제학업성취도평가(PISA)에서 2000년과 2015년의 교육 형평성 지표를 비교해보면 현재에 보다 가까운 시점에서 한국의 좌표와 2000년 이후의 추이에 대한 정보를 얻을 수 있다. 먼저 만 15세 학생 중 기초학력 미달 비율을 보자. 1수준 미만, 1~6수준까지 7단계로 측정되는 성취 수준에서 2수준이 기초학력에 해당한다. 2000년 PISA 읽기에서 2수준 학생은 1수준 이하 학생보다 6년 후 대학 진학률이 2배였고, 5수준 학생의 대학진학률은 1수준 이하 학

:: PISA 교육형평성 지표의 변화(2000~2015년)

구분	기초학력(2수준) 미달 비율		점수에 대한 가정배경 영향력	
	2000	2015	2000	2015
영국	12.0	19.1	41.6	34.9
핀란드	7.4	12.0	24.5	34.6
미국	20.1	22.9	37.2	26.0
일본	8.1	11.1	36.6*	38.7
홍콩	8.2	9.2	17.7	13.7
한국	6.0	14.5	22.0	42.8
OECD	20.8	21.6	27.6	29.7

* 각 연도, 각 나라의 읽기, 수학, 과학 세 영역의 해당 값 평균임. 기초학력 미달 비율은 2수준 미만 학생의 비율이다. 가정배경 영향력은 PISA 조사에 포함된 개별 학생의 경제·사회·문화 지위지수(ESCS)가 학업성취도에 미치는 영향(회귀분석모형)의 추정계수값이다. 일본은 2000년에 ESCS 변수가 조사되지 않아 2003년 값으로 대신한다.

자료: OECD PISA 각 연도 자료를 이용한 이주호·지상훈(2018)을 바탕으로 재구성했다.

생의 20배였다(OECD, 2010)는 점에서도 사회이동성에서 기초학력이 갖는 중요성을 알 수 있다. 한국은 읽기, 수학, 과학 세 영역 평균으로 기초학력 미달 비율이 2000년에 6%였으나 2015년에는 14.5%로 급증했다. 여전히 OECD 평균보다는 낮은 비율이지만, 다른 나라들과 추이를 비교하면 2000년대 들어 한국에서 기초학력 미달이 많이 늘었음을 알 수 있다. 불리한 가정환경을 갖고 있을수록 기초학력에 미달할 확률이 높다는 점을 고려하면, 세대 간 계층이동성 측면에서 한국이 퇴보했을 가능성이 있다.

또한 학생이 속한 가정의 경제·사회·문화 지위 지수가 성적에 미치는 영향력, 즉 가정환경에 따른 교육 성과의 격차를 분석한 결과에서도 한국의 퇴보가 드러난다. 2000년에는 OECD 평균보다 그 영향력이 다소 낮았지만, 2015년에는 OECD 평균을 훌쩍 상회하는 수준으로 가정환경이 학업성취도에 미치는 영향력이 한국에서 급증한 것이다.

위대한 개츠비 커브 그림에서 한국의 좌표는 앞으로 어떤 경로로 이동하게 될까? 2000년대 이후 벌어진 사회이동성의 퇴보를 반전시킬 수 있을까?

개천용 불평등 지수

가정배경은 개인의 성취 수준에 얼마나 영향을 미칠까? 불리한 환경 때문에 최상위 성취자가 될 수 있는 기회를 놓칠 확률은 줄어들고 있을까, 아니면 늘어나고 있을까?

이러한 질문에 답하기 위해 고안된 '개천용 불평등 지수'라는 것이 있다. 이 지수는 전체 인구 중 최하위 환경을 가진 사람의 비율(a)과 최상위 성취 집단 중 최하위 환경을 가진 사람의 비율(b)을 비교하여 최상위 성취를 할 수 있는 기회가 환경과 관계없이 얼마나 고르게 주어졌는지를 나타내는 기회불평등 지표(=1-b/a)다. 이 지수 값이 0이면 성취는 환경과는 무관하다는 뜻이지만, 만약 1이면 최상위 성취 집단 중 최하위 환경을 가진 사람은 없다는 뜻으로 기회불평등도가 가장 높은 상태를 나타낸다.

가구주 부친의 직업으로 가정배경을 측정하고 가구주 연령 30~50대 가구의 가처분소득이 상위 10% 이내에 드는지를 성취 척도로 하여 분석한 결과, 개천용 불평등 지수의 값은 2001년 0.1 남짓이었으나 2014년 0.4에 육박할 정도로 증가했다(오성재·주병기, 2017). 1990년대 초까지 우리나라의 소득불평등도는 별로 높지 않았고 세대 간 계층 상승 기회도 비교적 많았으나, 2000년대 이후 소득불평등도가 증가하고 교육 등을 통해 개천에서 용이 날 기회도 줄어들었음을 의미한다.

부모의 학력 수준으로 가정배경을 측정하고, 자녀의 수능 성적을 성취 척도로 하여 개천용 불평등 지수를 계산한 결과도 있다(주병기, 2019). 부모 학력을 전문대졸 이상, 고졸, 중졸 이하로 분류하고 수능 고득점 기준을 상위 20%로 규정한 후에 국어, 영어, 수학 세 과목에 대해 개천용 불평등 지수를 분석한 것이다. 그 결과 개천용 불평등 지수가 영어 0.7, 수학 0.6, 국어 0.5로 나타났다. 영어 과목에서 가정환경이 불리할 경우 고득점 확률이 떨어지는 현상이 두드러진다는 것이다. 특히 0.7이라는 숫자는 매우 높아서, 기회가 평등했다면 수능 영어시험에서 고득점을 했을 10명이 있다고 할 때 이들 중 부모 학력이 중졸 이하로 낮은 경우에는 그 배경적 한계로 인해 7명이나 고득점에 실패한다는 뜻이다.

이처럼 영어가 국어나 수학보다 환경의 영향을 더 많이 받는다는 것은 다른 자료를 통해서도 확인된 바 있다(김희삼, 2011). 읍면·도서벽지 학생과 도시 학생 간의 학업성취도 차이는 초등학교 6학년, 중학교 3학년, 고등학교 1학년에 모두 존재했는데, 세 과목 중 영어가 가장 컸고, 과목별 차이는 초등학교에서 가장 두드러졌다. 또한 가구소득에 따른 수능 성적의 차이도 세 과목 중 영어가 가장 컸다. 한국 사회에서 영어는 모국어도 공용어도 제2언어도 아닌 외국어이기 때문에 어렸을 때부터 영어에 노출되는 환경이 중요하다. 영어 노출 환경은 지역과 계층에 따라 격차가 클 수밖에 없기 때문에 환경이 성취에 미치는 영향력이 영어에서 크게 나타나는 것이다. 영어를 못해 주눅이 든 사람이 있다면 그의 어학적 재능이나 노력보다는 환경이 1차적으로 중요한 영향을 미쳤을 것이다. 따라서 다른 것은 출중한데 영어 능력 때문에 사회에서 성공할 기회를 놓치게 된다면 공정하다고 보기 어렵다.

한국 청년들이 생각하는 성공의 제1 조건은?

재능, 외모, 성격, 노력, 부모의 재력, 인맥, 우연한 행운.

이 7가지 중에서 청년들이 성공하는 데 가장 중요한 요인이 무엇이라고 생각하는가? 2017년에 한국, 중국, 일본, 미국 4개국 대학생 각 1,000명, 총 4,000명을 대상으로 이 7가지 보기를 제시하며 자국 사회에서 청년의 성공 요건을 1순위, 2순위, 3순위까지 골라보라는 조사를 한 적이 있다. 이때 한국 대학생들은 부모의 재력을 압도적인 1순위로 꼽았다. 50%가 조금 넘는 수치였다. 흥미로운 것은 다른 나라에서는 부모의 재력이 1순위가 아닐뿐더러 2순위, 3순위에서도 가장 높은 빈도로 지목된 항목이 아니었다. 중국과 일본은 재능, 미국은 노력이 1순위로 가장 많이 꼽혔다. 그런데 노력의 경우 한국은 3순위에서도 가장 많이 지목받지 못했다.

인맥 같은 경우도 국가 간 인식에 차이가 있었다. 2018년에 KBS1 프로그램 〈명견만리〉 촬영을 위해 떠난 도쿄와 홍콩의

:: 자국 청년들의 성공 요인에 대한 4개국 대학생의 인식

(단위: %)

	재능	외모	성격	노력	부모의 재력	인맥	우연한 행운	계
한국 1순위	22.1	4.1	2.2	9.5	50.5	9.9	1.7	100
중국 1순위	45.3	7.9	10.1	12.9	12.5	10.2	1.1	100
일본 1순위	35.4	8.7	11.3	23.2	6.7	8.9	5.8	100
미국 1순위	22.9	9.9	15.1	23.4	12.1	15.3	1.3	100
한국 2순위	18.2	8.3	5.0	12.6	17.1	33.5	5.3	100
중국 2순위	17.9	8.5	16.4	25.5	11.4	18.8	1.5	100
일본 2순위	18.4	13.2	17.1	22.8	8.6	14.2	5.7	100
미국 2순위	15.4	6.4	20.2	22.4	9.9	23.6	2.1	100
한국 3순위	23.1	14.8	6.8	21.6	8.3	14.7	10.7	100
중국 3순위	14.2	5.7	18.1	21.4	8.7	23.0	8.9	100
일본 3순위	15.0	9.3	17.2	16.2	6.9	19.5	15.9	100
미국 3순위	17.5	8.9	18.3	18.6	6.9	20.8	9.0	100

자료: 4개국 대학생 조사 자료를 바탕으로 정리했다.

번화가에서 젊은이들을 대상으로 똑같은 설문을 한 적이 있다. 그때 인맥을 선택한 청년들에게 본인이 생각하는 인맥은 무엇이냐고 물었더니 주로 본인의 친구와 지인, 즉 자기 자신의 인간관계라는 답을 했다. 반면 서울의 한국 청년들은 인맥도 부모의 사회적 연결망으로 인식하는 경우가 많았다.

도쿄와 홍콩에서 만난 청년들에게 한국에서는 부모의 재력을 1순위로 꼽은 비율이 절반이나 됐다고 알려주자 눈이 동그래지며 뜻밖이라는 반응을 보였다. 자기들도 부모의 재력이나 인맥이 처음에는 도움이 된다고 생각하지만, 결국 대학 공부도 회사 업무도 본인이 해내야 하는 것이기 때문에 장기적으로는 본인의 재능에 비해 큰 도움이 안 될 것으로 본다고 이야기했다.

노력하면 잘살 수 있을까?

사회이동성 가운데 세대 내 이동성은 본인의 노력을 통해 자기의 사회계층적인 지위가 변화할 가능성을 말한다. "우리 사회에서 일생 동안 노력을 한다면 개인의 사회경제적 지위가 높아질 가능성은 어느 정도라고 생각하는가?" 이 질문에 대한 한국인의 답변은 통계청 〈사회조사〉에서 19세 이상 응답 결과를 통해 보고되어왔다. 그럴 가능성이 '매우 낮다'와 '낮다'를 합친 부정적 응답 비율이 계속 증가해온 것을 볼 수 있다. 설문 응답의 선택지가 통일된 2006년 이후만 보더라도 부정 응답 비율은 2006년 29%에서 2019년 65%로 두 배 이상 늘었다. '모르겠다'는 유보

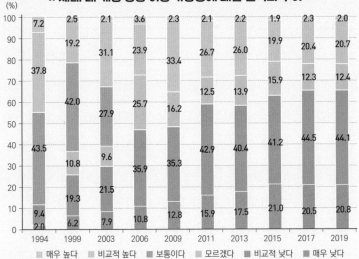

:: 세대 내 계층 상향 이동 가능성에 대한 인식의 추이

* 1994~2003년 조사에는 응답 범주에 '보통이다'가 포함되어 있었으며, 1994년 조사에는 응답 범주에 '모르겠다'가 포함되어 있지 않았다.

자료: 통계청, 「사회조사」, 원 자료, 각 연도.

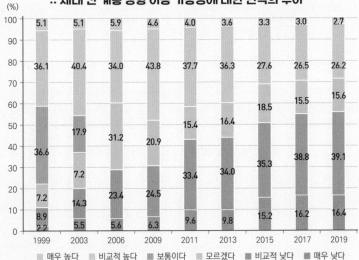

:: 세대 간 계층 상향 이동 가능성에 대한 인식의 추이

* 1999~2003년 조사에는 응답 범주에 '보통이다'가 포함되어 있었다.

자료: 통계청, 「사회조사」, 원 자료, 각 연도.

적 응답 비율이 대부분 부정적 응답 비율로 흡수된 것을 알 수 있다.

한편 세대 간 계층이동 가능성으로서 "우리 사회에서 현재의 본인 세대에 비해 다음 세대인 자식 세대의 사회경제적 지위가 높아질 가능성은 어느 정도라고 생각하십니까?"라는 질문에 대해서도 부정적인 응답 비율이 증가해왔다. 2006년에는 '매우 낮다'가 6.3%, '비교적 낮다'가 24.5%였지만, 2019년에는 '매우 낮다' 16.4%, '비교적 낮다'가 39.1%로 과반수의 한국인이 다음 세대의 계층 상향 이동 가능성에 대해 부정적 인식을 보였다.

사회이동성에 대한 청년의 인식은 어떤 수준이며, 다른 나라 청년과 비교하면 어떤 차이가 있을까? 2017년 4개국 대학생 설문조사에서 세대 내 이동성과 세대 간 이동성에 관한 인식을 비교해보니, 한국 대학생이 가장 비관적인 인식을 갖고 있었다. 세대 내 이동성의 경우 '매우 낮다'와 '비교적 낮다'를 합친 부정적 응답 비율은 한국 57.2%, 일본 28.3%, 미국 22.9%, 중국 17.0%였다. 세대 간 이동성에서는 부정적 응답 비율이 한국 45.9%, 일본 39.1%, 미국 17.0%, 중국 9.8%로 나타났다. 중국에서 세대 간 이동성에 대한 낙관적 전망이 우세한 것은 대학생이라는 신분이 중국에서 갖는 엘리트로서의 지위 때문으로 짐작된다. 물론 한국에서도 대학생의 계층 상향 이동 가능성에 대한 인식이 같은 해인 2017년 〈사회조사〉의 19세 이상 응답 결과보다는 조금 덜 부정적이지만, 다른 세 나라에 비하면 훨씬 더 부정적이다. 이는 자국에서 청년이 성공하기 위해 중요한 조건으로 부모의 재력 등 환경적인 요인을 중시했던 한국 대학생의 인식에 상응하는 결과로 볼 수 있다.

더 안타까운 것은 사회이동성에 대한 부정적인 인식이 소득 수준이 낮을수록 더 심하다는 것이다. 계층 상향 이동을 사회경제적 계층의 사다리에서 위 칸으로 올라가는 것이라고 생각해봤을 때, 중간에서 위로 한 칸 올라갈 수도 있고 맨 아래 칸에서 중간을 향해 한 칸 올라갈 수도 있다. 그런데 통계청 사회조사원 자료로 분석한 결과, 다른 조건이 같을 때 가구소득이 낮을수록 세대 내 및 세대 간 계층 상향 이동 가능성에 대한 긍정적 응답 비율은 체계적으로 낮아지는 것을 발견했다(김희삼, 2016). 사다리 맨 아래쪽에 있는 사람일수록 고통이 클 것인데, 한 칸 위로 올라서는 것은 아래쪽일수록 힘들다고 느끼는 것이다. 실제로 2000년대 후반 이후 저학력자의 소득이 저하된 가운데(김용성, 2014), 저소득층의 상향 이동이 줄고 저소득층에 잔류하는 비율이 높아졌다(김성태 외, 2012; 이태진 외, 2014). 이른바 '끈끈한 바닥'에 발이 들러붙어 위로 올라가기 힘들어진 것이다.

우리 사회는 성공 요인에 대한 인식 차이가 세대별로도 상당히 큰 편이다. 보통 젊은이들에게 고령 세대가 "노력하면 지금 힘들어도 나중에 다 잘살 수 있고 성공할 수 있다"라고 하면, 젊은이들은 바로 이렇게 말할 것이다. "아, 환경이 다르잖아요. 예전 세대에서 8~9% 성장할 때랑 같습니까?"

"인생의 가장 중요한 성공 요인은 행운이나 인맥이 아니라 노력이다"라는 말에 동의하는 비율을 한번 보자. 한국은 응답자 (20~60대)의 연령대가 높을수록 노력의 힘에 동의하는 비율이 높다. 즉 젊은 세대일수록 인생의 중요한 성공 요인이 노력이라

:: "인생의 가장 중요한 성공 요인은 행운이나
인맥이 아니라 노력이다"에 대한 연령대별 의견

자료: 한국개발연구원(2013), 오사카대학 사회경제연구소(2012).

는 데 동의하지 못하고 있는 것이다. 그런데 이 정도로 극명한 세대별 차이는 일본이나 중국, 미국에서는 나타나지 않는다. 각 나라마다 이른바 '꼰대'가 있겠지만 특히 한국 청년에게 고령층이 더 꼰대로 느껴질 수도 있겠다는 생각이 든다. 그만큼 우리나라가 매우 압축적인 고도성장을 이루었고, 그 과정에서 세대별로 체험한 경험이 너무 다르기 때문일 것이다.

다시 강화되는 계층 대물림

이처럼 세대별로 인식 차이가 큰 것이 계층 대물림의 역사적 추이와도 부합할까? 이와 관련해 설문조사를 한 적이 있다. 남자 성인 응답자에게 본인의 할아버지, 아버지, 본인 그리고 자식 중 교육을 마치고 취업한 장남, 이 4대에 대해 교육 수준과 사회경제적 지위를 물었다. 교육 수준은 최종 학력의 평균 교육연수로 측정했고, 사회경제적 지위는 해당 세대의 전체 한국인과 비교했을 때 상대적 위치를 10점 척도로 평가해달라고 했다.

이렇게 측정한 4대에 걸친 교육 수준과 사회경제적 지위의 부자 간 상관계수를 계산해보니 V자형 궤적이 나왔다. 즉 할아버지와 아버지 간에는 교육 수준과 사회경제적 지위의 상관성이 매우 높아서 계층 대물림이 심했던 과거를 나타냈다. 그러다 아버지와 본인 간에는 상관성이 상당히 낮아진 것을 볼 수 있다. 특히 교육 수준의 세대 간 상관성은 매우 약해져서 아버지가 (할아버지처럼) 저학력이었어도 본인은 고학력을 갖게 되는 경우가 흔해졌음을 보여준다. 그런데 본인과 아들 간에는 사회경제적 지위는 물론 교육 수준의 상관성도 다시 높아진 것을 볼 수 있다. 아들 세대의 경우 전반적으로 고학력화 경향이 나타났지만, 그 가운데서도 대학을 가지 않거나 못 가는 경우는 그 아들의 아버지인 본인이 저학력인 경우가 많다는 점을 시사한다.

그러면 과거에는 어떻게 계층 대물림이 낮아질 수 있었을까? 그러던 것이 왜 이렇게 다시 올라가게 되었을까?

우선 계층 대물림이 낮아진 이유, 즉 세대 간 계층이동성이 높아질 수 있었던 요인은 다양하게 존재한다. 우리나라의 근현대사에는 신분제, 지주제가 지배하던 전통 사회의 계층 대물림을 균열시킬 독특한 경험들이 있었다.

먼저 일제강점기 때 반상의 구분, 즉 신분제가 적어도 법적으로는 해체되었다. 광복 후에는 미군정이 들어서 근대적이고 능력주의적인 인사 정책을 펼치며 교육을 받은 사람들이 기회를 잡았다. 그다음으로는 평등에 대한 요구 분출과 공산화의 위협하에 단행된 농지개혁을 들 수 있다. 1949년 농지개혁법 제정

:: 교육 수준과 사회경제적 지위의 세대 간 상관계수 추이

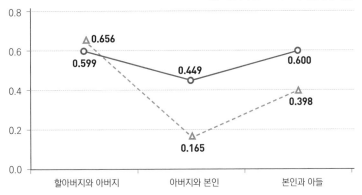

* 교육 수준은 학력별 교육연수이며, 사회경제적 지위는 해당 가족이 중년(40~50대)인 시기를 기준으로 해당 세대의 전체 한국인과 비교했을 때의 상대적인 위치를 응답자가 10점 척도로 평가한 수치를 나타낸다.
자료: KDI 행복연구 2013 자료(남성 응답자 1,525명 표본)를 이용해 계산했다. 김희삼(2014)에서 재인용.

과 함께 지주들이 연간 소출의 150%를 받는 조건으로 농지 소유권을 넘겨 대지주의 위세가 줄었다. 농지 소유도 3정보(町步) 상한으로 제한되어 농가들 간에 생산조건 차이가 격감하여 자산소유의 불평등이 개선된 것이다. 농지개혁에 힘입어 소작인에서 소규모 자영농으로 성장한 부모들이 교육의 중요성을 인식하면서 자식에 대한 교육열에 불이 붙었다. 돈이 없으면 농지를 팔아서라도 자식을 대학에 보내는 것이 가능해진 것이다.

그다음으로 자산 불평등의 완화 효과를 가져온 것은 전란이었다. 『21세기 자본』을 쓴 프랑스 경제학자 토마 피케티는 자본주의에서 역사적으로 자본수익률이 경제성장률보다 높았다는 것을 지적했다. 따라서 자본을 가진 사람은 경제가 성장하는 속도보다 빠르게 자본을 증식시킬 수 있었기 때문에 소득불평등보다 부의 불평등이 더 심하게 확대됐다는 것이다. 이러한 부의 불평등 심화가 제어되었던 예외적인 계기는 전쟁으로 인한 자본 파괴나 혁명 등으로 인한 몰수 같은 것밖에 없었다고 한다(피케티는 글로벌 자본세를 대안으로 제시한 바 있다). 우리나라는 6·25 전쟁을 겪으며 폐허 위의 평등 또는 빈곤 속의 평등이 구현되는 계기가 있었던 셈이다.

대중의 근로소득 확대를 가져온 요인으로는, 수출 주도형 산업화로 고도성장을 하면서 2차 산업인 제조업 중심으로 일자리들이 만들어지자 시골에 있던 청년들도 도시로 몰려와 공장을 다니게 된 것이 있다. 제조업이 농사일보다 벌이가 나으니 당연한 변화였다. 또 이중곡가제를 통해 정부가 농민으로부터 산지보다 조금 높은 가격으로 추곡을 수매하여 비축한 후에 도시 소비자에게 그보다 낮은 가격으로 판매함으로써 식량 증산 의욕과 농가 소득을 제고하고, 공장 노동자의 생계 및 물가 안정을 꾀하기도 했다.

한편 우리나라 소득 분배가 남미와 달리 크게 악화되지는 않았던 데에는 교육의 역할도 컸다. 정부가 경제발전 단계보다도 우선적으로 교육에 선제적 투자를 해서, 과밀학급이지만 의무교육으로 온 국민이 교육을 받았다. 자식의 교육을 위해 전답을 팔고 아끼던 소도 팔아 대학을 진리의 상아탑이 아닌 우골탑으로 불리게 했던 교육열도 큰 몫을 했다. 평등주의적인 교육 정책도 계층 대물림 완화에는 기여를 했다. 1960년대에 중학교 입시경쟁이 과열되자 1969년에 중학교 무시험 진학제도가 단행됐다. 그러자 입시경쟁은 초등학생에서 중학생으로 옮겨갔다. 고등학교 간에 학생, 교원, 시설 등에서 격차가 심했기 때문이다. 이에 1974년 서울과 부산부터 시작한 고교평준화 정책은 1981년까지 21개 도시 지역으로 확대되었다. 또한 1980년에 사교육 금지 조치가 단행된 것도 가정환경에 따른 학력 격차를 줄이는 데 기여했다.

이와 같은 역사적·경제적·사회적 환경들이 결합해 한국에서 흔하지 않게 계층 이동의 공간이 열렸고, 교육이 중요한 사다리 역할을 했던 것이다. 그때 기회를 잡은 적지 않은 사람들이 자수성가 신화의 주인공이 되기도 했다. 그 역동적인 고도성장과 사회 격변의 시대를 살았던 세대에서는 노력을 통해 인생역전을 이룰 수 있다는 생각을 가진 사람이 많았을 것이다.

그런데 1990년대 이후 상황이 크게 바뀐다. 특히 1997년 말에 IMF 구제금융이라는 형태로 터진 외환위기가 중대한 분수령이었다. 1990년대 초중반 이후 개방경제체제로의 전면적 이행을 선언하면서 여러 시장이 열리게 된다. 이렇게 개방을 하면 피해를 보는 쪽이 있고 이득을 보는 쪽이 있는데, 그 이득이 주로 외화를 번 수출 대기업과 늘어난 유동성으로 높아진 자산 가격의 덕을 본 자산 소유자에 집중된 것이다. 대기업과 중소기업 간 불공정 거래와 생산성 차이로 기업 규모별 수익성과 근로조건의 격차가 점차 커지게 됐다. 또한 임금 상승과 노동력 부족에 대응한 노동 절감적 기술이 도입되어 1987년 이후 고양되었던 노동자의 협상력이 약화됐고, 기업이 비용 절감의 수단 및 위기 대응의 완충제로서 비정규직을 늘리면서 노동시장의 이중구조가 심화되었다. 기업의 연쇄 도산과 IMF가 요구한 초긴축 정책으로 인한 대규모 구조조정과 대량 실직, 자영업 폐업 등을 낳았던 외환위기는 소득불평등도를 껑충 높인 계기가 됐다.

또 과거 강자였던 한국 제조업의 국제 경쟁력이 조금씩 떨어지게 됐다. 그 결정적인 배경에는 개혁과 개방을 천명한 이후 풍부한 저임금 노동력으로 세계의 공장 역할을 하게 된 중국의 성장이 있다. 중국에 가격 경쟁력이 밀리면서 문을 닫는 공장과 중국으로 이전하는 공장이 늘어났고, 그 결과 많은 노동자가 일자리를 잃게 됐다. 그 실직자의 저수지 역할을 한 것이 바로 영세 자영업이다. 제조업에서 물러난 사람들이 경험 없이 차린 자영업 가게는 대개 생산성이 낮고 생존경쟁이 치열했는데, 이 영세 자영업이 구조적으로 몰락하면서 신용불량자와 근로 빈곤층이 많이 생겼다. 한국 제조업의 수출 전략이었던 모방과 양산의 주도권이 중국과 동남아 등지로 넘어갔지만 한국은 그보다 높은 단계의 성장을 뒷받침할 창의적 인적자본 공급에 실패하면서 성장이 둔화됐다. 설령 새로운 수출 주력 분야를 중심으로 경제성장을 해도 무인화에 가까운 자동화의 진전으로 성장의 고용 창출 능력이 감소했다.

더욱이 최근에는 IT 기반의 플랫폼 기업이 대세를 이루며 생산자와 소비자 사이, 가맹점과 노동자 사이에서 잉여를 흡수하고 있다. 전통적인 제조업 강자들이 이익의 재투자를 통해 고용을 창출했던 시대와는 달리, 플랫폼 강자가 계속 불어나는 정보를 무기로 이용자들에게 일종의 통행료(수수료 및 광고비)를 챙기는 승자독식형 톨게이트 산업의 전성시대가 된 것이다. 이 생태계를 받쳐주는 플랫폼 노동이 불안정한 상태에 머물게 되면 불평등을 심화시키는 방향으로 가게 될 전망이다.

사회 환경 측면에서 보면 대학 교육이 해온 계층 사다리 역할이 약화되는 변화도 있었다. 1981년 군사정부에서 실시한 졸업정원제는 대학이 입학 시에 졸업 정원의 30%를 더해 증원 모집하고 4학년 진학 시에 초과 인원이 졸업 정원의 10%를 넘지 않도록 중도 탈락시키는 제도였다. 그러나 결국 탈락자를 재입학 형식으로 구제해주는 경우가 많았기에 졸업정원제는 대학생 급증의 한 원인이 됐다. 1988학년도부터 입학정원제가 실시되면서 졸업정원제가 사라졌지만, 1996년도에는 대학설립준칙주의가 도입되어 대학 교육의 공급이 더 크게 늘었다. 기존의 인가제보다 대학 설립 요건을 쉽게 하여 수도권 이외의 지역에서는 자유롭게 대학을 설립할 수 있도록 한 것이다. 그 결과 비수도권에 사립대학이 많이 신설되고 부실대학도 늘어나게 됐다. 대졸자가 흔해지면서 더 이상 대학을 나왔다고 해서 괜찮은 일자리를 얻을 수 없게 되고, 대졸자 임금도 양극화 경향이 생겼다. 그러자 상위권 대학을 향한 사교육 경쟁은 더 격화됐다. 1980년 7월 30일 이후 재학생의 과외 교습을 금지한 학원법이 2000년 4월 27일 헌법재판소에서 위헌판결을 받으면서 사교육 시장에 빗장이 완전히 풀렸고, 사교육 경쟁은 더 이른 나이부터 시작돼 선행학습 경쟁이 벌어졌다.

또 다른 중요한 변화는 고교평준화가 약화된 것이다. 교육과정의 획일화를 가져온 평준화를 보완하는 조치로 1973년에 특수목적고(이하 '특목고')가 등장한 이후 과학고, 외국어고, 국제고가 생겨났고, 2010년에는 자율형사립고(이하 '자사고')가 등장했다. 이렇게 평준화에 균열이 생기고 학부모들은 상위권 대학 진학에 유리하다고 인식된 특목고나 자사고에 보내려고 일찍부터 사교육을 시켰다. 결과적으로 명문대 입학생들의 지역적·계층적 다양성은 크게 약화됐다. 그 가운데 대입 전형은 수능 점수로 한 줄 세우기를 극복한다는 취지로 다양한 전형이 생겨나면서 매우 복잡해졌다. 가정과 학교의 교육환경, 입시 정보력, 생활기록부를 장식할 비교과활동 등 학생 개인의 노력으로 극복하기 힘든 요소들이 중요해졌다. 이런 사회 환경이 얽혀지면서 불리한 환경을 가진 학생이 대학 교육을 통해 계층 대물림을 끊어내는 일은 과거보다 드물게 된 것이다.

아득해진 사다리

소득과 부의 불평등, 즉 빈부 격차가 커진 것은 계층 사다리가 더 길어져 사다리 칸 사이의 간격이 멀어진 것에 비유할 수 있다. 그렇게 되면 계층 사다리 한 칸을 올라가기가 그만큼 힘들어지는 것이다. 경제적 불평등도의 심화가 세대 내 및 세대 간 계층이동성의 감소를 동반하는 이유일 것이다.

미국의 경우에는 1970년대보다 1990년대에 소득불평등도가 커져서 계층 사다리가 더 길어졌고 사다리 칸의 간격이 멀어졌다. 그런데 장기간의 조세 행정 자료를 이용해 세대 간 소득 이동성을 분석한 결과는 1971~1993년에 태어난 자녀들의 계층 대물림이 그 기간 동안 특별히 강해지지 않았다는 것을 보여주었다. 그러나 소득불평등이 커졌기 때문에 계층 사다리 위 칸의 환경에서 태어난 것이 주는 이득, 즉 '출생 복권'의 상금은 과거에 비해 커졌다는 것이다(Chetty et al. 2014). 미국에서 경제적 불평등도가 커졌음에도 계층 대물림이 심해지지 않은 데는 대학 교육 확대와 정부 장학금 확충 등 고등교육에 대한 접근성 제고 정책이 한몫한 것으로 추정된다. 교육이 사다리 아래 칸에서 태어나 자란 학생에게도 간격이 벌어진 사다리를 타고 올라갈 힘을 주었던 셈이다.

우리나라는 2000년대 이후 소득과 부의 불평등이 심화되었다. 아득해진 사다리를 올라갈 수 있는 힘을 어디서 얻을 수 있을까? 대학 교육의 경제적 보상이 줄고 대졸자 간 임금 격차가 커진 상황에서 국가장학금이나 학자금 대출로 아무 대학이나 들어가 졸업하면 그런 힘이 생길까?

경제적 불평등이 심해지면 형평성에만 문제가 있는 것이 아니라 경제성장에도 악영향을 미치게 된다. 2014년 OECD의 분석에 의하면, 1985~2005년간 소득불평등의 증가 추세를 보인 나라들은 1990~2010년간 누적 경제성장률이 저하됐다. 구체적으로 지니계수의 3p(포인트) 증가(20년간 OECD 평균 증가)는 25년간 GDP 연평균 성장률의 0.35%p 하락을 수반했고, 누적 GDP 손실은 8.5%에 달했다.

이러한 불평등 심화에 따른 경제성장 저하는 교육 문제에도 기인하는 것으로 평가됐다. 불리한 사회경제적 배경을 가진 사람들은 불평등이 중대할 때 교육에 대해 과소 투자하는 경향을 보였는데, 이런 현상은 최하위 10% 소득 계층뿐 아니라 중간층 아래인 하위 40% 소득 계층에서도 발견된다는 것이다. 형편이 어려우니 아이를 대학에 보내지 않고 본인에 대해서도 인적자본에 투자할 여력이 줄어들게 되는 것이다. 그렇게 하다 보면 그 나라의 인적자본 경쟁력은 약화되고, 경제성장률 자체도 낮아지게 된다. 이렇게 볼 때 성장과 분배라는 것이 반드시 서로 상충하거나 양립 불가능한 것이 아니다. 분배가 잘 이루어지면 소비 진작을 통해 수요 측면에서 성장에 기여하는 부분도 있겠지만 인적자본에 대한 투자가 고르게 일어나게 해서 공급 측면에서 생산성 향상을 통해 성장에 기여하는 부분도 있다는 것이다.

교육을 매개로 한 불평등의 악순환

앞서 부자간의 최종 학력과 교육연수의 상관성이 다시 높아진 것으로 보이는 설문조사 분석 결과를 소개했다. 2010년대 들어 대학진학률이 특성화고 학생을 중심으로 하락한 모습을 보이는데, 만약 이들이 상대적으로 불리한 가정배경을 갖고 있다면 계층 대물림이 다시 강화되는 현상에 대한 방증이 될 수 있을 것이다.

이에 고등학교 유형별로 가정배경의 차이를 살펴보았다. 서울 지역 고등학교 1학년 학생을 대상으로 아버지의 학력 구성을 보니 고등학교 유형별로 체계적인 차이가 나타났다. 아버지가 대졸 이상의 학력을 가진 비율은 특성화고 26.8%, 일반고 60%, 자율고 77.1%, 특목고 92.2%로 큰 차이를 보였다. 가정배경을 아버지의 직업적 지위나 가구소득을 기준으로 한 경우에도 고교 유형별 가정배경의 차이는 체계적이고 일관되게 드러났다. 상위권 대학 입학 등 대학 입학 실적에서 특목고, 자율고(자사고), 일반고, 특성화고 순으로 서열이 존재하는 것으로 인식되는데, 이 서열이 가정배경의 격차와 연결되어 있는 현실이 확인된 셈이다.

또한 PISA 자료를 통해 살펴봤듯이 만 15세 학생의 학업성

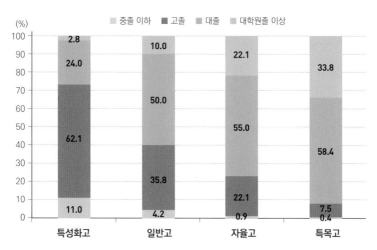

:: 서울 지역 고 1 학생의 고교 유형별 아버지 학력 구성비

(%)

■ 중졸 이하 ■ 고졸 ■ 대졸 ■ 대학원졸 이상

자료: 서울교육종단연구(SELS) 2010년 자료를 이용해 직접 계산했다.

취도에 미치는 가정배경의 영향력도 우리나라에서 2000년대 이후에 커졌다. 참고로 미국은 같은 시기에 학업성취도에 대한 가정배경의 영향력이 커지지 않았다. 미국에서 소득불평등도가 높아졌는데 세대 간 계층이동성에는 큰 변화가 생기지 않은 것도 교육 영역에서 나타난 이런 차이에서 상당 부분 비롯되었을 것으로 추정할 수 있다.

이러한 가정배경의 차이에 따른 교육 불평등은 취업 후 노동시장 불평등으로 이어지게 되고, 곧 소득과 자산의 불평등으로 연결된다. 그러면 그 세대가 부모가 된 후에 그다음 세대의 양육 및 교육 환경의 불평등으로 이어져 앞 세대의 불평등이 재생산되는 악순환이 되풀이된다. 교육 영역에서 이 악순환의 고리를 끊으면 계층 대물림도 어느 정도는 완화할 수 있을 것이다. 물론 노동시장의 차별 해소와 격차 완화, 조세와 이전 지출을 통한 소득 재분배 등 다른 단계에서의 정책도 불평등 완화 효과가 있겠지만, 기회 균등이 헌법적 권리로 주어진 교육 영역에서 할 수 있는 조치들이 분명히 있다는 것이다.

"개천에서 용 난다"는 말이 "개천에서 용쓴다"는 비하적인 말로 대체됐다는 만평을 본 적이 있다. 입시경쟁에 유리한 특정 지역, 특정 학교, 특정 배경에 속하지 않고서는 선호되는 대학 졸업장과 직업을 갖기 어려워졌다는 인식을 반영했을 것이다. 우리는 이 문제들을 어떻게 봐야 할까? 사회구조적인 변화가 없으면 교육 영역에서의 노력도 무의미할까?

4장

사다리를 다리로
사회이동성과 교육의 형평성(2)

•
•
•

교육 사다리가 무너졌다 또는 사라졌다는 말이 2000년대 이후 언론에서 많이 등장하고 있다. 이른바 '개천용'을 만들었던 유력한 수단이 교육이었다고 생각한다면, 더 이상 교육을 통해 개천에서 용이 나지 않는다는 말과 비슷한 의미다.

다시 개천용이 나게 하려면 아이들의 타고난 재능이 열악한 환경 때문에 사장되지 않도록 해야 한다. 그래야 어려운 환경에 있는 아이와 그 부모가 희망을 갖고 노력하게 할 수 있고, 그 아이가 잘 성장해서 어려운 처지에 있는 다른 이들에게 영감을 줄 수 있다.

그런데 사다리는 상하 개념이 있는 것이므로, 교육 사다리라고 하면 필연적으로 경쟁을 전제로 한다. 특히 이 경쟁이 거의 모든 이의 목표가 한곳에 집중된 피라미드형 경쟁일 경우에는 다수의 패자를 양산한다. 교육이 소수의 승자를 만드는 사다리가 아니라 많은 이에게 여러 도전이 도사리는 세상의 협곡을 건너게 하는 다리 역할을 해줄 수는 없을까?

이를 위해서는 이른바 명문대학의 선호학과를 나오지 않더라도 스스로 성공적인 삶이라고 자부하며 행복하게 살 수 있는 다양한 성공 경로가 존재하고 가치관도 성숙해야 한다. 그리고 공교육에서 기초학력도 갖추지 못해 평생에 걸쳐 배워야 하는, 세상에서 소외되는 이들이 생기지 않도록 해야 한다.

이처럼 발달 격차와 재능 사장을 방지하고, 성공 경로를 다양화하며, 배움의 소외에서 비롯된 사회적 배제를 예방하는 것이 우리 사회의 목표이자 인적자본 정책의 중요한 과제가 되어야 한다. 이를 위해 교육은 어떤 역할을 할 수 있을까?

유전 대 환경

사회과학자들 사이에 오래된 논쟁이 있다. 유전이 중요한가, 환경이 중요한가? 이 문제를 공부 또는 교육과 관련해서 보면 어떨까?

유전자가 더 중요하다는 쪽에서는 공부를 잘하는 것이 부모가 좋은 공부머리를 물려줬기 때문이라고 생각한다. 유전으로 받은 자기 능력 때문에 공부를 잘해서 좋은 대학에 가고 좋은 직업을 갖는데 그걸 어떻게 할 수가 있겠느냐는 입장으로 흐를 수 있다. 한편 환경이 더 중요하다는 쪽은 유전적 요인도 영향을 주겠지만 가정환경의 영향력에 주목해야 한다는 입장이다. 유전자는 바꿀 수 없지만 환경은 개선할 수 있기에, 환경에 대한 정책적 개입을 중시하는 것이다.

전자의 입장은 부모의 능력이 유전을 통해 자녀의 능력으로 전이되고 이것이 자녀의 학력과 소득에 직접적으로 연결되는 경로를 중시한다. 반면 후자의 입장은 부모의 능력과 학력, 그리고 그에 따른 가구소득이 자녀에 대한 가정의 투자, 즉 투입 시간 및 투입 재화의 양과 질에 영향을 미쳐 이것이 자녀의 능력, 학력, 그리고 결과적으로 자녀의 소득으로 연결되는 경로를 중시한다. 이 경우 유전자뿐 아니라 가정의 투자가 자녀의 능력에도 영향을 미칠 수 있다는 점이 고려되는데, 그렇다는 증거가 있을까?

우선 부잣집에서 처음부터 머리 좋은 아이가 태어날 확률이 더 높은가를 확인해볼 필요가 있을 것이다. 미국의 유아종단조사(Early Childhood Longitudinal Study)에서 생후 8~12개월 된 유아들의 지능을 정신기능 종합점수로 측정한 자료를 이용하여, 유아 지능이 어떤 요인들의 영향을 받는지를 분석한 결과가 있다.

:: 자녀의 소득에 부모가 영향을 미치는 경로

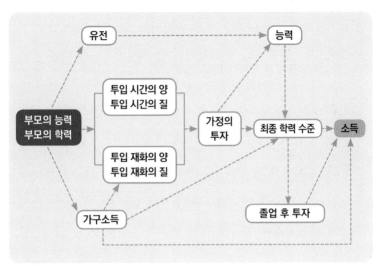

자료: Wolfe and Haveman(1995).

일단 먼저 태어난 유아일수록 평균지능이 높다. 유아기는 두뇌 발달이 본격화되는 시기이므로 한 달 차이도 큰 것이다. 성별로 보면 여아가 남아보다 평균지능이 아주 조금 높다. 또 둘째 아이가 첫째 아이보다는 평균지능이 조금 낮다.

그런데 이 분석 결과에서 중요한 발견은 따로 있다. 부모의 소득 등 사회경제적 지위(SES)를 5개 분위로 나누어 유아 지능의 차이를 살펴본 결과 통계적으로 유의한 차이가 없었다. 즉 유아가 태어난 가정의 사회경제적 상황이 최하위 20%, 하위

20%, 중위 20%, 상위 20%, 최상위 20% 중 어디에 있든지 간에 평균지능에는 유의미한 차이가 없었다는 것이다. 태어난 가정 환경에 따라 분포상의 지능 차이가 없다는 애기는 가난한 집안 에서도 얼마든지 머리 좋은 아이가 태어날 수 있고 부유한 집안 에서도 머리가 좀 안 좋은 아이가 태어날 수 있다는 뜻이다.

그러나 시간이 지나면서 지능에 대해서도 환경의 영향이 나 타난다. 1970년생 영국 아동을 추적 조사한 종단연구(1970 British Cohort Study)를 이용해 생후 22개월부터 118개월까지 아이들의 지능이 가정환경에 따라 어떻게 변화하는지를 볼 수 있다. 생

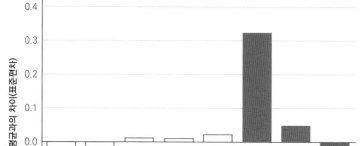

:: 유아(8~12개월) 지능의 영향 요인

* 비어 있는 막대그래프는 통계적으로 유의한 영향이 없음을 의미한다.
자료: Greenstone et al.(2013, 8쪽).

후 22개월 당시 인지능력 검사 결과의 분포상으로 최하위 10%
수준의 낮은 지능과 최상위 10% 수준의 높은 지능을 갖고 있던
아이들이 부모의 사회경제적 지위에 따라 어떤 궤적으로 지능
변화를 나타냈는지를 살펴보자.

잘사는 집이든 못사는 집이든 제각각 높은 지능을 갖고 태
어난 아이들과 낮은 지능을 가지고 태어난 아이들이 있다. 그런
데 잘사는 집에서 낮은 지능을 갖고 태어난 아이는 자라면서 지
능의 서열이 크게 상승한다. 반면 못사는 집에서 높은 지능을
갖고 태어난 아이는 자라면서 지능의 서열이 크게 하락한다. 이

:: 22개월~10세 아동의 인지능력 발달과 사회경제적 배경의 관계

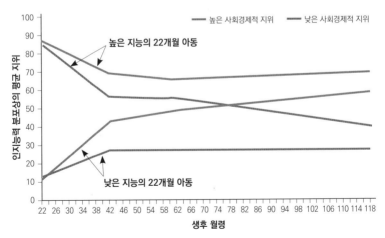

자료: Feinstein(2003).

에 따라 생후 118개월, 즉 10세 무렵이 되면 잘사는 집 아이들은 못사는 집 아이들보다 평균적으로 높은 인지능력을 나타낸다. 이처럼 인지능력의 선천적인 판도가 후천적인 성장 환경의 영향으로 뒤바뀌는 결과는 영국에서 사회이동성에 관한 문제의식과 정책적 개입을 촉발시키는 역할을 했다.

조기 개입의 중요성

교육학자와 신경과학자들이 환경과 나이에 따른 인지능력의 발달 과정을 연구한 결과, 5세 이전의 환경이 특히 중요하다는 것을 알게 되었다. 사람의 두뇌는 85%가 5세 이전에 형성되는데, 미국의 경우 교육 재정의 대부분(90% 이상)을 5세 이후의 교육에만 투자하고 있다는 것이다(《허핑턴 포스트》, 2012년 11월 21일). 우리 나라에서도 유아 교육의 중요성을 점차 인식하여 국가 수준의 공통 교육과정인 3~5세 누리과정을 2013년부터 운영하고 있다.

아이의 발달에는 유아 교육기관뿐 아니라 가정의 교육 환경이 중요한 역할을 한다. 이때 가정환경의 영향에는 부모가 아이와 건강한 상호작용을 얼마나 많이 하는가도 포함된다. 실제 이런 실험 결과가 있다(Risley and Hart, 1995). 부모와 아이 사이에 오가는 일상의 대화를 아이가 만 3세가 될 때까지 녹음하여 대화에 포함된 단어들을 분석해본 것이다. 그리고 그 결과를 부모의 사회경제적 지위(전문직, 중하위 근로계층, 취약계층)에 따라 비교해보았다. 그 결과 부모의 사회경제적 지위가 높을수록 아이와 훨씬 더 많은 어휘를 사용하여 대화했고 누적된 어휘 수의 격차는 만 3세까지 점점 더 벌어진 것이 드러났다. 부모와의 대화를 통한 언어적인 노출량은 아이들의 인지능력과 문해력 발달에 매우 중요한 역할을 한다.

또한 말의 내용도 중요한데, 사회경제적 지위가 높은 부모일수록 아이를 격려하는 말을 훨씬 더 많이 한 것으로 나타났다. 복지 혜택으로 살아가는 취약계층 부모는 아이를 억압하고 제지하는 말을 상대적으로 많이 했다. 생활이 어려운 부모는 아이의 식탁에 빵과 우유를 얹어주는 것 이상은 못 해주는 경우가 많고, 그 시기에 아이와 긍정적인 상호작용을 하는 것이 아이의 미래를 위해 얼마나 중요한지 모를 가능성이 있다. 본인 역시 성장 과정에서 그런 경험을 못 했을 수 있고, 좋은 부모가 되는 교육을 받거나 주변에서 그런 것을 보고 배울 기회를 갖지 못했을 가능성도 있다. 그래서 그렇게 불리한 가정환경에서는 높은 지능을 갖고 태어난 아이도 천부적인 능력을 꽃피우지 못할 확률이 높아지는 것이다.

이처럼 가정환경 때문에 사장되는 재능의 손실을 방지하려면 정부가 개입해서 취약계층 자녀를 지원할 필요가 있을 것이다. 그런 지원이 가장 필요한 시기는 언제일까? 어릴수록 좋다는 것이 학계의 정설이다.

정부가 취약계층 자녀의 인적자본 투자를 지원하여 생애소득의 불평등과 계층 대물림을 완화하려면 인적자본 투자의 수익률이 높은 시기에 지원하는 것이 효율적이다. 인적자본 투자 수익률은 취학 전 프로그램에서 가장 높고, 그다음이 학령기의 학교 교육, 그리고 최종 학교 졸업 후의 직업훈련 순이다. 그리

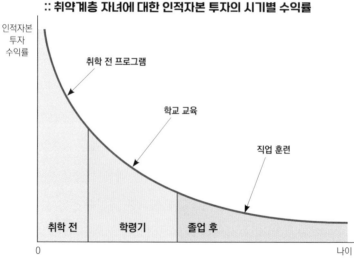

:: 취약계층 자녀에 대한 인적자본 투자의 시기별 수익률

자료: Carneiro and Heckman(2003).

고 교육 시기뿐 아니라 내용도 중요하다.

취학 전에 어떤 교육 프로그램을 경험하는지가 장기적으로 얼마나 중요한지 입증된 실험 연구가 있다. 1962~1967년에 미국 디트로이트시 외곽의 빈곤 흑인 아동을 대상으로 실시한 페리 프리스쿨 프로젝트다. 이 프로젝트에서는 학교에 가면 낙제할 위험이 높은 123명의 만 3~4세 미취학 아동을 무작위로 두 집단으로 나누었다. 비교 집단으로 설정된 한 집단은 학교에서 보편적으로 제공하는 글쓰기, 책 읽기, 그림 그리기 등 인지 역량 중심의 교육을 받게 했다. 실험 집단으로 설정된 다른 집단은 훈련된 교육자들로부터 성실성, 창의성, 사교성, 집중력, 끈기 등 비인지적 역량을 기르는 교육을 추가로 받게 했다. 그 결과 실험 집단은 비교 집단에 비해 40대가 될 때까지의 인생 궤적이 여러 모로 달랐다. 이들은 비교 집단보다 14세 때 학업성취도가 높았고, 15세 때 숙제를 해오는 비율이 높았으며, 10대 임신이 적었고, 범죄를 덜 저질렀으며, 고등학교 졸업률, 취업률, 소득이 모두 높았고, 자기 집과 차를 소유한 비율도 높았다. 아이들에 대한 양질의 조기교육 투자가 당사자와 가족의 일생에 걸쳐 장기적으로 긍정적인 효과를 가져온다는 점이 발견된 것이다. 정부 입장에서도 교육, 복지 및 범죄 비용의 절감과 소득세 수입을 고려하면 페리 프리스쿨 프로그램에 대한 투자는 1달러당 12.9달러의 수익을 거둔 고효율 프로젝트였던 셈이다(Highscope, 2021).

이처럼 취학 전에 가정환경의 불리함을 만회할 수 있게 하는 교육 투자가 충분히 이루어지지 못한 경우에는 학교에 입학해 학년이 올라갈수록 교육 격차가 커지게 된다. 고학년일수록 학습 부진을 극복하기는 어려워지고, 이를 위해서는 더 큰 비용이 요구되어 투자 효율성이 떨어진다.

나아가 학교 교육을 마치고 성인이 된 후에는 직업훈련을 위해 정부가 아무리 지원을 해도 아동기 때 투자한 만큼 효과를 보기 어렵다. 정부가 실직자의 재취업과 장기 실업자의 자활을 위해 직업훈련을 무상으로 제공해도 새로운 일자리에 안정적으로 안착하지 못하는 경우가 많았다.

그런데 페리 프리스쿨 프로젝트가 시사하듯이, 실직 후 전업의 성공에 있어서도 대인관계 능력과 자기관리 등 비인지능력이 중요한 역할을 했다. 단순히 이론과 기술 교육 위주의 직업훈련에 그치기보다는 사회적 역량과 같은 연성 역량(soft skill)을 함양시킬 수 있는 집단상담과 인간관계 및 자기조절 코칭 등의 프로그램이 보완될 필요가 있음을 의미한다. 물론 비인지능력도 조기교육이 바람직하지만, 5세 이전까지 대부분 형성되어 18세 이후에는 거의 변동이 없는 인지능력과 달리 대인관계 및 자기관리 능력은 성인기에도 교육을 통해 어느 정도 향상되는 것으로 알려져 있다(Cunha and Heckman, 2007).

로버트 풀검이 쓴 『내가 정말 알아야 할 모든 것은 유치원에서 배웠다』라는 책이 있다. 책 제목처럼 평생에 걸쳐 중요한 연성 역량, 예컨대 사교성, 협동심, 인내심, 창의성 등을 그 시기에 또래 아이들과의 놀이를 통해 자연스럽게 체득하는 것이 성공적인 인생의 관건이 된다고 할 수 있겠다.

팬데믹과 전쟁 시기 아이들의 평생 수난

생애 초기 단계 환경의 중요성을 강조하면서 함께 언급해두고 싶은 것은 태아기의 환경도 평생에 걸쳐 장기적인 영향을 미친다는 점이다. 예컨대 전 세계 인구의 1%를 죽게 만든 1918년 스페인 독감이 창궐한 시기에 산모가 출산한 1919년생 집단은 그 직전이나 직후에 태어난 집단에 비해 교육 수준과 소득이 낮았고 신체장애의 비율이 높았다(조수진, 2021). 태아기의 영양 결핍, 질병, 유해물질과 함께 외부 환경에 의한 임신부의 스트레스는 자녀의 조산, 발달 부진, 행동 장애 등의 원인이 되는 호르몬 수치를 높여 태아에게 부정적인 충격을 준다는 것이다. 코로나19라는 팬데믹 역시 이 시기의 태아에게 장기적으로 어떤 영향을 미치게 될지 귀추가 주목된다. 팬데믹으로 인한 신체적·심리적·경제적 타격을 많이 받은 가정의 아이일수록 그 부정적인 영향은 더 크고 장기적으로 나타날 것으로 예상된다.

한편 우리나라에서는 6·25전쟁을 태아기와 영아기에 경험한 1950~1951년생의 경우 다른 시기에 태어난 집단에 비해 교육 수준이 낮았고, 직업에서도 전문직 비율이 낮고 노무직 비율이 높았다. 또한 이들은 군 입대를 위한 신체검사에서도 평균 신장과 체중이 다른 시기에 태어난 집단보다 낮았고, 고령기에 접어들자 전신장애와 인지장애 비율이 높게 나타났다(이철희, 2021). 또한 6·25와 같은 전시는 아니지만, 가정의 열악한 상황으로 전시와 같은 스트레스를 받고 있는 산모와 태아 및 영아는 지금도 있다. 아이의 평생을 좌우할 부정적인 환경의 충격을 줄여줄 정책적 개입의 절실함은 다시 강조할 필요가 없겠다.

용의 씨는 골고루 뿌려진다

나는 서울에서 태어나 열 살 때 부산으로 이사 간 후 서울대학교에 입학하면서 다시 상경하여 교내 기숙사 생활을 했다. 기숙사의 동료 중에는 낙도에서 문명과 떨어진 자연인처럼 어린 시절을 보낸 학생도 있었다. 학번이 높은 선배들은 방학 때 과 친구들과 함께 각자의 본가를 순방하면 전국 유람이 된다고 했다. 그만큼 당시 서울대생의 지역적·계층적 다양성이 높았던 것이다.

그런데 부모의 학력과 직업에 따른 입학률의 격차가 서울대에서 확대되어왔음이 1970~2003년까지의 서울대학교 사회과학대학 교수들의 신입생 학생기록카드 분석으로부터 발견됐다. 부모가 고학력이고 고소득 직종에 종사할수록 그 자녀의 서울대 입학률이 점점 높아진 것이다. 또한 지역별로도 서울, 특히 강남 8학군의 서울대 입학률이 높은 것으로 나타났다(김광억 외, 2003).

나아가 서울대 경제학부의 김세직 교수 연구팀은 서울대 입학생의 출신 지역이 서울 내에서도 강남구와 서초구에 쏠려있는 현상의 정당성에 대해 집중 탐구했다(김세직 외, 2015). 예컨대 2014년 강남구 출신의 서울대 입학률이 강북구 출신의 20배 정도 되는 것으로 나타났는데(김세직, 2014), 이것이 과연 학생들의 잠재 능력(지능) 차이라고 볼 수 있을까에 대한 문제 제기에서 출발한 것이다. 서울대 입학률이 학생들의 지능에 비례한다면 강북구에서는 100명 중 1명꼴로 나올 수 있는 인재가 강남구에서는 100명 중 20명꼴로 존재해야 한다.

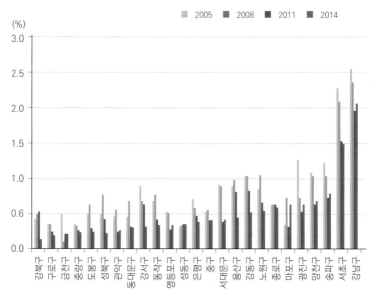

:: 구별 서울대 합격 확률(최초 합격 기준)

■ 2005 ■ 2008 ■ 2011 ■ 2014

자료: 김세직(2014).

연구팀은 서울의 구별 소득 통계 자료, 부모 소득과 부모 지
능의 상관관계, 부모 지능과 자녀 지능의 상관관계 등을 이용해
몇 가지 가정하에 서울의 구별로 학생의 지능 분포를 추정하고
이에 따른 서울대 입학률을 추정해보았다. 그 결과 소득 수준이
높은 구의 부모가 지능이 높고, 그 지능이 자녀에게 일부 유전
된다고 하더라도, 구별 서울대 입학률의 차이는 최대 2배를 넘

지 않아야 하는 것으로 나타났다. 따라서 서울의 구별로 최대 20배까지 차이가 나는 실제 서울대 입학률은 학생 지능 분포의 차이로 절대 설명할 수 없다는 것이다.

더욱이 시대가 요구하는 인적자본의 성격이 달라져 고소득을 위해 필요한 부모 세대의 능력(예컨대 지능)과 자녀 세대의 능력(예컨대 창의성) 간에 상관관계가 약해질 수 있다. 이 경우 학생들에게 요구되는 인적자본의 분포는 부모 소득으로 구분될 수 있는 거주 지역과는 거의 상관이 없어질 수 있다. 즉 "창의적인 용의 씨는 학교, 지역, 계층에 관계없이 골고루 뿌려진다"(김세직 외, 2015)고 보는 것이 용의 씨가 높은 확률로 유전된다고 보는 것보다 타당할 가능성이 크다는 것이다.

용의 씨는 고르게 뿌려지는데, 특정 학교, 지역, 계층에서 용이 쏠려 나오는 현상이 강해져왔다면, 이는 공정한 경쟁이 이루어지는가에 대한 의문으로 이어진다. 부모의 지원과 사교육의 조련을 통해 본인이 가진 실제 잠재력보다 더 훌륭한 스펙을 갖춘 아이들이 최상위권 대학 합격에 성공한다면 어떻게 될까? 그런 스펙을 갖추지는 못했지만 진짜 잠재력 있는 아이들이 좋은 대학에서 공부할 기회가 그만큼 사라지는 것이다.

사교육을 통한 선행학습과 스펙이라는 치장술로 수재처럼 보이는 범재는 스스로 빛을 낼 수 있는 발광체가 아니라 좋은 환경 덕분에 눈부신 조명을 받아 빛나게 보이는 반사체에 비유할 수 있다. 김세직 교수는 이런 가짜 인적자본에 현혹된 입학생 선발이 적지 않을 경우 공정경쟁에도 문제가 있지만, 인재의 적재적소 배치라는 인적자본 운용의 효율성이 떨어져 경제성장에도 부정적 영향이 있을 것이라고 지적한 바 있다(김세직, 2014).

선행학습의 시효

국가적 중요성이 높은 수학·과학 영재교육에도 유사한 문제가 있다. 선행학습 사교육의 힘으로 만들어진 겉보기 영재들 가운데는 문제를 잘 풀지만 실제 수학자나 과학자가 될 소질이나 적성을 갖고 있지 않은 아이들이 있다. 영재학교 입학을 위한 사교육은 초등학교 고학년부터, 영재교육원에 가기 위한 사교육은 초등학교 저학년부터 시작해야 한다는 사교육계의 속설도 있다. 심지어 영유아를 대상으로 한 영재교육 사교육은 쉬는 시간에 엄마들이 기저귀를 갈기 때문에 기저귀 영재교육원이라고 한다는데, 이런 극성이 진짜 인적자본 축적에 얼마나 기여할지는 의문이다. 과도한 선행학습으로 고교 수학 문제도 풀어내는 어린아이보다는, 초등학교·중학교 수학이라도 지금 배우는 것을 당연하게 생각하지 않고 호기심과 의구심을 가지며 수학을 사랑하는 아이가 장차 뛰어난 수학자, 과학자, 공학자가 될 가능성이 클 수 있다. 선행학습을 하지 않았어도 수학·과학에 큰 흥미와 적성과 열정을 품은 아이들에게 영재교육의 문호를 보다 넓게 열어주는 방안을 고려할 필요가 있다. 언젠가 찬란한 빛을 낼 발광체가 묻혀 있을 수 있기 때문이다.

2005년부터 서울대는 지역균형선발 전형으로 일부 학생을 선발했다. 학내외의 반대 목소리가 있었지만 서울대가 최초로 이 제도를 도입한 것이다. 학교 안에서는 입학생 수준이 낮아진다고 반대하는 사람들이 있었고, 학교 밖에서는 지방 국립대를 중심으로 서울대가 이제 흙속에 묻힌 진주까지 파내가려 한다는 우려도 있었다.

지역균형선발은 전국 각 고등학교에서 학교장 추천을 받은 학생들을 별도의 기준으로 선발하는데, 최상위권의 수능 점수보다는 우수한 내신 성적과 충실한 학교 생활을 통해 잠재력과 성실성을 갖춘 학생을 지역별로 고르게 선발하려는 전형이다.

그런데 이렇게 다른 입학생보다 조금 낮은 수능 점수를 받고 서울대에 입학한 지역균형선발 학생들은 재학 중에 공부를 잘했을까? 입학 첫 학기의 평점 평균을 보면 지역균형선발 학생들은 일반 전형 학생들과 거의 비슷하다. 서울대에 입학할 만큼 수능 점수가 매우 높은 일반 전형 학생들보다 수학능력이 뒤지지 않는다는 것을 보여준다. 하지만 이들의 첫 학기 학점은 특기자 전형 학생들보다는 좀 떨어진다. 특기자 전형은 과학이나 외국어 특기로 들어온 특목고 학생이 많다. 그런데 3학년쯤 되면 지역균형선발 학생이 특기자 전형 학생과 학점이 비슷해

:: 입학 유형별 서울대 학생들의 학기별 학점 추이

* 2005년 3월 3,224명의 입학생 중 지역균형선발은 659명(20.4%), 특기자전형은 426명(13.2%),
일반전형은 2,139명(66.3%)이었다. 이 중 702명이 2009년 2월에 졸업했다(지역균형선발 84명,
특기자전형 102명, 일반전형 516명).
자료: 백순근·양정호(2009).

졌고 4학년 때는 오히려 더 높았다. 물론 입학생 모두가 동시에 졸업한 것이 아니어서 집단 간에 엄밀한 비교는 어렵고, 평점 평균이 반드시 학생들의 인적자본 축적을 잘 반영한다고 말할 수는 없다. 그러나 적어도 지역균형선발 도입이 서울대 졸업생의 수준을 낮출 만큼, 형평성을 위해 인적자본의 효율성과 수월성을 훼손한 제도는 아니었음을 보여주는 사례라고 할 수 있다. 다시 말하지만, 용의 씨는 골고루 뿌려진다.

국비로 우리나라 과학기술을 이끌어갈 인재들을 기르는 과학기술원에서도 유사한 현상이 보인다. 즉 과학고나 영재학교 등 수학과 과학을 집중적으로 교육하여 이미 대학교 이공계열 1학년 과정의 기초과목들을 이수한 채로 입학하는 학생과 일반고 학생의 격차가 학년이 올라갈수록 줄어드는 것이다. 4개 과학기술원(KAIST, GIST, DGIST, UNIST)의 맏형 격인 카이스트의 2013학번 사례를 보면 과학고, 영재학교, 자사고 출신보다 일반고 출신이 1학년 때는 평점 평균이 낮지만, 그 차이는 학년이 올라갈수록 줄어든다. 물론 특목고나 자사고의 특화된 교육환경에서 공부한 효과는 학점이 아닌 다른 성과로 나타날 수 있다. 또한 전술했듯이, 대학에 같이 입학한 모든 학생이 같이 졸업하는 것도 아니기 때문에 학년별·학기별 학점 추이를 통해 대학에서의 학업성취도나 인적자본의 축적을 출신 고교 유형별로

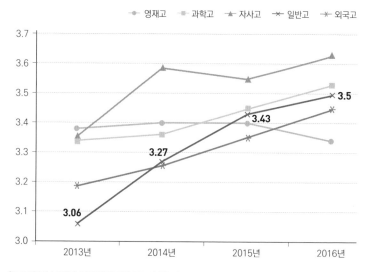

:: 고교 유형별 카이스트 학생들의 학년별 학점 추이

● 영재고 ■ 과학고 ▲ 자사고 ✻ 일반고 ✻ 외국고

3.06

3.27

3.43

3.5

2013년　　2014년　　2015년　　2016년

* 한국과학기술원(KAIST) 학사과정 2013학번 기준.
자료: 김민기 의원실, EBS 〈다큐프라임〉 '대학입시의 진실'(2017) 방영 자료 재인용.

비교하는 것도 엄밀하지는 않다.

　그러나 내가 지스트(광주과학기술원)에 있으면서 지켜본 바에
의하더라도, 일반고 출신이 대학에 입학해 1년 정도 적응 기간
을 거치면 특목고 출신 못지않게 잠재력을 발휘하는 경우가 많
다. 오히려 1학년 과정의 선행학습을 하지 않은 일반고 출신이
1학년 때 상대적으로 힘들게 공부하면서 공부의 근력을 키워,
2학년 이후 모두가 출발점이 평등해지는 전공 과정에 진입해서

는 특목고 출신보다 잘하는 경우도 흔하다. 그래서 나는 과학
고나 영재학교 출신 1학년에게도 배운 것을 다시 배우는 셈이
지만 쉽다고 자만하지 말고, 고교 때 수학과 과학에 집중하느
라 소홀했을 다른 인문·사회 분야 공부, 영어, 독서 등에 투자
해보라고 조언한다. 그리고 모든 학생에게 이렇게 말한다. 남
보다 먼저 배워서 남보다 잘하는 것은 중요하지 않고, 이런 선
행학습의 '약발'은 오래가지 않는다고 말이다. 심지어 강단에
서 있는 교수도 사실 선행학습 때문에 많이 아는 것처럼 보이
는 것이니, 대등한 위치에서 부담 없이 질문하고 토론에 참여
하며 교수의 생각을 넘어서라고 격려한다.

균형선발은 역차별인가?

잠재력 있는 학생에게 그 잠재력을 일깨울 좋은 교육 기회를 주
는 것은 사회적으로 재능의 사장을 방지하고 인적자본 투자의
효율성을 높이는 길이다. 더욱이 불리한 환경에 있는 학생들이
가진 잠재력이 발굴된다면 이는 형평성과 사회이동성을 제고하
는 효과도 있다.
　　미국 대학에서 학생의 배경, 즉 인종과 계층 등을 고려하여

흑인과 저소득층 등 사회적 약자에게 입학 문호를 넓혀주는 적극적 차별시정조치(affirmative action)를 실시해온 이유도 이런 맥락이다. 한편 이 조치가 시험 점수는 높지만 프로테스탄트 엘리트적인 세련됨은 갖지 못한 것처럼 보이는 유대인 및 이민자 자녀들의 명문대 입학을 줄이기 위해 도입되었다거나(Karabel, 2006), 유색인종 중 흑인이 아닌 아시아인 학생에게 역차별을 야기한다는 비판도 있다. 하지만 미국에서 소득불평등이 확대되어온 가운데서도 사회이동성이 크게 약화되지 않았던 것은 이러한 차별시정조치와 저소득층 장학금, 그리고 이를 바탕으로 잠재력 있는 학생들이 불리한 환경에서도 노력할 유인을 갖게 한 데 일정 부분 기인할 것이다.

그런데 교육경쟁이 치열한 우리나라에서는 지역균형선발이나 기회균형선발과 같은 제도를 운영하는 것에 대해 불편한 심기를 드러내는 경우가 있다. 심지어 균형선발로 입학한 학생들에게 'ㅇㅇ충'이라는 혐오성 표현을 쓰기도 한다. 그렇다 보니 균형선발 입학생 중에는 자신이 그와 같은 전형으로 입학한 사실이 알려지는 것을 두려워하는 경우도 있다.

표면적인 공정성을 강조하다 보면 왜 저 아이는 점수가 낮은데 입학하고, 어떤 아이는 그 아이보다 점수가 높은데 떨어지느냐며 역차별이 아니냐고 따질 수 있다. 그러면 공정한 경쟁이

란 무엇일까? 공정한 경쟁의 기본적인 전제조건은 출발선이 같아야 한다는 것이다. 그런데 대학입시와 같은 교육경쟁에서는 모두가 같은 출발선에 있지 않다. 태어나서 상당 부분의 인지 기능이 형성되는 영유아기부터 유치원, 초등학교, 중학교, 고등학교를 거치는 동안 어떤 부모를 만나 어떤 환경에서 어떤 사교육과 공교육을 받아왔는지에 따라 어떤 아이는 패스트트랙을 타게 되고 어떤 아이는 가장자리로 밀려난다. 육상 트랙에 비유하자면, 추첨에 의해 어떤 선수는 1번 레인에서 가장 짧은 트랙을 돌게 되고, 다른 선수는 8번 레인에서 가장 긴 트랙을 돌게 되는 것이다. 그래서 곡선 주로가 포함된 육상 경기에서는 바깥쪽 주로일수록 앞선 지점에서 출발하도록 하여 모든 선수가 결과적으로 같은 거리를 달릴 수 있게 한다.

이런 점에서 우리 사회의 교육경쟁은 공정하다고 볼 수 있을까? 혹자는 누구에게나 시험 볼 기회가 있고, 대입 때까지 같은 시간이 주어지니 공정한 경쟁이라고 강변할지도 모른다. 이에 따르면 올림픽 기록경기에서처럼 0.01초일지라도 조금이라도 나은 결과를 낸 사람이 경쟁의 승자가 되어야 한다. 그런데 그 결과가 안쪽 주로를 달려서 얻은 것이라면 공정한 경쟁에서 얻은 승리가 아니다. 공정성과 역차별을 이유로 균형선발에 반대하기 전에 자신은, 자기 아이는 어느 트랙, 몇 번째 주로에 있는가를 스스로 물어볼 필요가 있다.

2017년 실시한 4개국 대학생 설문조사에서 한국 대학생들은 본인이 속한 것으로 인식하는 계층이 상위층일수록 대학의 균형선발 확대에 대한 지지도가 낮았다. 입학 정원이 한정된 명문대 진학을 향한 제로섬 경쟁에서 균형선발 확대가 공정하지 않고 능력주의에 위배된다고 생각했을 수도 있고, 상위층에 불리할 것으로 생각했을 수도 있다. 그럼 능력주의는 무엇인가? 능력은 수능 점수가 1등급 더 높은 사람보다는 그와 비교할 수 없을 만큼 불리한 환경에서 1등급밖에 차이를 보이지 않은 사람이 더 뛰어날 수 있다.

그리고 사회적 성공을 거둔 사람들의 비결은 재능과 노력 외에 운이 컸음도 상기할 필요가 있다. 그렇지 않으면 재능을 갖고 노력하는 많은 사람이 그만큼 성공하지 못하는 이유를 설명할 길이 없다. 사실 어떤 재능을 타고난 것도 운이라고 할 수 있고, 노력하는 성품과 특정 목표를 향한 노력의 동기를 갖게 된 데도 운이 작용했을 수 있다. 운의 중요성을 상기할수록 좀 더 겸손해지고 좀 더 나누는 마음을 갖게 된다.

직업과 무관한 교육

조기 개입과 균형선발 등을 통한 재능 사장의 방지와 함께 사회 이동성을 높이기 위해 필요한 것은 성공 경로를 다양화하는 것이다. 이는 과거급제를 통한 입신양명처럼 좋은 대학을 거쳐 좋은 직장 및 직업을 갖는 단선적인 성공 경로에 쏠려왔던 열망과 그로 인한 치열한 제로섬 경쟁에서 벗어나는 길이다. 이를 위해서는 중등교육 단계에서부터 다양한 직업 세계에 눈뜨고 기존의 선호 직업을 넘어 새로운 세계를 열어갈 포부를 갖게 해주어야 한다.

그런데 우리 중·고등학교는 직업생활에 유용한 지식을 학생들에게 가르치고 있을까? 여기에 대해서 만 15세(중 3·고 1) 학생들은 어떻게 대답했을까? 긍정 응답 비율이 OECD 국가 평균(86.7%)보다 상대적으로 낮아 보이는 두 나라가 있는데, 일본(64.5%)과 한국(65.4%)이다. 반면 긍정 응답 비율이 매우 높은 나라는 핀란드(92.3%)이다.

참고로 "학교가 졸업 후에 성인으로서의 삶을 위해서 나에게 해주는 것이 없다"라는 문항에 대해서는 동의(그렇다 및 매우 그렇다) 비율이 일본(30.2%)과 한국(28.1%)에서 높았다. 반면 핀란드(13.8%)는 OECD 국가 평균(23.8%)보다 낮은 비율로 이에 동

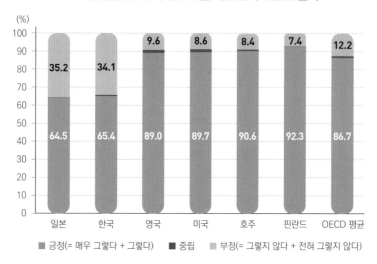

:: 직업 관련 지식 획득에 대한 학교 교육의 효과 인식

* "학교가 직업생활에 유용한 지식을 가르쳐준다"라는 문항에 대한 만 15세 학생들의 응답 결과.
자료: OECD, PISA 2009.

의하여 성인기 삶의 준비에 있어 학교 교육이 효과적이라고 인
식하는 비율이 상대적으로 높았다.

　이런 차이는 왜 생길까? 그리고 교육이라는 것이 각 나라에
서 어떤 기능을 하고 있을까? 직업 세계와 직접 연결되는 대학
교육을 보자. 대학을 졸업하고 얼마나 자기 전공과 관련이 있는
분야에서 일을 하고 있는가? 이 기준으로 봤을 때 역시 한국, 일
본 그리고 핀란드는 상당한 대조를 보이고 있다. 만 25~34세의
고등교육(전문대 및 4년제 대학) 이수자 중 자기 전공과 연관이 없

:: 대졸 취업자의 전공과 직무의 불일치 비율

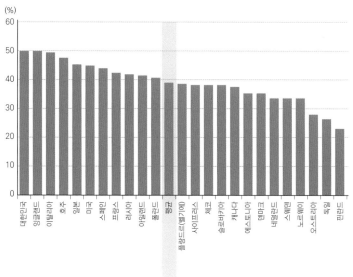

자료: OECD(2015).

는 곳에서 일하고 있는 비율, 즉 대졸 취업자의 전공 불일치 비율은 한국 50%, 일본 40%대 후반인 반면, 핀란드는 20%대 초반으로 한국의 절반도 안 된다.

왜 이런 일이 생길까? 이 OECD 국제성인역량조사(PIAAC) 자료에 포함되어 있는 국가별 대학 졸업 평균연령을 살펴보면 하나의 단서를 유추해볼 수 있다. 한국은 군 입대로 인한 졸업 지연과 근간의 잦은 휴학 풍조가 있음에도 대학 졸업 평균 연령이 만 25세다. 그런데 핀란드는 대학 졸업 평균 연령이 만 29세로 우리보다 4년이나 늦다. 이 차이는 무엇을 의미할까? 핀란드는 우리처럼 고등학교를 졸업하면 으레 대학으로 직행하는 구조는 아니다. 직업을 가지고 일을 해보다가 필요한 경우에 대학에 진학하는 것이다. 그러니 대학을 들어갈 때 본인이 하고 싶은 것이 분명하고, 졸업해서도 그 분야에서 전공을 많이 활용하는 것이다. 핀란드에서 대학 전공과 취업 직무 간의 불일치 비율이 낮게 나타나는 것도 당연한 결과일 것이다. 여러 영역의 국가경쟁력 순위를 매년 발표하는 세계경제포럼(WEF)에서 각 나라의 산업계 인사들에게 대학 교육이 경쟁사회의 요구에 부응하는 정도를 평가하게 하여 측정하는 대학 교육 경쟁력 순위에서 핀란드가 수위를 거의 놓치지 않는 것도 이와 관련이 있을 것이다. 물론 핀란드는 전반적인 교육 시스템에 관한 교육경쟁력 순위에서도 수위를 차지하고 있다. 1990년대 초반 IMF 구제금융 위기를 겪은 핀란드의 경제적·사회적 약진에는 모든 교육 단계에서 무상으로 제공되는 우수한 공교육, 사회적 수요를 충족하는 유연하고 실용적인 교육, 그리고 학생과 교사의 자율성과 전문성을 존중하면서 학교의 실질적인 책무성을 달성하는 교육의 힘이 크게 작용했을 것이다. 혁신적이면서 행복한 나라의 비결이다. 핀란드는 유엔 산하 자문기구인 지속가능발전해법네트워크가 매년 펴내는 《세계행복보고서》에서 직전 3년 자료를 기반으로 발표하는 행복지수에서 2020년까지 4년 연속 1위를 차지했다.

반면 우리나라에서는 일단 대학에 가고 보자 하는 식이 많다. 대부분의 고등학생이 대학에 가는 세상이 되자 사회적인 차별을 피하기 위해 공부에 소질이나 적성이 없어도, 무엇을 전공해서 어떤 일을 할지 정하지 못했어도 일단 점수에 맞춰 대학에 들어가고 보는 것이다. 진로 탐색은 뒷전이고 대학 진학에만 초점을 맞추는 중등교육에서 학생들은 직업 세계에 필요한 지식을 얻거나 성인기 삶을 위한 준비를 한다는 인식을 갖기 어렵다. 또한 대졸자의 전공과 취업 분야의 괴리가 절반에 이를 정도로 일반적이어서 고등교육마저 노동시장과 연계성을 갖지 못하고 있다. 이러한 전공과 직무가 미스매치하는 원인에 대해서는, 대학 전공에 대한 정원 규제(경직적인 학과 정원), 노동시장에 관한 불충분한 정보, 전공 선택 시기의 획일성, 대학 진학 시에 전공보다 대학 소재지를 우선적으로 보는 점 등이 지적되고 있다(한요셉, 2020).

대학 진학이 최우선시되는 가운데, 고등학교의 직업 교육은 양적으로도 크게 줄었다. 한국의 고등학교 재학생 중 실업계 비중은 1970년 46.6%였으나 2018년 17.6%까지 떨어졌다. 다른 OECD 회원국의 고등학교 재학생 중 실업계 비중은 40~50% 수준으로 우리보다 훨씬 높다. 우리가 이례적으로 높은 비율로 대입 목적의 인문계 고등학교를 운영하고 있는 것이다. 과거에는 고입 연합고사를 거쳐 진학했던 인문계고를 지금은 '일반고'라고 부르고, 실업계고는 전문계고를 거쳐 '특성화고'라고 부르고 있다. 그만큼 대학 진학을 전제로 하는 인문교육이 정예화 대신 일반화되었다. 대학 진학 중시 풍조로 고교 단계의 직업 교육은 소수화되었지만, (소수 마이스터고 등을 제외하면) 정예화되지는 못했다.

더욱이 전기와 후기로 나뉜 고입 전형은 일반고의 교육환경을 어렵게 해왔다. 현행 중학교 3학년의 고입 전형은 통상 4월 영재학교 입시로 시작해 특목고, 자사고, 특성화고 등 이른바 전기학교가 먼저 학생을 선발하고, 그다음으로 전국단위 자율학교와 과학중점학교가 학생을 선발하고, 마지막으로 일반고와 자율형 공립고가 학생을 배정받아왔다. 그러다 보니 일반고에는 특목고 입시에 아깝게 떨어진 상위권 대학을 목표로 한 학생들과 특성화고 입시에 떨어진 인문교육에 적성이 맞지 않은 학생들이 공존하는 교실이 만들어진다. 일반고는 취업준비반을 내실 있게 운영할 상황이 아니기 때문에 일반고에서 인문교육에 부적합한 학생들은 실질적인 배움에서 소외될 수 있다. 이들 중에는 기능인으로서 일할 특수한 인적자본을 갖지 못한 채 중졸 이하 학력자도 할 수 있는 저숙련 직종에 취업하거나 교육의 수익보다 비용이 더 큰 한계대학에 떠밀리듯 진학해 2~4년을 흘려보내는 경우도 흔하다.

적성과 무관하게 사회적 차별이 두려워 인문교육 중심의 고등학교에 진학하는 세태가 바뀌지 않으면 성공 경로의 다양화는 어렵다. 자녀가 적성에 맞춰 실업계 고등학교에 가겠다거나 대학을 가지 않고 일을 하겠다고 했을 때, 부모가 다른 이유가 아니라 낙인 효과를 두려워해 반대하는 일은 사라져야 한다. 이를 위해서는 더 좋은 직업 교육을 제공하는 실업계고의 비중이 커지거나 일반고에서도 학생의 적성과 진로 계획에 따른 과목 선택의 폭이 넓어져야 한다. 그리고 사회적으로 실무 역량이 아닌 학력에 따른 차별이 없어져야 하고, 이를 위해서는 채용 방식의 변화도 요구된다. 또한 고교 졸업 직후에 대학에 가지 않고 관심 및 필요 분야가 생겼을 때 대학 문을 두드려도 입학에 불리하지 않도록 대입 전형 체제도 평생교육형으로 전환해갈 필요가 있다.

획일 교육을 벗어나려는 노력, 고교학점제와 홍콩 교육개혁

수업 중에 자는 학생들로 상징되는 일반고의 위기는 우선선발

권을 가진 특목고, 자사고 등의 출현에 의해 심화된 측면도 있다. 하지만 여러 면에서 이질적인 학생들을 획일화된 교육과정에 묶어둔 문제가 보다 근본적이다. 이에 정부는 교육 전문가들이 제안해온 고교학점제를 도입하기 위한 준비를 해왔다. 고교학점제는 학생이 자신의 진로에 따라 다양한 과목을 선택하여 이수하고, 과목별 이수 성취 기준에 도달한 학생에게 학점을 부여하며, 누적 학점이 최소 졸업학점 기준에 도달할 경우에 졸업을 인정하는 제도이다. 교육의 다양화 및 자율화를 개별 학생 차원에서 구현한다는 점에서 고교학점제 도입의 원칙적 필요성에 대해서는 공감대가 존재하는 것으로 보인다.

그런데 고교학점제를 제대로 운영하자면, 학생들이 저마다의 적성과 진로 계획에 따라 인문·자연 과정 외에 예체능 과정, 실용 과정, 자유 과정(기초 과정과 대안 과정 포함) 등을 선택하여 이수할 수 있게 하는 것이 필요하다. 결국 각 학생에 맞는 선택과목의 운영을 내실화하는 것이 핵심이므로, 이에 대한 투자가 중요하다. 단위학교에서 사회적 수요와 각 학생의 적성에 맞는 과목들을 개설하려면 무엇보다 해당 전공 교원 임용에 신축성이 필요하다.

그러나 현재 일선 학교의 선택과목 운용은 수요를 잘 반영하지 못하고 있다. 개별 교사의 복수과목 전공을 장려하고 있지만 타 과목 연수를 통해 복수과목을 가르치거나 과목 전향을 하는 것을 꺼리는 경우가 많다. 예체능 과정 등 학생 수요를 맞추기 위한 외부 강사 채용에도 소극적인 분위기다. 교육계에서는 교사 부족, 교사 부담 가중, 학교 간 격차, 대입제도와의 괴리 등 다양한 이유로 고교학점제 시행이 시기상조라고 반대하는 목소리가 나온다.

정부는 교육계의 우려에 대해 내실 있는 대책을 준비하고 작동 여부를 점검해야 한다. 선택과목을 담당할 교사 부족은 미래교육 관련 수요가 증가하는 분야를 중심으로 신규 교사를 확충하고, 현직 교원의 복수과목 강의 능력 배양을 지원하며, 외부 강사를 적극적으로 활용함으로써 해결해야 한다. 지역 간, 학교 간 격차는 지역대학의 교수·강사 등의 초빙과 학교 간 교육 자원 공유, 온라인 교육과정 확대 등으로 보완해야 한다.

또한 고교학점제의 안착을 위해 교육과정과 평가의 조화가 필요하다. 기존의 9등급 상대평가 대신 절대평가를 적용해야 한다. 적은 수의 학생들이 선택한 과목을 수강하더라도 불리하지 않도록 해야 성적을 위한 전략적 선택이 아니라 자신의 적성과 진로에 맞는 선택을 할 수 있게 된다. 이수 기준을 충족하지 못하면 학점을 인정하지 않는 방식으로 학생의 규율과 교사의 책무성을 도입해야 한다. 새로 준비할 대입제도 역시 교육과정의 개별화 방향에 부응하도록 설계해야 한다.

 대학 진학을 우선시하는 우리와 비슷한 사회 분위기에서 성공 경로의 다양화를 목표로 교육개혁을 진행한 사례가 홍콩이다. 같은 유교문화권으로 높은 교육열과 높은 학업성취도(PISA 성적)를 나타내온 홍콩은 사교육 시장이 발달한 것도 한국과 유사하다. 홍콩은 대학들의 세계 순위도 높은 편이지만, 대학 수가 많지 않아 고교 졸업생의 4분의 1 정도만 홍콩 내에 있는 대학 진학이 가능하다. 자연히 대입 경쟁은 우리 못지않게 치열하고, 학업 스트레스로 인한 학생들의 자살 빈도도 높다.

 홍콩은 더이상 이런 교육 시스템으로는 미래사회를 대비할 수 없다고 판단하고 2000년부터 초중등 교육개혁을 추진해왔다. 개혁의 모토는 교육과정의 다양화를 통해 다양한 성공 경로를 준비할 수 있도록 하자는 것이었다. 그 핵심은 고교 단계의 교육과정 개혁이었는데, 반드시 대학을 가지 않더라도 자기 적성에 맞는 진로를 학교에서 준비할 수 있도록 하고, 대학에 갈 학생도 획일적인 교육과정에서 탈피해 자신이 원하는 과목들을 집중적으로 공부할 수 있도록 하려는 것이었다. 그래서 중등학교의 고교 과정을 일종의 종합고등학교 체제로 바꿨다. 학생들의 선택과목을 늘려, 오전에 4대 공통과목 수업을 듣고 나면 오후에는 개별 수강 체제로 운영했다. 내가 견학차 방문한 홍콩의

한 중등학교의 경우 오후 수업은 20여 개 선택과목, 직업 교육 (외부 기관 위탁교육 포함), 외국어 중 2~3개 과목을 선택해 수강하고, 금요일 오후에는 인성·체험·봉사·진로 교육에 할애하고 있었다.

우리처럼 과학고나 외국어고, 특성화고 등 특목고가 따로 있지 않아도 이렇게 학교 내외에서 종합적인 선택형 교육과정을 운영하면 개별 학생 차원에서 특수 목적을 달성할 수 있을 것이다. 물론 학생들이 원하는 과목을 모두 개설하기는 어려울 수 있고, 개별 학생이 원한다고 능력에 맞지 않게 많거나 어려운 과목의 수강을 모두 허락할 수는 없다. 이와 같은 문제를 보완하기 위해 타 학교 강사 초빙 및 온라인 강의 등 학교 외부의 교육자원 활용, 각각의 학생을 위한 학습 상담과 진로 계획에 맞는 선택과목 구성에 관한 조언을 해주는 코디네이터 선생님 등이 필요할 것이다. 이는 바로 우리나라에서 추진하고 있는 고교학점제를 원활하게 운영하기 위해 필요한 것이기도 하다.

한편 교육과정의 변화는 입시제도와 연계되지 않으면 반쪽짜리가 되고 만다. 자칫하면 학교 수업 따로, 대입 준비 따로가 될 수 있고, 이 경우 교실 수업의 파행과 사교육 창궐을 피할 수 없다. 홍콩은 우리의 대입 수능시험에 해당하는 중등교육학위 시험을 선택형 교육과정에 맞게 새로 도입했다. 학생들의 과목 선택이 다양한 만큼 다양한 과목을 시험 과목에 포함하여 출제하고, 상대평가가 아닌 절대평가 등급제로 전환했으며, 논술형·서술형 문제를 다량 포함시켰다. 이를 통해 한 줄 서기 경쟁과 상대평가 등급의 유불리를 고려한 과목 선택을 지양하도록 했고, 선다형 시험 시절의 주입식·암기식 교육을 탈피하도록 유도했다.

나는 2015년과 2018년 두 차례 홍콩을 방문하여 다양한 사람들을 인터뷰하며 홍콩 교육개혁의 진행 과정을 확인해보았다. 아직 개혁은 완료형이 아니라 진행형이었고, 새롭게 드러난 문제들에 대한 보완도 필요해 보였다(김희삼, 2018). 그러나 적어도 2000년 이후 개혁에 대한 저항과 우려 속에도 설득과 합의를 이뤄가며 일관된 방향으로 추진해온 과정은 우리에게 시사하는 바가 크다는 생각이 들었다. 홍콩은 핀란드보다 우리와 문화적·사회적 유사성이 큰 곳이며, 우리의 교육 현안인 고교학점제 도입과 수능 개혁을 이미 실행한 경험을 갖고 있다. 더욱이 홍콩이 교육개혁에서 성공 경로의 다양화를 표방하고, 이를 위해 모든 학생이 학교에서 저마다 선택한 배움을 얻는 의미 있는 시간을 갖도록 하는 것을 목표로 한 점은 많은 학생들이 획일적인 시간표의 수업 속에서 무기력하게 엎드려 자는 우리 교실에 영감을 준다.

자는 학생과 기초학력 미달자의 증가

2019년 고교 교사를 대상으로 한 설문조사 결과(전국교직원노동조합 참교육연구소, 2020)에 의하면, 수업 시간에 엎드려 자는 학생이 '거의 없다'고 답한 교사의 비율은 7% 정도에 그쳤다. '10명 이상 자고 있다'고 답한 비율은 22%나 되어, 한 학급을 30명 기준으로 했을 때 3분의 1 이상 자고 있는 학급이 5학급 중 1학급꼴인 셈이었다. 서울의 한 교사가 고 1·2학년 680명 학생을 대상으로 수업에 집중하지 못하는 원인을 묻자, '수업이 어려워서'(13.6%), '수면 부족이나 피로 때문에'(51.6%), '의욕이 없어서'(19.4%), '자신도 잘 모르는 이유로'(14.6%)라는 답이 나왔다.

2012년 경기도교육연구원이 경기도 내 212개 초·중·고 학생 1만 1,834명을 대상으로 수업 참여 실태를 조사한 결과에서도 자는 학생이 많았다. 수업 중 거의 매일 자는 비율은 초등학교 0.3%, 중학교 8.3%, 고등학교 24.4%로 학교급이 올라갈수록 폭증했다. 수업 이해도가 20% 이하인 비율도 비슷한 양상이었는데, 수학을 예로 들면 초등학교 1.6%, 중학교 8.0%, 고등학교 20.9%로 나타나, 소위 '수포자'는 학교급이 올라갈수록 기하급수적으로 늘었다.

국어, 수학, 영어를 흔히 도구과목이라고 부른다. 다른 과목 공부를 하거나 지속적인 학습으로 상위 지식을 갖추는 데 필요한 도구로 사용되는 경우가 많기 때문일 것이다. 따라서 학생들이 이 도구과목에서 우수학력이나 보통학력 수준은 아니더라도 최소한의 것을 이해한 수준인 기초학력까지는 모두 갖추도록 하는 것이 공교육의 기본적인 책무라고 할 수 있다. 그런데 기초학력에도 못 미치는 학업성취도를 나타낸 학생, 즉 기초학력 미달 학생의 비율이 그리 낮지 않고, 근간에 가파른 증가세를 나타내왔다.

기초학력 미달 비율은 현재 중학교 3학년과 고등학교 2학년을 대상으로 매년 실시되는 국가수준 학업성취도 평가 결과로 그 추이를 파악할 수 있다(초등학교는 2013년부터 평가 대상에서 제외됐다).

세 도구과목 중 수학의 기초학력 미달 비율이 가장 높아 2020년 기준으로 중 3과 고 2 모두 13%대를 보이고 있다. 2020년은 코로나19로 인한 등교일수 축소와 학습 결손으로 기초학력 미달 비율이 전년보다 상승했지만, 사실 그 전부터 추세적으로는 상승세였다.

그런데 2008년부터 2016년까지는 가파른 하향세에 이어 안정세를 보이던 기초학력 미달 비율이 왜 2017년부터 가파른 상승세로 반전됐을까? 아마 그 원인 중 하나는 국가수준 학업성취

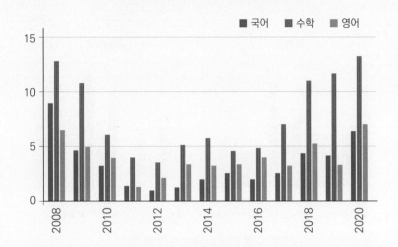

:: 기초학력 미달 학생 비율의 추이: 중학교 3학년

■ 국어 ■ 수학 ■ 영어

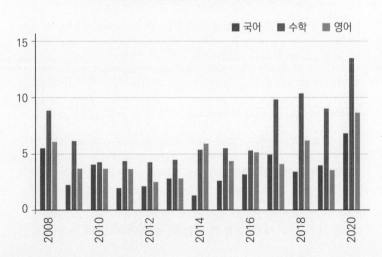

:: 기초학력 미달 학생 비율의 추이: 고등학교 2학년

■ 국어 ■ 수학 ■ 영어

자료: 국가 수준 학업성취도 평가 결과, 각 연도.

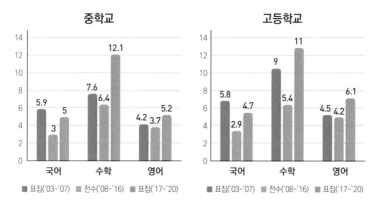

:: 표집조사와 전수조사 시기의 기초학력 미달 비율

(단위: %)

중학교 / 고등학교

자료: 교육부(2019. 3.과 2021. 6.) 발표 자료를 이용하여 직접 계산했다.

도 평가를 2008년부터 2016년까지는 전수조사(일제고사) 방식으
로 전국 모든 학교의 모든 해당 학년 학생을 대상으로 했지만,
2017년부터 3% 표집조사 방식으로 전환한 데 있을 것이다. 표
집조사 때보다는 전수조사일 때, 전국의 모든 학교와 교사가 학
생의 기초학력 보장을 위해 더 노력할 것이라는 점은 쉽게 짐작
할 수 있다. 실제로 전수조사 기간(2008~2016)은 그 이전의 표집
조사 기간(2003~2007)과 그 이후의 표집조사 기간(2017년 이후)보
다 세 과목 각각의 기초학력 미달 비율 평균이 중학교와 고등학
교 모두 낮았다.

그러면 지금 다시 국가수준 학업성취도 평가를 전수 조사(일제고사)로 전환하는 것만으로 기초학력 미달 문제를 해결할 수 있을까? 일제고사 결과가 통보되는 것에 학교와 교사가 부담을 갖게 되면 학습부진 학생들에게 더 신경을 쓸 수밖에 없다. 만약 교사가 이번 일제고사에서 기초학력 미달에 해당되는 학생들은 남아서 공부를 시키겠다고 하면, 학생들은 시험 시간에 더 진지하게 임하며 몇 문제라도 풀어보려고 애쓰게 된다. 이 차이가 기초학력 미달 비율에 영향을 줄 수 있다. 또한 일제고사에 대비해 기출문제 풀이 중심으로 수업이 운영될 수도 있는데, 이것이 표준화된 전수조사 방식의 시험을 통해 기초학력을 학교가 책임지게 하는 학교 책무성 정책의 대표적인 단점이다. 기초학력 미달 비율에만 초점을 맞출 경우 학생의 실제 학력이 향상되기보다 기초학력 미달 비율이라는 숫자만 개선된 결과로 나타날 수 있다는 것이다. 보다 종합적인 접근과 체계적인 지원이 필요하다.

배우는 기본 능력의 보장

일본에서는 2002년부터 '유도리(ゆとり)' 교육이라고 해서 학생

들에게 창의성을 키울 여유를 주자는 취지에서 토요일 수업을 없애는 등 전체 수업 시간을 10% 줄이고, 초·중학교 교과 내용도 30% 줄이는 조치를 취했다. 그 후 PISA 평균점수 순위가 떨어지는 등 학력 저하의 부작용이 나타나자 일본 정부는 2009~2010년에 유도리 교육을 완전 폐지했다. 또 다른 문제는 이 시기에 공부 시간과 읽기 성적 등 교육의 투입과 성과에서 계층 간의 격차가 커졌다는 것이다(Kawaguchi, 2016). 이처럼 학교에서 관리되지 않는 시간이 길어질수록 가정환경에 따른 교육 격차가 커지게 된다.

코로나19로 인해 2020년부터 등교 수업 대신 원격교육이 시행되고 낮에 보호자가 없는 집에 아이들이 방치되는 시간이 늘어나면서 학습 결손이 우려됐다. 이 코로나19발 교육 위기가 기존의 교육 격차를 심화하고, 학교 급우들과 교사의 정서적 지원과 관리하에 공부했던 중·하위권 학생에게 특히 불리하게 작용할 가능성도 제기됐다(김희삼, 2020). 그런데 2020년의 높은 기초학력 미달 비율은 이러한 우려를 현실로 확인시켜주었다. 하지만 2017년 이후 기초학력 미달 비율이 꾸준히 증가해온 추세를 볼 때 그 원인을 코로나19 탓으로만 돌리기는 어렵다.

일단 코로나19로 확대된 학습 결손은 방과 후 및 방학 중 보충수업 등을 통해 보완할 필요가 있을 것이다. 그러나 더 근본적인 접근이 이루어지지 않으면 기존의 기초학력 미달 증가 추세를 반전시키고 지속적으로 줄여나가는 데는 역부족일 수 있다.

우선 모든 학생이 최소한 기초학력은 갖추도록 하겠다는 목표를 공유해야 한다. 이 목표에 정부와 시도교육청뿐 아니라 학교와 교사, 학부모, 학생까지 모두 동의할 필요가 있다. 이 목표는 모든 나라의 공교육에서 학교의 기본적인 책무이기도 하지만, 개별 학생의 평생에 걸친 학습권과 행복추구권을 위해서도 필요하다. 또한 경제적 불평등과 격차를 완화하고, 사회이동성을 제고하며, 학교 부적응에서 출발하는 사회적 배제를 방지하기 위해서도 필요하다.

목표에 모두 동의한다면, 다음에는 어떻게 할 것인가? 모든 학생들의 도구과목 학력에 대해 정확한 진단을 해야 한다. 이 진단을 학교와 교사의 교육성과에 대한 종합적인 평가로 오해해서는 안 된다. 교육성과는 도구과목 시험 점수로 환원하여 측정될 수 없는 것이며, 그렇게 좁게 측정될 경우 교육계에서 우려하는 국·영·수 지필고사 대비 중심으로 교육이 흘러갈 수도 있다. 학생의 전인적 성장을 측정하는 더 좋은 평가 도구를 사용하고 싶다면, 그것은 개별 학교와 교사가 각자의 수업과 평가에서 그렇게 하면 될 것이다. 도구과목은 도구과목일 뿐이며,

기초학력 미달 학생에게 도움을 주기 위해 시행하는 진단평가라면 지금처럼 국가수준 학업성취도 평가를 실시해도 큰 흠결은 없을 수도 있다. 학력 진단을 위한 평가 도구의 타당성에 대한 교육철학적 토론은 끝이 없다.

다만 다음 몇 가지 사항은 지키도록 노력할 필요가 있다.

첫째, 학교나 교사를 평가하기 위한 것이 아니라 개별 학생의 학력을 진단하기 위한 것이므로 반드시 전수조사 방식이어야 한다. 평가 도구는 교육적 타당성을 높이기 위해 교육청별 또는 학교별로 변경할 수 있어도 전수조사 방식이어야 한다는 점은 타협하기 어렵다. 기본학력 보장정책의 목적은 표집조사로도 어느 정도 가능한 기초학력 미달 학생 비율의 추이 파악이 아니라 전수조사를 통해 드러난 개별 학생의 학습 결손 보완이기 때문이다.

둘째, 학력 진단과 이를 바탕으로 한 학습 결손 보완은 적기에 이루어져야 한다. 기초학력 미달 비율이 높은 수학 과목의 경우, 대개 초등학교 3·4학년부터 수학이 어렵다고 느끼는 학생이 나타나기 시작한다. 이때를 놓치면 기초가 중요하고 단계적인 심화 과정을 가진 수학 과목을 포기하게 될 위험이 크다. 따라서 진단은 중·고등학교 때뿐 아니라 초등학교 때도 필요하고 학년별로도 필요하다. 골든타임을 놓치지 않고 적절한 도움을 주면 '수포자'는 대거 줄어들 수 있을 것이다.

셋째, 기초학력과 관련해 도움이 필요한 학생이 드러나면, 정부와 교육청의 재정 및 인력 지원이 충분해야 한다. 1수업 2교사 체제 및 방과 후 1 대 1 보충학습을 위한 보조 교사의 채용 비용 지원, 그리고 학습부진 학생 지도를 위한 교사의 전문성 연수에는 투자의 우선순위를 높일 필요가 있다. '한 아이를 키우려면 온 마을이 필요하다'는 말은 기초가 부족해서 배우는 것이 쉽지 않은 학생에게 더 절실한 지침이다. 그 학생이 난독, 난산, 경계선 지능 등 학습장애를 가져 특수교육이 요구되는 학생이라면, 그에 맞는 전문적인 지원이 필요하다. 우리나라는 특수교육 대상 학생 비율이 다른 선진국에 비해 매우 낮은 편인데, 실제 대상 학생이 적다기보다는 특수교육이 필요한 학생들이 일반 교실에서 방치되고 있을 가능성이 높다. 해당 학생과 부모는 특수교육을 받는 것을 학습권 행사로 여기고, 정부는 특수교육 전문 교사를 추가로 양성하는 등 투자를 늘려야 한다. 가정이나 교우 문제로 학습에 집중하기 어려운 학생이라면 그에 맞는 보호와 도움이 지자체 등 지역사회와의 연계하에 제공되어야 한다.

넷째, 교사의 직무 능력 평가와 교원 사회에서의 위상이 기본학력 보장의 중요성에 부응해야 한다. 여러 이유로 학습부진의 늪에 빠져 있는 학생에게 늦지 않게 손을 내밀어 끌어올려주는 교사와 지원 인력의 노력은 그 헌신만큼 전문성도 높이 평가되어야 한다. 의욕 넘치는 우수한 학생들의 영재교육을 담당하는 교원보다는 학습 동기와 학습 방법 등 여러 면에서 뒤떨어져 있을 기초학력 미달 학생을 정상적인 배움의 궤도에 올려놓는 교원이 어쩌면 더 어렵고 전문적인 직무를 수행하고 있다고 볼수 있다. 그리고 그 직무는 평생에 걸친 학습이 필요할 미래사회를 살아갈 아이들 모두가 새로운 것을 배우는 기본 능력을 갖게 하여 사회적으로 배제되지 않고 생산과 행복 추구의 주역이 될 수 있도록 돕는 이 시대 교원의 가장 중요한 사명일 것이다.

끝으로, 학부모와 학생의 동의를 구하거나 동의 없이도 진행할 수 있는 보충학습이나 특수교육의 법적 근거가 반드시 마련되어야 한다. 한 명의 학생도 포기하지 않으려는 사명감을 갖고 있지만, 그동안 수업 시간에 자고 백지 답안지를 내는 학생을 안타깝게만 바라봤던 교사에게 그럴 만한 사연이 있을 수 있기 때문이다. 혼자서는 너무 벅차서 특별지도를 못했을 수도 있고, 낙인 효과를 두려워해 꽁무니를 빼는 학생이나 학부모를 설득하기 힘들었을 수도 있다.

사다리를 넘어 다리가 되는 교육

개천용이 사라졌다, 교육 사다리가 무너졌다는 말을 다시 생각해보자. 개천용이 어려운 환경에서 잠재력을 발휘하여 성공한 사람을 일컫는다면, 개천용은 앞으로도 계속 나와야 하고 그럴 수 있도록 도와야 한다. 환경 때문에 잠재력이 묻히는 재능의 사장을 막기 위해서도 필요하고, 사회 지도층이 좀 더 다양한 배경으로 구성되기 위해서도 필요하며, 어려운 환경에 있는 아이들에게 노력할 수 있는 희망을 주기 위해서도 필요하다.

그런데 교육 사다리가 무너졌다는 말을 할 때 우리 머릿속에는 대학과 직장 및 직업의 서열이라는 상하 개념이 전제되어 있다. 피라미드의 위쪽을 향한 일점집중형 경쟁은 고깔 또는 첨탑 모양으로 쌓아올린 장작더미처럼 한 방향으로 엉겨 붙은 사다리들의 일대 혼란을 가져오고, 늦게 들이댄 사다리는 중심에서 멀어져 높이 오를 수 없게 된다. 이처럼 사람들의 욕망이 기존의 성공 경로에 집중되고 다른 상상력은 발휘되지 않을 때, 그리고 학교가 그 경쟁의 장으로 전락할 때, 교육은 사다리도 아니고 선별 도구가 될 뿐이다.

이제 위를 향해 들이대던 사다리를 내려놓고 주변을 살피면서 사다리의 다른 용도를 생각해보면 어떨까? 경쟁과 인정 욕구

속에 이식된 욕망이 아닌 자기 내면의 소리를 듣고 변화하는 세상을 응시하면서 자신의 사다리를 옆으로 뉘어 다리로 활용하는 것이다. 개천이든 협곡이든 우리가 건너야 할 고비는 인생의 여러 단계에 있다. 그 다리 역할을 해주는 교육은 대학 입시를 위한 공부에 그치지 않고 유아기부터 노년까지 개인 성장과 사회 적응을 돕는 평생에 걸친 학습일 것이다. 그리고 그런 학습 능력을 누구나 기본적으로 가질 수 있도록 돕는 것이 공교육의 일차적 사명일 것이다. 또한 그렇게 교육이 위를 향한 한 방향의 속도 경쟁이 아니라 저마다 찾은 다양한 방향을 향한 여정이 될 때, 아이들은 출발선이 아닌 출발원에서 자기 여정을 시작할 것이다. 360도 진행 방향의 선택지가 있는 출발원에서 저마다 1도씩만 다른 목적지로 달려도 360명이 모두 선두가 되고 선구자가 될 수 있다. 진정한 의미에서 성공 경로의 다양화는 그런 것에 가깝다.

5장

자는 학생을 깨워야 할까?
수업혁명과 교육의 타당성

●
●
●

수업 중에 자는 학생이 많은 학교 교실 이야기를 들으면 사람들은 우리의 교육 현실을 안타까워한다. 하지만 그들 역시도 학창 시절 수업 시간에 천근만근 내려오는 눈꺼풀과 사투를 벌인 기억이 있을 것이다. 수업 내용을 알아듣지 못해서가 아니라도, 또는 전날 밤에 잠을 못 자서가 아니라도, 가만히 앉아서 듣는 수업은 대체로 졸린다.

교감신경이 잠자는 시간

짝사랑하는 사람이 눈앞에 나타나면 동공이 확장되고 가슴이 두근거린다. 우리의 교감신경계가 항진된 것이다. 그렇다면 우리가 수업 중에 눈꺼풀이 감기는 이유도 교감신경의 항진 정도를 측정하여 알아낼 수는 없을까?

　대학생의 생활을 시간대별로 살펴서 그때 교감신경이 얼마나 항진되어 있는지를 7일 동안 측정한 결과가 흥미롭다. 우선 교감신경이 매우 이완되어 있는 시간대를 살펴보자. TV를 볼 때 교감신경은 일관되게 저하되어 있다. TV의 영상 신호와 소리 신호를 수동적으로 수용하고 있는 동안에는 교감신경이 거의 잠자고 있다(흔히 입도 헤벌리고 있다). 그래서 예전에 어른들은 TV를 바보상자라고 하며, 자녀들의 TV 시청을 제한하기도 했다. 당연히 휴식 시간도 TV 보는 시간만큼 교감신경이 저하되어 있다. 그렇다면 수업 시간은 어떨까? 학점도 걸려 있고 교수라는 감시자가 있으니 우리의 교감신경은 매우 활발히 깨어 있지 않을까? 아니다. TV 볼 때와 별반 다르지 않다. 차라리 TV는 재미라도 있고 채널을 바꿀 수도 있으며 보다가 잘 수도 있다. 그런데 수업은 그렇지 않다. 강제로 채널 고정이고 소파에 누울 수도 없다. 왜 수업 중에 눈꺼풀이 그렇게 내려오는지 교감신경은 알고 있다.

　한편 교감신경이 항진된 활동들을 보면 실험, 시험, 공부(스터디), 숙제 등이다. 본인이 자기주도성을 갖고 스스로 생각하고 수행하거나 상호작용이 필요한 활동들이다. 나는 5인 1조로 원탁에 둘러앉는 강의실에서 학생들 간의 상호작용이 활발한 수

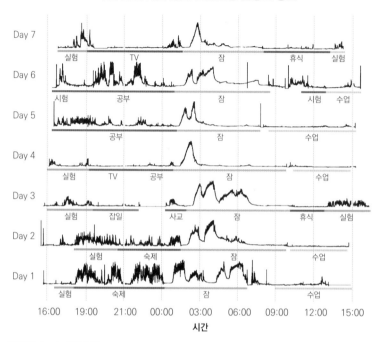

:: 학생 생활 시간 중의 교감신경 활성화 정도

Day 7
　실험　　　TV　　　　　잠　　　　휴식　　실험

Day 6
　시험　　　공부　　　　　잠　　　　시험　　수업

Day 5
　　　공부　　　　　　잠　　　　　　수업

Day 4
　실험　TV　공부　　　잠　　　　　수업

Day 3
　실험　잡일　　사교　　　잠　　　휴식　　실험

Day 2
　　실험　　숙제　　　　　잠　　　　　수업

Day 1
　실험　　숙제　　　　잠　　　　　　수업

16:00　19:00　21:00　00:00　03:00　06:00　09:00　12:00　15:00
시간

자료: Poh et al.(2010).

업을 해왔다. 토론과 협동적 문제해결 등과 같은 활동적인 수업 중에 조는 학생은 한 번도 본 적이 없다.

그럼 잠자는 시간은 어떨까? 의외로 자는 동안에 교감신경 은 상당히 활발하다. 우리는 자는 상태지만 눈동자가 빠르게 움 직이는 렘(REM: rapid eye movement) 수면을 한밤에 수차례 경험 하고 이때 꿈도 꾼다. 그때의 뇌파는 깨어 있을 때와 유사하게

활발하다. 자는 동안에도 우리의 뇌는 낮 동안의 기억을 차곡차
곡 정리하는 작업을 한다. 혹시 수업 시간에 엎드려 자면서 꿈
을 꾸는 듯 잠꼬대까지 하는 학생이 있다면, 교사는 화를 내며
깨우기 전에 한번 생각해볼 일이다. 혹시 앉아서 수업을 듣고
있는 학생보다 꿈나라에 가 있는 이 학생의 교감신경과 뇌가 더
활발하게 움직이고 있는 것은 아닌지 말이다.

학습 내용 기억 피라미드

새로운 내용을 배우고 나서 어떤 복습도 없이 24시간이 지나면
평균 몇 퍼센트나 기억하게 될까? 학습 피라미드로 알려진 그
림에 의하면, 강의를 그냥 앉아서 들었을 때는 평균 5% 정도만
기억한다. 자기가 읽으면서 학습했을 때는 10%, 시청각 교재
로 보고 들었을 때는 20%, 그리고 시범을 보여주는 수업을 통
해 학습했을 때는 30%였다. 이상과 같은 방식은 상호작용이나
학습자의 능동적인 참여가 없는 수동적인 교수학습법이라고 볼
수 있다.

그런데 모둠별로 토론하며 학습한 내용은 50%를 기억하고,
직접 실습을 통해 학습한 것은 75%를 기억했다. 가장 기억이

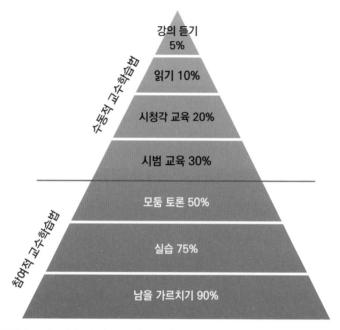

:: 학습 방식에 따른 학습 내용의 24시간 후 평균 기억 비율

강의 듣기
5%

읽기 10%

시청각 교육 20%

시범 교육 30%

모둠 토론 50%

실습 75%

남을 가르치기 90%

수동적 교수학습법

참여적 교수학습법

자료: National Training Laboratories Institute.

많이 남는 방식은 배워서 다른 사람을 가르치는 것으로, 내용의 90%를 기억했다. 남을 가르친다는 것은 배운 것을 바로 활용하여 자기 것으로 간직하는 대표적인 방식이다. 어디서 듣거나 읽은 얘기를 오래 간직하고 싶으면 그 내용을 다른 사람에게 자주 가르쳐주면 된다. 유머가 풍부한 사람은 누군가에게 배운 유머를 다른 사람들을 대상으로 바로 써먹는 사람이다.

물론 이 학습 피라미드에 대한 비판이 없는 것은 아니다. 우선 이 피라미드의 기반이 된 것으로 추정되는 1960년대 연구에 대한 기록이 제대로 남아 있지 않다. 하지만 참여적이고 능동적인 교수학습법은 이런 경험을 해본 여러 사람의 기억만으로도 그 학습 효과에 대한 상당한 공감대가 있을 것이다. 나는 고2 때 담임선생님의 지시로 아침자습 시간에 영어 단문 독해 지문을 찾아와서 칠판에 적고 자습시간 말미에 급우들에게 문장 분석 및 해석을 해주곤 했다. 그때 지문의 내용 중 어떤 것은 24시간이 아닌 30여 년이 지난 지금에도 잊히지 않는다.

교육 경험이 많지 않은 선생님들은 학생들의 기억력이 신묘하게 낮다고 생각할 수도 있다. 분명히 수업 시간에 가르쳐줬고 그걸 그다음 시간에 물어보면 왜 아무도 모르냐는 것이다. 동일한 공간에서 동일한 시간에 지식 정보가 유통됐다고 해서 저쪽으로 완전히 넘어간 게 아니다. 일방적으로 들은 것은 하루 지나면 거의 남아 있지 않다. 시험 보기 직전에 따로 복습하지 않으면 기억하지 못하고, 또 시험을 보고 나서 시간이 지나면 잊어버리는 것이다. 그런데 중·고교 선생님들은 여러 반을 돌아가면서 같은 수업을 반복한다. 마지막 반쯤 가면 거의 교재를 안 보고도 수업을 할 수 있는 경지가 된다. 남을 반복적으로 가르친 내용의 기억 효과다. 하지만 그걸 한 번 들은 학생들은 어떻겠는가?

헤르만 에빙하우스는 학습한 지식을 의식적·주기적으로 복습하지 않으면 시간의 경과에 따라 기억하는 내용이 급격하게 줄어든다는 가설을 주장했다(에빙하우스의 '망각 곡선'). 사실 이 가설을 입증하는 임상은 이미 우리의 학창 시절에 숱하게 이루어졌다. 그런데 다른 사람에게 지식을 가르치는 과정은 망각 곡선을 극복하게 만들 수 있다. 남을 가르치기 위해 처음부터 더 확실하게 학습하게 되고, 잘 설명하기 위해 자신이 기억하기에도 더 나은 방식으로 지식이 표현되고, 이렇게 활성화된 기억을 반복까지 하게 되면 망각에 의한 정보 손실을 상당히 막을 수 있다. 반면 처음부터 수업을 듣는 것만으로 확실한 학습이 되지 않았고, 자신의 표현으로 정리되지도 않았고, 반복할 기회를 갖지 않았던 대부분의 학생들에게 망각 곡선은 가설이 아니라 현실이다.

나의 한 동료 교수는 대학원 수업에서 예습 자료를 미리 제공하고 학생들이 그날 수업을 진행할 수 있도록 준비해 오게 한 적이 있다. 예습 과정에서 자기가 잘 이해가 되지 않은 부분은 미리 적어서 제출하게 하여 교수는 학생들이 어려워하는 대목을 파악한다. 수업에 오면 제비뽑기로 그날 누가 가르칠 것인가를 정한다. 강의자로 교수가 당첨될 확률보다는 학생 중 한 명이 당첨될 확률이 높다. 학생들은 남을 가르칠 준비를 다 해 와야 하는 것이다. 그 대신 자기가 이해가 잘 되지 않는다고 적어낸 부분은 안 가르쳐도 되고, 교수가 대신 설명해준다. 학생들이 이미 상당한 공부가 된 채로 수업에 올 뿐 아니라 자기가 강의자로 당첨되어 가르치기까지 했다면 어떻게 될까? 아마 꽤 시간이 흐른 후에도 그 내용은 상당 부분 기억에 남을 것이다.

효과적인 교육전략들, 피드백과 협동학습

기초학력 미달 등 학습부진 상태에 있는 학생들에 대한 도움이 절실하다고 강조했다. 그런데 어떻게 도와주는 것이 효과적일지에 대해서도 알아야 제대로 도울 수 있다. 앞의 교감신경 측정 결과를 보건대, 수업 중에 교사가 학습부진 학생을 예의 주시하며 바른 자세로 앉아 수업을 듣게 하는 것만으로는 되지 않을 듯하다.

뒤처진 학생들의 학업성취도를 끌어올리는 데 어떤 교육전략이 효과적인지에 대해서는 많은 실증연구를 종합한 자료가 있다. 이 자료는 만 5~16세 학생의 학업성취도 결정 요인에 관한 6만 5,000건 정도의 방대한 국제 실증연구 결과들에 대한 메타 분석을 통해 산출된 것이다. 더 상세한 내용은 Education Endowment Foundation의 웹페이지(Teaching and Learning Toolkit)를 참고할 수 있다(https://educationendowmentfoundation. org. uk/).

이 자료는 여러 가지 교육전략이 각각 몇 개월 분량의 학업성취를 가져오며, 그 교육 효과 추정치는 얼마나 신빙성(통계적 유의성)이 있는지, 그리고 각 전략의 수행에 필요한 금전적 투입 비용은 대략 얼마나 되는지를 정리하여 제시하고 있다.

여러 교육전략 중 교육 효과가 가장 큰 것은 개별 학생에 대한 피드백이었다. 개별 학생에게 첨삭 지도나 구두로 피드백을 주면 배움이 뒤처진 학생이 9개월 분량의 학습 효과를 얻었다. 다음으로 효과가 큰 교육전략은 메타인지적인 접근과 자기조절력에 대한 도움이었다. 자기가 무엇을 알고 모르는지를 알게 하고, 자기조절을 통해 학습 자세를 갖게 하는 데 주는 도움이 효과적이었던 것이다. 급우들 간의 학습 지도와 협력적 그룹 학습 역시 뒤처진 학생의 학업성취도를 높이는 데 효과적이었다. 그리고 이러한 피드백과 협동학습은 교육 효과가 높은 데 비해 금전적 투입 비용은 크지 않은 것으로 평가되었다. 경제적 관점에서만 보면 '가성비 갑'인 교육전략들인 셈이다.

한편 학급당 학생 수 축소는 3개월 정도의 성취도 향상 효과가 있었으나, 당연히 금전적 투입 비용이 매우 크게 평가되었다. 교실도 더 마련해야 하고 교사도 더 필요하기 때문이다. 사실 교육계의 오래된 염원이기도 했던 이 문제는, 학생 수가 적어야 보다 좋은 교육이 이루어진다는 전제를 깔고 있다. 미국에서도 학급당 학생 수를 줄이는 것의 효과에 대한 실험과 논쟁이 있었다. 그런데 큰 비용을 들여 그렇게 해보니 교육 효과가 기대만큼 높지 않았다. 교육 효과가 나타난 경우는 줄어든 학

:: 어떤 교육 전략이 뒤처진 학생을 잘 끌어올릴 수 있을까?

교육전략	교육 효과*	투입 비용**
개별 학생에 대한 피드백	9	$
배우는 법 배우기(메타인지)와 자기 조절	8	$
급우 간의 학습지도	6	$
협력적 그룹 학습	5	$
학급당 학생 수 축소(20명 이내)	3	$ $ $ $ $
개인맞춤형 수업(개별 진도 부여)	2	$
멘토링(대학생 멘토 등 매칭)	1	$ $ $
수업 조교 고용	1	$ $ $ $
학교 시설 투자(건물 신축, 환경 개선)	0	$ $
수준별 수업 또는 우열반 운영	-1	$

* 개월 수로 측정한 향상도 ** 상대적 크기: 5 × $ = 가장 고비용
자료: The Economist(2016)에 수록된 자료의 번역본(김희삼, 2018, 4쪽)을 재인용.

생 수에 맞게 교수학습법이 바뀌었을 때였다. 이전과 같이 강의식 판서 수업 등을 고수한 경우에는 학급당 학생 수가 줄어든 것만으로 교육성과가 개선되지 않았다(Betts and Shkolnik, 1997; Murnane and Levy, 1996). 대형 학원 같은 데에는 곳곳에 모니터가 있고 수백 명이 동시에 강의를 듣기도 한다. 주입식 강의를 한다면 학생 수가 몇 명인가는 별로 중요한 문제가 아닐 수 있는 것이다.

각 학생에게 맞춰 개별적인 진도를 부여하는 개인 맞춤형 수업도 어느 정도의 교육 효과는 있었다. 대학생 멘토 등을 매칭시켜주는 멘토링과 수업을 도와줄 조교를 고용하는 것도 약간의 교육 효과는 있었다. 학급 학생들 간의 학습 지도와 협력적 모둠 학습이 돈을 들여 멘토나 조교를 쓰는 것보다 교육 효과가 높다는 데 주목할 필요가 있다. 하지만 조교가 교원을 도와 학생들에게 개별적인 피드백을 자주 준다면 교육 효과는 커질 것으로 예상할 수 있다.

학교 건물 신축과 환경 개선 등 시설 투자는 교육 효과가 크지 않은 데 비해 투입 비용은 꽤 높았다. 10년 전에 비해 평균적인 교실 환경은 분명 개선되었을 것이지만, 기초학력 미달 학생 비율은 늘어난 우리 공교육을 생각하면 물리적 교실 환경의 개선만으로 학습부진이 해결되지 않는다는 점이 확인된다.

학생의 능력에 따른 수준별 수업 또는 우열반 운영은 교육 효과가 저조하게 나타났다. 능력에 따라 반을 나누면 효율적일 것이라고 생각할 수 있지만, 상위권 학생들이 얻는 이익이 그렇게 크지 않음에 비해 중하위권 학생들이 받는 결손은 훨씬 큰 것으로 알려져 있다. 하위권 학생들만 모아놓은 학급은 학생들의 자존감도 떨어지지만, 수업 시간에 대답을 하는 아이도 없고, 교육 효과가 높은 급우 간의 학습 지도는 거의 불가능하다. 학습 피라미드를 떠올리면 급우 간의 학습 지도는 공부를 잘해서 동료를 가르쳐줄 수 있는 학생에게도 유익할 수 있다.

그런데 한 가지 언급해야 할 것이 있다. 각 교육전략의 투입 비용으로 금전적 비용만을 고려하는데, 실제 수행에는 사람의 수고, 특히 교원의 시간과 노력이 요구된다는 점이다. 우리나라 중등교원 248명을 대상으로 설문 조사를 통해 파악한 바에 의하면(김희삼, 2020), 우리 교사들도 피드백, 메타인지와 자기조절 등의 교육 효과가 높은 것은 잘 알고 있었다. 그런데 이 교육전략들의 수행에는 교사의 노력이 많이 투입되어야 하는 것으로 인식하고 있었다. 또 우리나라 교육정책들을 대상으로 교사들의 인식을 조사한 결과도 유사했다. 예를 들어, 프로젝트 수업, 거꾸로 교실과 같은 교수학습법, 과정 중심 평가, 수행평가와 같은 평가 방식 등 교육 효과가 높게 인식된 교육전략일수록 그 실행에 교사의 노력이 많이 필요할 것으로 느끼고 있었다. 이처럼 성공적인 교육정책과 교육전략의 실행에는 교사의 노력이 숨은 비용으로 포함되어 있다. 이를 인지하고 교사가 지치지 않고 학생들을 위해 노력할 수 있는 환경과 제도를 만드는 것이 중요하다.

왜 질문하지 못하는가?

우리 사회는 적극적으로 질문하고 자기 생각을 발표하는 것에 익숙하지 않았다. 〈우리는 왜 대학에 가는가〉라는 다큐멘터리 시리즈(2014년 1월 EBS 〈다큐프라임〉 6부작)의 '말문을 터라' 편에서 2010년 11월에 있었던 일화를 소개했다. 당시 우리나라가 서울에서 G20 정상회의를 개최했다. 폐막식 연설자로 미국의 버락 오바마 대통령이 등장했다. 그는 개최국 역할을 잘 수행한 한국에 감사를 표하며 특별히 한국 기자들에게 먼저 질문할 기회를 줬다. 그런데 아무도 질문하지 않았고 적막이 흘렀다. 기자석을 두리번거리는 그의 당황한 얼굴이 전파를 탔다. 그러자 어떤 중국 기자가 질문 기회를 가로채려고 했다. 오바마 대통령이 난처한 표정으로 이를 제지하며 다시 한국 기자들에게 질문을 요청

했다. 하지만 결국 아무도 질문하지 않았다. 질문 기회는 그 중국 기자에게 넘어갔다.

왜 우리는 그때 질문을 못했을까? 영어 실력의 문제는 아니었을 것이다. 동시통역을 이용할 수도 있었다. 만약 영어를 유창하게 해야 한다는 부담이 있었다면 우리가 극복해야 할 영어 강박이다. 좋은 질문을 해야 한다는 부담감이었을까? 질문의 원래 목적은 자신의 유능함을 드러내기 위한 것이 아니다. 그런데 질문을 편안하게 하지 못하는 분위기 속에서는 호기심보다는 과시욕이 그나마 손을 들게 하는 동인이 되곤 했다. 하지만 질문은 능력을 자랑하고 싶은 이의 전유물이 되어서는 안 된다. 질문은 이해를 돕고, 호기심을 표현하고, 토론을 촉진하기 위한 효과적인 수단이다.

수업 중의 질의응답이 주로 교수자와 학습자 간에 이루어지는 상호작용이라면, 교수자가 답을 정해놓지 않고 학생들이 자유롭게 의견을 발표하고 논쟁하게 하는 토론은 학습자 간의 상호작용이다.

미국에 있는 세인트존스칼리지는 각 분야의 주요 고전 100권을 읽고 토론하는 것을 주된 교육과정과 수업 방식으로 채택한 대학이다. 앞서 언급한 EBS 〈다큐프라임〉을 통해 소개된 그 대학의 수업 풍경이 인상적이었다. 학생들은 그날 수업에서 다룰

:: 세인트존스칼리지의 수업 풍경
자료: EBS 〈다큐프라임 – 왜 우리는 대학에 가는가〉 5부 '말문을 터라' 방송 화면, 2014.

고전의 해당 부분을 다 읽고 수업에 참여한다. 수업은 학생들 중심의 토론으로 이루어진다. 담당 교수가 두 명이나 수업에 들어와 있지만, 특별히 필요한 경우가 아니면 거의 말을 하지 않는다. 철저히 학생들이 주도하는 토론이다. 각 학생은 동료들의 얘기를 들으면서 자기가 끼어들 타이밍을 엿본다. 교수는 왜 가만히 있느냐는 취재진의 질문에 이렇게 대답한다. "사실 수업 중에 가장 흥미롭고 몰입력 있는 말은 학생이 하는 경우가 많습니다. 제가 아니고요."

원격수업은 일방적인가?

2012년에 설립된 미네르바스쿨은 캠퍼스 시설을 갖지 않고 세계 여러 도시를 옮겨 다니며 프로젝트를 수행하는 신개념 대학이다. 강의실 없이 원격으로 진행되는 수업은 강의 듣는 시간이 아니라 거꾸로 학습 방식으로 진행되는 온라인 토론 시간이다. 학생들은 수업 전에 책, 뉴스, 테드(TED), 유튜브 동영상 등 다양한 매체를 활용하여 관련 자료를 숙지해야 한다. 학교가 자체 개발한 '능동적 학습 포럼'에 접속하여 교수와 학생들의 화상이 모니터에 뜨면서 수업이 시작된다. 먼저 수업 준비를 제대로 해 왔는지 확인하는 사전 평가가 실시된 후, 공부해온 내용을 주제로 토론하는 본 수업이 진행된다.

참여자 20명 이하의 세미나 형식으로 진행되는 토론 수업에서 교수의 임무는 학생들의 적극적 참여를 이끌어내어 지적 성장을 돕는 것이다. 교수가 말하는 시간을 줄이기 위해 교수가 5분 이상 말하면 시스템에서 경고음이 울리고, 10분 이상 말하면 마이크가 꺼진다. 또한 수업에서 많이 발언한 학생과 그렇지 않은 학생을 구분해서 실시간으로 알려주는 기능이 제공되기 때문에 토론에서 소외되는 학생들의 참여를 격려하는 것도 교수의 역할이다. 학생들은 토론을 통해 자기 생각을 논리적으로 표현하

:: 미네르바스쿨의 수업 풍경
자료: Minerva School 홈페이지.

는 능력을 기르고, 다양한 의견을 수용하여 합의점을 찾는 방법
도 배운다. 수업 시간의 끝부분에는 자기에 대해 스스로 평가하
여 발표하도록 하여 성찰의 기회를 갖게 한다.

　코로나19 사태로 인해 우리나라에서도 대부분의 학교가 원
격수업을 했다. 전국적으로 배움의 장이 갑자기 교실에서 인터
넷 공간으로 옮겨간 것이다. 처음에는 녹화 강의 시청과 과제로
채워진 일방적인 원격수업을 학생들이 힘들어했다. 실시간 온
라인 수업도 교실에서처럼 학생들의 반응을 확인하기 힘든 상
황에서 진도 위주의 일방향 수업이 진행되는 경우가 많았다. 원
격수업에서 소통과 상호작용의 부족으로 인한 불만족이 크다는

것을 느끼면서, 학생들의 참여를 이끌어보려는 시도가 이루어
지기 시작했다.

나의 담당 과목 중 〈미시경제학〉은 미리 제작해둔 무크
(MOOC : Massive Open Online Course, 온라인 공개 수업) 동영상 강의
자료가 있어 학생들의 예습·복습이 수월한 편이었다. 그 과목
은 거꾸로 학습 방식으로 진행되어, 학생들이 예습을 해온 후에
실시간 온라인 수업에서는 더 깊은 이해를 추구했다. 수업 플랫
폼에 접속하면 수업 준비 확인(동영상 강의를 예습하고 스스로 만든 퀴
즈 제출), 복습을 위한 연습문제 풀이, 예습 내용의 질의응답, 현
실 사례 적용 소개, 토론 등의 활동을 했다. 질문은 마이크를 켜
고 할 수도 있지만 온라인 채팅창을 이용할 수도 있었다. 학생
이 원하면 교수자만 볼 수 있는 비공개 메시지로 질문을 보낼
수 있도록 했다. 그리고 수업 시간이 종료된 후에도 10~15분간
온라인 수업방을 열어놓고 추가적인 질문이 있는 학생에게 기
회를 부여했다. 이처럼 코로나19로 인한 원격수업의 강제적인
경험은 많은 교수자와 학습자가 온라인 소통과 상호작용의 가
능성에 대해서도 눈뜨게 해주었다.

창의, 인성, 긍정의 인재상

교수학습법에서 학생들의 활발한 참여와 소통 및 상호작용이 과거보다 중요하게 인식되고 있는 것은 결국 인재상의 변화와 관련이 있다. 21세기를 살아갈 학생들이 갖추어야 할 역량으로 비판적 사고(critical thinking), 창의(creativity), 협력(collaboration), 소통(communication) 능력, 이른바 4C가 꼽혀왔다. 여기에 인성(character)과 시민의식(citizenship)을 추가한 6C가 언급되기도 한다(Fullan and Langworthy, 2014).

그런데 창의와 인성을 넓은 개념의 역량으로 해석하면 위에서 언급된 대부분의 요소들이 이 두 역량에 포함될 수 있다. 한 가지 명시적으로 더하고 싶은 것은 불안감이 팽배한 우리 사회와 불확실성의 시대를 헤쳐나갈 긍정 마인드다. 그래서 나는 창의, 인성, 긍정이라는 세 가지 요소를 우리 교육이 추구해야 할 인재상으로 제시해왔다(김희삼·글로벌지식협력단지 연구기획팀, 2019).

창의: 새로운 가치를 창출하는 역량

'창의'는 기존에 존재하던 것들로부터 새로운 것을 만들어내는 역량이다. 경제적인 관점에서는 생산요소들의 새로운 결합을 통해 고부가가치를 창출하는 능력이라고 말할 수 있겠다. 이를 위해 다음과 같은 요소들이 필요할 것이다.

◆ 탄탄한 기초지식

쓸모 있는 창의성의 바탕에는 탄탄한 기초지식이 필요하다. 창의가 맨땅에서 나오는 것은 아니라 세상에 존재하는 것들에 대한 관찰과 학습이 선행되어야 하기 때문이다. 또한 제약을 두지 않고 자유롭게 생각해보는 발산적 사고를 통해 탄생시킨 아이디어들 중에서 가장 괜찮은 것을 걸러내고 다듬어가는 수렴적 사고 과정에도 견실한 기초지식이 요구된다.

◆ 인문학적 소양과 통찰적 사고력

인문학은 사람과 사람들이 만든 세상에 대한 폭넓은 이해를 위한 창이고, 분과적 지식에만 갇히지 않고 통찰적인 사고력과 종합적인 조망력을 갖기 위해 필요한 소양이다. 지금은 필수품이 되어버린 스마트폰이라는 신문물을 만들어낸 스티브 잡스도 기술과 인문학의 만남이 중요하다는 것을 강조한 바 있다.

◆ 기발하고 유연한 사고와 호기심

엉뚱한 생각과 끝없는 질문들은 어린아이 시절에 많이 갖고 있지만 학교에서 혼나고 부모에게 귀찮다는 말을 들으면서 사라져간다. 기발하고 유연한 사고와 호기심을 자유롭게 표출할 수 있을 때 창의성이 자란다.

◆ 연결 및 융합 능력

관련이 없어 보이거나 관련지어 생각해보지 않았던 것들을 연결시켜 생각해보는 과정에서 새로운 아이디어와 사업 구상들이 생겨날 수 있다. 스티브 잡스도 창의성이란 사물들 간의 새로운 연관을 발견해내는 것이라고 했다. 그리고 4차 산업혁명의 핵심은 앞으로 얼마나 더 새로운 디지털 기술이 출현할 것인가보다는 "디지털 기술이 어떻게 제조업과 유통업에 접목돼 혁신을 이끌어낼 것인가"(정재승, 2018)에 달려 있다고 한다. 기존의 각 분야에 디지털 기술을 연결시켜 생산성을 높이고 융합을 통해 새로운 것을 만들어내는 능력이 4차 산업혁명 시대의 핵심 경쟁력이 될 것이다.

◆ 글로벌 역량

답이 보이지 않는 문제의 해결 실마리, 기존에 알던 것과 새롭게 연결할 수 있는 대상은 나라 밖에 있는 경우도 많다. 교통의 발달과 세계화로 세계 각국, 각지가 연결될 뿐 아니라 디지털 공간에서도 세계가 하나로 연결된 시대에 국제적인 감각을 갖는 것은 창의성을 발휘하는 데 큰 장점이 될 수 있다. 글로벌 역량의 핵심은 영어 실력보다는 다른 문화와 외국인에 대한 개방적인 마인드와 글로벌 시민의식이다. 영어를 못하면 번역기나 통역기를 활용할 수 있지만, 글로벌 마인드가 없으면 아예 나라 밖으로는 눈을 돌리지 못하고 외국인에게도 다가가지 않는다. 창의성은 새로운 것을 보고 듣고, 낯선 냄새를 맡고, 처음 맛보는 것을 먹고, 낯선 길을 찾아갈 때 자극되기 쉽다.

◆ 자기주도적 평생학습의 흥미와 능력

기술과 사회 트렌드의 빠른 변화에 대응하여 고부가가치를 만들어내는 창의성을 갖기 위해서는 새로운 것을 계속 배워야 한다. 이를 위한 학습은 입시 공부를 할 때처럼 수동적으로만 받아들여서는 안 되고, 특히 사교육을 받을 때처럼 누군가가 시키는 대로만 하면 안 된다. 평생에 걸쳐 새로 배우는 것을 즐거워하고, 유튜브 동영상이나 MOOC 강의 등을 통해 스스로 배울 수 있는 능력, 즉 자기주도적 평생학습의 흥미와 능력을 미리 길러두어야 한다. 이를 위해 기본 학력이 뒷받침되어야 함은 물론이다.

◆ 뒤처지지 않는 전문성

창의성을 인정받는 성공한 사람은 대부분 자기 분야의 전문가들이다. 자기 분야의 전문성을 갖고 이를 계속 갱신하는 상태에서 남들이 하지 않았던 새로운 시도를 통해 더 많은 부가가치를 창출해낼 수 있는 것이다.

◆ 기계 활용 및 기계와의 협업 능력

어떤 일이나 프로젝트를 수행함에 있어 처음부터 끝까지 모두 수작업으로 한다면 단순 반복적인 일, 많은 자료를 분석해야 하는 일, 빠른 계산이 필요한 일까지 모두 자신의 손과 머리로 해내느라 창의적인 생각을 할 틈이 없을 것이다. 육체노동과 정신노동 모두 기계와 컴퓨터(인공지능)의 힘과 연산 능력을 빌리는 것이 훨씬 효율적이다. 창의적인 인재가 되기 위해 기계 활용 및 기계와의 협업 능력이 필요한 이유다. 기계가 더 잘할 일은 기계에게 맡기고 인간이 기계보다 잘할 수 있는 일, 예컨대 창의적이거나 예술적이고 영감이나 전체적인 통찰력이 필요하며 사람들과의 의사소통이 중요한 일 등에 집중하는 것이 현명하다. 그러기 위해서는 기계, 특히 컴퓨터와 인공지능 프로그램을 잘 활용할 수 있는 코딩 능력을 갖추고 빅데이터 사용 경험을 가져보는 것이 중요하다.

예를 들어, 투자회사에 갓 취직했는데 매주 또는 매일 인터넷을 샅샅이 뒤져서 전 세계 업황 자료를 정리해 정형화된 보고서를 만들어야 하는 작업을 맡는다면 어떻게 하겠는가? 맡은 일에 맞게 프로그램을 짜서 보고서 초안을 인공지능이 만들도록 하면, 신입사원에게 이미 능력자 부하가 생긴 셈이다. 그 부하는 쉬지 않고 밤에도 자지 않으며, 전 세계에서 올라오는 데이터를 실시간으로 반영하여 보고서를 업데이트해준다.

◆ 자기 혁신

사람들은 창의성이 타고나는 것이라고 생각하는 경향이 있다. 그래서 자신의 창의성을 과소평가하는 경우가 많고, 기존에 남이 하던 대로 좇아서 하려는 모습들을 자주 보인다. 자기 안에 내재된 창의성을 끄집어내도록 노력하는 자기 혁신의 태도가 중요하다. 실제로 창의적인 생각으로 작은 벤처기업을 큰 회사로 키운 창업자들도 일상적으로 창의성 훈련에 노력했다고 한다.

◆ 미래 예측력

미래를 정확하게 내다볼 수 있는 사람은 없다. 그러나 미래를 가져올 변화는 대부분 지금 이미 시작되고 있거나 진행 중이고, 지금 자신이 어떻게 하는지에 따라 자신의 미래가 달라질 수 있다. 우리는 큰 것이 아니라 빠른 것이 이긴다는 세상을 살아가고 있다. 지금 진행되는 변화에 관심을 갖고 그것이 앞으로 자신에게 어떤 기회와 어떤 위협이 될 것인지를 예측할 수 있는 사람은 지금 변화의 잔물결이 미래에 격랑이 되었을 때도 창의적으로 대응할 수 있을 것이다.

인성: 더불어 일하고 남과 나누는 역량

인성은 그냥 착하고 바른 성격을 말하는 것이 아니다. 인성은 다른 사람들과 함께 일하여 더 큰 성과를 내고 자기가 가진 것을 남과 나누어 공공의 편익을 높일 수 있는 역량을 의미한다. 인성의 중심에는 다른 사람에 대한 존중이 있다. 인성은 사람을 염두에 두어야 하는 서비스산업 시대의 핵심 경쟁력이라고 할 수 있다. 그리고 인성은 학습과 체험을 통해 몸에 배어야 하는 '실력'이므로, 다른 역량과 마찬가지로 의식적인 투자가 필요하다. 다른 사람을 위해 그리고 다른 사람과 함께 하는 일을 위해 자기의 시간과 재능과 노력과 물질적인 것을 나누는 훈련을 교육의 중요한 일부로 삼아야 한다. 인성에는 다음과 같은 것들이 포함될 수 있다.

◆ 소통 능력

소통은 상호 이해와 협력의 가장 기본적인 바탕이다. 소통 능력은 로봇과 인공지능보다 인간이 훨씬 앞서는 능력이기도 하다. 그러나 인간도 소통의 의지가 약하거나 소통 능력을 기르는 경험을 하지 못하면, 소통 곤란 상태에 처하게 된다.

◆ 협동심

협동은 개별적 특성과 이익을 추구하면서도 공통의 이해관계를 위해 서로 협조하는 것이다. 그러기 위해서는 공동의 목표가 있어야 하고, 그 중요성을 구성원들이 인식해야 한다.

◆ 협력적 문제해결 능력

협력적 문제해결은 함께 노력하는 과정에서 시너지가 발휘되어 혼자서 해결하기 어려운 과제를 해내는 것이다. 연구개발(R&D) 종사자들 간에도 협력이 대세가 되고 있다. 특허

출원에 있어서도 협력이 일반화되어 미국 특허 중 복수 발명자 개발 비율이 1970년 41%에서 2009년 73%로 높아졌다. 한국 특허에서도 복수 발명자 기재 비율은 1991년 30%에서 2005년 41%로 조금 올랐다. 또한 과학 및 공학 논문의 공저 비율도 1955년 50%에서 2000년 80% 이상으로 높아졌다. 해결해야 할 문제들이 복잡해지고 과학기술 지식도 분과 간에 서로 융합되고 광범위해지면서 협력 없이는 감당이 되지 않고, 협력을 해야만 더 좋은 결과를 빠르게 도출할 수 있게 된 것이다.

◆ **역지사지의 능력과 배려심**

자기가 아닌 상대방의 입장에서 생각해보는 역지사지(易地思之)만큼 상호 이해를 높이고 갈등을 줄이는 데 필요한 마음가짐도 없을 것이다. 배려심은 역지사지의 결과로 자연스럽게 따라온다.

◆ **감성적 능력**

사람들은 항상 첨단기술만을 원하는 것이 아니라 그들의 감성을 충족시켜줄 수 있는 것을 반긴다. 아날로그 시대에 대한 향수를 가진 기성세대(디지털 유목민)뿐 아니라 그런 시대에 대한 기억이 별로 없는 MZ세대(디지털 원주민)도 아날로그 감성으로 꾸며진 공간을 찾고, 그런 상품에 관심을 갖곤 한다. 사람들이 무엇을 원하는가에 대한 감수성은 스스로 감성적 능력을 갖고 있을 때 찾아낼 수 있다. 또한 감성적 능력은 로봇과 인공지능이 모사하기 힘든 인간의 능력이기도 하다.

◆ 이질성의 포용력

자기와 다른 이질적인 배경과 문화에서 온 사람들을 포용하고 함께 어울릴 수 있는 것은 세계화 시대, 다문화 시대의 핵심적인 인성이라고 할 수 있다. 복잡한 문제의 해결과 프로젝트 성공에 필수적인 능력을 가진 사람이 있는데, 그 사람에 대해 인종, 국적, 성별, 성 정체성, 연령, 종교, 문화 등의 이질성을 이유로 배제하는 조직이나 팀은 경쟁력 손실을 감수할 수밖에 없을 것이다.

◆ 리더십

사람들이 모이고 함께 일하는 조직에서 집단이나 조직의 활동을 촉진하고 공통 목표를 달성하려면 구성원들이 목표 지향적인 행동을 하도록 이끄는 지도력이 존재해야 한다. 무리를 다스리며 군림하는 수직적 리더십보다는 다원적인 소통 창구를 열어놓고 먼저 앞장서며 구성원들을 섬기는 수평적 리더십(이른바 서번트 리더십)이 중요해지고 있다. 리더 역할을 해보지 않았던 사람도 어떤 무리나 공간에서 어떤 때에 이르면 리더십을 발휘해야 하는 경우가 생긴다. 가령 혼자 살던 사람이 결혼하여 가족을 이루고 가장이 되거나, 혼자 장사하던 가게에 직원 한 명을 뽑아 사장이 되면 당장 가정과 가게를 이끌고 갈 리더십이 필요하게 된다. 따라서 리더십 교육은 보편적인 교육과정 속에 포함될 필요가 있다.

◆ 사회적 책임감

인간은 사회적 동물로서 알게 모르게 많은 사람들의 도움을 받아 삶을 영위하고 있다. 자기가 속한 사회에서 자신이 받는 혜택을 상기하고 자신도 다른 사람들이나 사회 전체를 위한 일에 기여하며 최소한 피해를 주지 않는 것을 자신의 책무로 느끼는 마음이 사회적 책임감이다. 자신이 속한 사회의 경계를 넓혀 보다 큰 범위의 사회에 대해 책임감을 갖는 것은 한결 성숙한 사회적 책임감이라고 하겠다.

◆ 타인을 도우려는 정감

공감 또는 정감(empathy)은 자신을 타인의 상황에 놓고 느끼는 감정으로, 타인에게 감정 이입이 되어 타인의 감정을 경험하는 것이다. 이에 비해 연민 또는 동감(sympathy)은 타인의 고통을 인식하고 이해하여 동정심을 느끼는 것이다. 단순화시키자면, 정감은 타인의 입장을 가슴으로 느껴 자기일처럼 여기는 것이고, 동감은 타인의 입장을 머리로 이해하는 것이라고 하겠다. 다른 사람의 고통이나 사회적인 문제에 깊이 관여하여 행동으로 도와주며 함께 해결책을 찾기 위해서는 동감만으로는 부족하고 정감이 필요할 것이다.

◆ 인간관계 능력

인간관계 능력은 인성의 모든 측면을 포함한다고 할 수 있지만, 좁혀서 말하면 대인관계 능력이나 사교성을 의미한다. 전직이나 전업이 빈번할 미래 직업 세계에서 새로운 환경에서 낯선 동료들과 친해지며 적응하려면, 처음에 어떻게 사람들을 대하며 경계심을 풀고 공통의 화제를 찾고 가까워질 수 있는지에 대한 노하우와 연습이 필요하다. 아마 미래 사회에서도 가장 중요한 직업 능력 중 하나가 될 것이다.

긍정: 자기 삶을 사랑하고 존중하는 역량

여기서 긍정은 자기 삶을 사랑하고 자기 자신을 있는 그대로 존중하며 스스로를 믿는 자기 긍정에 초점이 맞춰져 있다. 이러한 긍정의 마인드가 중요한 이유는 자살을 생각해보면 된다. 창의적 역량으로 일에서 성공하고 사회적 인간관계가 원만한 사람도 어떤 좌절이나 압박하에서 자살하는 경우가 있다. 따라서 창의와 인성 외에 별도의 역량으로 긍정을 언급한 것이다. 초저출산 급고령화 시대의 한국 사회에서 자살만 막아도 국가적 인적자본의 손실을 크게 줄일 수 있을 것이다. 긍정에는 다음과 같은 요소들이 포함된다.

◆ 꿈을 추구하는 진취적 도전정신

어릴 적에는 좀 허황된 것이라도 미래에 대한 자기만의 꿈이 있었는데, 점점 자라면서 나중에는 꿈이 없는 사람, 꿈은 잘 때만 꾸는 것이라고 생각하는 사람으로 변해간다. 자기 스스로 세운 꿈이 있는 사람은 그렇지 않은 사람과 삶을 살아가는 자세가 다르다. 남들이 자기에게 바라는 것이 아니라 자기가 진정 원하는 꿈을 갖고 현실과의 간극을 좁히기 위해 노력해나가면 자기 삶을 보다 긍정적으로 인식하게 된다. 꿈이 반드시 거창할 필요는 없다. 누가 뭐라 하든 지인들이 출세하든 자신은 소박하게 사는 것이 꿈이었다면, 주변 시선에 아랑곳하지 않는 것 자체도 진취적인 도전이라고 할 수 있다. 물론 사람들 중에는 남들이 비웃지 않으면 충분히 큰 꿈이 아니라는 식으로 큰 포부를 갖고서 위험을 감수하고 혁신적인 사업에 뛰어들어 도전하는 이들이 있는데, 이런 사람들이 갖는 기업가정신(앙트러프러너십)도 여기에 속한다. 꿈을 추구하는 진취적 도전정신을 자기동기력이라고 할 수도 있는데, 이는 자기 인생에 자율성을 부여하고 미래에 도달한 긍정적인 모습을 상상하며 현재와 미래의 격차를 인식하고 계획을 세워 꾸준히 실천하면서 얻어가는 성취감에서 길러진다(김주환, 2013).

◆ 대응력과 위기 대처 능력

2002년 한일 월드컵과 2018년 러시아 월드컵에서 한국 축구 대표팀이 보여준 것처럼, 상대적으로 열위인 팀이 FIFA 랭킹이 한참 위인 강팀을 꺾는 일도 종종 발생한다. 상대 팀의 장단점과 전술을 잘 간파하여 그에 맞게 잘 준비한 팀이 얻을 수 있는 승리이기에 반드시 이변이라고만은 할 수 없다. 우리도 잘 준비하면 이길 수 있다는 긍정 마인드로 임한 대응력의 힘을 보여주는 것이다. 반대로 야구 경기에서 호투를 펼쳐오던 투수가 야수의 실책으로 위기를 맞으면 갑자기 흔들리며 무너지는 일도 종종 있다. 이 위기를 잘 극복할 수 있다는 긍정 마인드로 평정심을 회복하고 손실을 최소화하고 반전의 기회를 잡는 위기 대처 능력이 중요한 것이다. 비단 스포츠 경기뿐 아니라 우리 삶에서도 위급 상황이나 위기를 맞을 수 있다. 이때 어떻게 대응하고 대처하느냐에 따라 우리 삶은 크게 달라질 수 있다.

◆ 회복탄력성

회복탄력성(resilience)은 실패 후에 재기할 수 있는 역량을 말한다. 실패에서 오는 고난과 역경을 도약의 발판으로 삼아 손실의 회복을 넘어서는 더 큰 성공을 거둘 수 있도록 포기하지 않고 끈기를 발휘하는 힘이다. 가령 밤새 작업한 문서 파일을 실수로 모두 날렸을 때 망연자실하여 포기하기보다 기억을 살려 다시 쓰는 과정에서 보다 더 효율적인 방식과 세련된 표현을 동원하여 더 나은 결과물을 만들어낼 수 있다. 이렇게 회복력을 발휘하는 긍정적인 마음가짐이 회복탄력성이다. 실패나 충격의 외상으로 나락에 빠져 계속 고통을 겪거나 정신적 장애를 갖고 살아가는 것(외상후스트레스장애)이 아니라 원래 수준으로의 회복(회복탄력성), 또는 회복을 넘어 전보다 더 강해진 자신을 발견하게 되는 경우(외상후성장)도 있다.

◆ 긴 호흡의 낙관적인 인생관과 세계관

인생사의 길흉화복은 점칠 수 없으니 자기를 둘러싼 외부적인 자극에 일희일비하지 않고 평상심을 유지하는 새옹지마(塞翁之馬)의 자세, 특히 좋지 않은 결과 앞에서 긍정적으로 생각할 수 있는 부분을 찾아서 오히려 더 잘된 것 혹은 더 잘되려는 것이라고 생각하는 전화위복(轉禍爲福)에 대한 믿음은 관조적인 인생관, 특히 낙관적인 인생관이라 할 수 있다. 또한 사회적인, 국가적인, 혹은 세계적인 문제에 대해서도 바람직하지 못한 현실이나 나쁜 결과에 좌절하거나 냉소하지 않고, 지금은 잘못되고 있는 것 같아도 결국은 옳은 방향으로 좋은 결과를 향해 갈 것이라는 사필귀정(事必歸正)의 믿음이 있어야 냉소주의자가 되지 않고 개혁가가 될 수 있다. 이 모든 것이 긍정적인 마인드를 갖고 긴 호흡을 유지해야 가능한 자세다.

◆ 자아존중감

자아존중감은 자신의 가치를 스스로 긍정적으로 판단하고, 자신의 능력을 믿으며, 자신이 주변 상황에 영향을 미칠 수 있고 통제할 수 있다고 믿는 것이다. 자아존중감과 유사하게 자존심과 자부심도 자기를 존중하고 높이 평가하는 것이다. 그러나 자기가 스스로를 확고하게 존중하는 자아존중감과 달리 자존심은 상대방에게 나의 가치에 대한 평가를 맡기고 그 평가를 통해 자기만족감을 얻는 것이다. 따라서 자아존중감은 스스로 키울 수 있지만, 자존심은 남이 세워줘야 하는 것이다. 한편 자부심은 자기가 좋은 성과를 거두었을 때 나타나는 긍정적인 자기 평가라는 점에서 성과와 관계없이 일생 동안 이어질 수 있는 자아존중감과는 다르다. 즉 노화에 따라 자기 전성기 때의 실력을 잃으면 전성기 때 가졌던 자부심은 낮아질 수 있지만, 자아존중감은 유지될 수 있다.

◆ 인지적 부담 관리

기술과 사회 변화가 가속화되는 4차 산업혁명 시대, 미래의 급변하는 직업 세계에서는 새롭게 배워야 할 것들이 계속 나타나기 때문에 새로운 학습에 대한 인지적 부담이 늘어날 수 있다. 이러한 상황에서 생길 수 있는 스트레스를 관리하고, 배움을 할 만하고 즐거운 것으로 만들어가는 자기관리 능력이 중요해질 것이다. 세상의 변화와 새로운 것에 대한 학습을 긍정적으로 바라보는 마음가짐이 그 출발점이 될 것이다.

교육의 목적과 인재상

변화하는 시대의 요구가 공교육이 지향해야 할 인재상에 반영되어야 한다는 것에 대해 모두 동의할 수 있을까? 교육의 목적은 산업이 요구하는 인재를 길러내는 것이라기보다 인간다운 인간을 길러내는 것이라고, 즉 전인교육이 더 중요하다고 생각할 수도 있다.

사회학을 학문 분야로 발전시킨 프랑스의 사회학자이자 철학자, 교육자인 에밀 뒤르켐에 따르면 교육의 기능은 크게 두 가지로 나눌 수 있다. 하나는 전체 사회가 요구하는 지적·신체적·도덕적 특성을 함양하며 한 사회 구성원들의 공통 신념과 가치를 기르는 것(보편적 사회화)이고, 다른 하나는 분업화된 사회에서 필요로 하는 특정 직업의 전문적 능력과 태도를 학습하는 것(특수적 사회화)이다. 간단히 말하면, '전인교육'과 '산업이 요구하는 인재 양성' 둘 다 교육의 기능인 것이다.

하지만 기존의 우리 교육은 입시 위주의 지식 교육으로 전인교육을 상당 부분 간과해왔다는 것을 부인할 수 없다. 전인적 인재가 지적·신체적·사회적·정서적 능력을 골고루 갖춘 인간이라면, 이 중 신체적·사회적·정서적 능력을 함양하기 위한 교육이 제대로 이루어지지 않았던 것이다. 사회 진출 직전 단계의 대학 교육 역시 산업의 빠른 변화를 쫓아가지 못했고, 공급자 편의적인 학과 편성, 과목 개설, 수업 방식 등으로 산업현장에서 필요로 하는 인재상과 대학에서 배출하는 인력 간에는 상당한 괴리가 있었다.

그렇다면 과연 우리는 교육의 양대 기능을 함께 회복할 수 있을까? 흥미롭게도 4차 산업혁명 시대가 '전인교육'과 '산업이 요구하는 인재 양성'이라는 두 마리의 토끼를 잡을 수 있는 적기라고 볼 수 있다. 정형화된 기술과 지식을 습득하는 성실성이 중요했던 과거 산업화 시대와는 달리, 이제는 비판적 사고력, 창의성과 협동적 문제해결 능력, 소통 능력, 감성 등이 산업 경쟁력을 위해서도 중요해진 시대가 되었기 때문이다. 이처럼 기업과 산업이 필요로 하는 인재상이 전인교육이 지향하는 민주적인 시민상과 겹쳐지게 되면서 교육의 중요한 두 가지 기능이 유기적으로 결합되리라 기대할 수도 있을 것이다. 물론 둘 사이에는 여전히 긴장이 있을 수 있겠지만, 첨단기술을 기반으로 하는 혁신적인 산업에서 원하는 인재가 인문학적 소양을 요구받고 있고, 소통과 협업을 위한 사회적 역량의 중요성이 부각되는 것을 보더라도 두 기능을 상호 대립적이고 양자택일적인 것으로 볼 근거는 줄어들 수 있을 것이다.

수업을 살리는 싱가포르의 교육개혁

시대가 요구하고 사회가 필요로 하는 인재를 키우기 위한 출발점은 학교 교육의 전반적인 변화로 교육의 타당성이 확보되는 것이다. 그런데 한국 교육의 변화 가능성에 대해서는 부정적인 시각이 많다. 교육을 바꾸려면 사회 전반의 변화가 필요할 텐데, 그것이 가능할 것인가에 의문을 갖는 것이다.

우리 사회에서 교육이 명문대 진학을 통해 좋은 직장을 갖기 위한 도구로 인식되어 교육이 입시 준비에 종속된 원인은 교육 바깥에 있다. 명문대 출신을 우대하는 노동시장의 학벌주의, 학력 및 학벌에 따른 임금과 근로 조건의 심대한 격차, 저학력자에 대한 사회적 편견, 사회안전망의 불충분성 등 교육 외적인 요인의 영향이 강하다. 한국 사회의 교육열이 높다고 하지만, 사실 따지고 보면 교육이나 배움 자체에 대한 열정이라기보다는 교육을 통해 남들보다 출세하거나 남들에게 뒤지지 않으려는 욕구가 강하다고 하겠다. 이런 상황에서 아무리 교육 내부적인 개혁을 시도해봐야 교육 수요자들의 목표가 교육 외적인 보상에 있는데 그 개혁이 성공하겠는가 하는 회의론과 냉소가 존재하는 것도 이해가 된다.

그러나 노동시장 등 사회구조적인 변화가 선행되지 않고서는 교육의 변화가 불가능하다고 포기하는 것은 교육 자체에 내재된 여러 가지 문제조차 그대로 방기하는 것이다. 가령 학교에서 많은 학생들이 수업 시간에 엎드려 자는 것은 수업 방식이 달라지면 해결할 수 있는 문제다. 또한 학생들이 서로 믿고 협력하지 않고 견제하고 경쟁하며, 생각하기보다 외우려고 하는 것은 평가 방식을 바꾸면 달라질 수 있는 문제다. 학교와 대학은 보수적인 조직이지만, 사회가 다 변화하고 있는데 교육만 그대로 남아 있을 수는 없을 것이다.

따라서 교수자, 학생, 학부모 등 교육 당사자와 정부, 교육청, 학교, 대학 등 교육을 바꿀 수 있는 주체들이 교육 영역에서 변화를 위해 노력하는 것이 교육발 사회개혁을 이룰 수 있는 길이기도 하다. 정부는 미래사회에 맞는 교육 시스템을 만들고, 다양한 소질과 적성을 가진 학생들을 담을 수 있는 노동시장 환경을 조성하며, 민간 기업도 그들의 경쟁력을 위해 이에 동참할 수 있도록 유도해나가는 역할을 해야 할 것이다. 또한 교사와 학교는 수업과 평가를 미래사회에 맞게 바꾸어야 할 역할이 있다. 즉 교육을 바꾸는 데에는 교육 내적인 혁신 노력과 교육 외적인 개혁 노력이 병행되어야 할 것이다.

이와 관련해 우리는 싱가포르를 주목할 필요가 있다. 2018년 200개국을 대상으로 한 블룸버그 혁신지수에서 싱가포르는 고등교육 효율성 부문(고교 졸업자 중 대학 진학률, 노동인구 중 대학 학위 소지자 비율, 연간 대학 졸업자 중 이공계 비중, 전체 노동인구 중 이공계 대학 전공자 비중 등 반영)에서 1위로 평가됐다. 국제학업성취도평가 (PISA) 수학 분야에서 1위, 읽기와 과학 분야에서는 3위의 성적을 냈고, 1인당 국민소득과 평균수명에서 미국을 앞지른 나라이기도 하다.

그동안 싱가포르가 추진해온 교육개혁의 방향은 미래사회를 대비하는 지금의 흐름과도 부합할 뿐 아니라, 교육개혁의 추진 방식이 이념적이지 않고 유연하고 실용주의적이어서 실행 가능한 개혁 전략을 고민하는 사람들에게도 영감을 줄 수 있다.

정보화 혁명이 가속화시킨 지식 기반 사회의 도래를 배경으로 싱가포르는 1997년에 '생각하는 학교, 학습하는 국민 (Thinking School, Learning Nation)'이라는 국가 개혁 비전을 선포했다. 그 당시에 다가올 21세기에 대비하여 싱가포르를 세계 선도 국가로 성장시키기 위해 제시한 비전이었다. 특히 교육에 중점을 둔 개혁을 통해 싱가포르 국민의 창의적 사고 역량을 개발하여 훌륭한 창조자가 되도록 하는 것을 목표로 한 것이다. 교육에 있어 문제해결력, 시스템적 사고 역량, 창의적·분석적·혁신적 관점을 중요시하고, 앞으로 직면할 도전 앞에서 위험을 적절하게 감수하는 진취적인 인재를 키워내고자 했던 것이다.

이를 위한 실행 전략으로서 교육이 시대에 뒤처지지 않고 변화에 발맞추어갈 수 있는 구조를 설계하고, 학습자 중심의 학교 환경을 조성하며, 교육과정을 통해 가치관과 사고 역량을 키우고, 교원의 전문성을 높이는 것을 제시했다. 또한 해외 인재를 싱가포르의 중등교육기관과 고등교육기관에 유치하여 세계 수준의 기관으로 육성하고, 교육행정에 있어서도 조직을 재구성하고 절차를 재정비하며 정보기술을 활용하고 활동적인 조직 문화를 조성하여 선진화하는 전략을 수립했다.

지식의 양이 기하급수적으로 늘어나고 지식의 갱신 주기가 짧아지는 지식정보화 사회에서는 학교에서 얼마나 많은 지식을 전수하는가보다 새로운 지식을 계속 학습할 수 있는 역량을 얼마나 길러주는가가 훨씬 중요하다. 국가 개혁 비전을 실천하기 위해 싱가포르는 2004년에 '강의는 줄이고, 배움은 늘리자(Teach Less, Learn More)'는 구체적인 교육 비전을 제시했다. 이것이 싱가포르의 교사학습 공동체에서 교사들이 집중적인 논의를 통해 개혁 비전을 해석하고 실천 전략을 고민한 결과로 도출됐다는 점에 주목할 필요가 있다. 기존의 익숙했던 내용 전달 중심의 일방적인 주입식 강의에서 벗어날 필요가 있다는 인식을 교사들이 공유하고, 학교 현장에 구현해야 할 변화의 큰 방향성을 제시했던 것이다.

덜 가르치면서 더 많이 배울 수 있도록 하려면 우선 기존의 교과별 교육과정을 21세기 핵심 역량을 길러줄 수 있는 방향으로 재편해야 했다. 그리고 수업 방식에 있어서도 전통적인 교수자의 강의 위주 수업에서 학생들 간의 협동학습으로 바꿔 학생들 스스로가 지식과 학습에 관해 토론하고 탐구하는 과정에서 더 많이 배우는 경험을 하도록 했다. 거꾸로 교실이나 프로젝트 학습 등이 그와 같은 수업 방식에 해당한다.

세계적 위상을 갖고 있는 싱가포르 난양공과대학의 경우, 일방향의 강의를 지양하고 학생 중심의 참여적이고 협력적인 수업을 지향하고 있다. 이를 위해 대학 건물과 공간의 설계부터 일방향의 강의에는 불편하고 팀 활동에는 편리하도록 만들었다. 이러한 일종의 '넛지(nudge)' 전략을 사용하여 교수자가 새로

:: 싱가포르 난양공대의 거꾸로 수업과 그에 맞게 설계된 건물
자료: 난양공대 홈페이지.

5장 자는 학생을 깨워야 할까?

운 수업 방식을 채택하도록 유도하고 있는 것이다.

싱가포르가 원래 수평적이고 자율적인 문화를 갖고 있어서 수업 방식의 변화를 수반하는 교육개혁이 용이했던 것일까? 원래 싱가포르는 준법과 사회질서를 위한 규율과 치안이 강한 나라로 알려져 있다. 교육에 있어서도 중앙집권적 통제가 강력하고, 초등학교 6학년 말에 보는 시험 결과에 따라 학생들을 나누는 조기 선별 시스템을 갖고 있다. 하향식 통제 속에 경쟁과 효율을 중시하는 분위기로 자율과 협력의 문화와는 거리가 먼 것처럼 느껴질 수 있다.

그러나 『학교교육 제4의 길(The Global Fourth Way: The Quest for Educational Excellence)』의 저자인 하그리브스와 셜리(Hargreaves and Shirley, 2012)는 싱가포르가 모순적이고 역설적인 상황을 유연하게 조화시키는 능력을 발휘하여 높은 교육성과를 창출하고 있다고 평가했다. 첫째, 중앙집권적 통제 속에서도 교사에게 자율성, 특히 교육과정 편성권을 부여하여 전문가로 인정한 것이었다. 둘째, 치열하게 경쟁하면서도 동시에 프로젝트 학습 등을 통해 열심히 협력하도록 한 것이었다. 셋째, 기술이 교육의 변화를 이끌기보다는 교육이 기술 발전을 이끌어야 한다는 교육철학을 바탕으로 전통적인 교실 수업과 디지털 기기를 활용한 수업을 조화시킨 것이었다. 넷째, 교원의 노력을 끌어내기 위한 성과급이 있지만, 교사들이 반대하는 표준화된 시험 성적과의 연계는 하지 않았다. 다섯째, 교육당국이 혁신의 방향은 유도하지만, 최종 선택은 단위 학교에 맡기는 넛지 접근법을 사용한다는 것이다. 여섯째, 교사의 교육과정 개발 시에 20%는 여백으로 두어 유연한 운영이 가능하도록 했다. 일곱째, 교사학습 공동체를 통해 수업 혁신을 위해 협력하고, 학교 간에도 네트워킹을 활성화하는 등 교육자 간 협력 증진을 도모하도록 했다. 끝으로, 교육경쟁이 치열한 사회이지만, 학생들이 초등학교 때부터 지역사회 봉사활동에 참여하도록 하고, 방과 후 비교과활동을 통해 특기를 계발하여 교과 위주의 학업 경쟁을 보완한다는 것 등이다.

우리가 교육 패러다임 전환의 필요성을 느끼면서도 그 실행 가능성에 회의적이라면 싱가포르의 교육개혁에서 참고할 점들이 있다.

첫째, '생각하는 학교, 배우는 국민'과 같이 선명하고 공감을 주며 힘이 있는 국가 개혁 비전이 필요하다. 특히 아이들이 학교에서 잠을 자는 대신 활발하게 참여하고 능동적 사고력을 키우게 하는 것이 중요한 우리 교육의 과제에 비추어보면 '생각하는 학교'는 우리에게도 적합한 구호다. 또한 평생을 걸쳐 배워야 할 시대를 살게 된 우리에게 '배우는 국민'이라는 구호도 이 이상 와닿을 수 없다.

둘째, '강의는 줄이고, 배움은 늘리자'와 같이 간명하면서도 구체적이고 분명한 방향성을 알려주는 변화 전략을 채택하여, 이를 교육현장에서 실천적으로 구현해야 한다. 활성화된 교사 학습 공동체에서 교원들이 주체적으로 실천 전략을 도출하고 이를 교수학습법의 실질적인 변화로 실현해나갔던 성과는 싱가포르 학생들의 높은 학업성취도뿐 아니라 싱가포르 고등교육의 높은 효율성과 타당성으로 나타났던 점을 상기할 필요가 있다.

셋째, 싱가포르는 경쟁 대 협력, 통제 대 자율 등과 같은 이분법이나 양자택일적 사고를 탈피하여, 경쟁하면서도 협력하고, 통제 속에서도 핵심적인 자율성을 부여하는 등 유연하고 실용적인 접근을 택했다. 한국 사회의 치열한 입시경쟁, 일자리 경쟁 때문에 교육개혁이 어렵고, 교육부와 교육청의 규제 때문에 학교혁신이 어렵다는 토로는 타당한 부분이 있을 수 있다. 그러나 이를 이유로 아무것도 바뀌지 않을 것이고 바꿀 수 없을 것이라는 패배적 숙명론보다는 모순적 상황을 조화시키며 변증법적인 발전을 이뤄나가는 낙관적 실용주의가 우리에게 더 필요한 것이 아닌가 한다.

대학생들의 교육임상실험

세 개의 수학 교실이 있다. 교사는 같은데 교실마다 전혀 다른 스타일로 수업을 한다. A교실에서는 교사가 일방향의 주입식 강의를 하면서 진도를 나간다. B교실에서는 교사가 가르치는 시간을 줄이고 학생들이 조별로 함께 토론하며 문제를 풀어낸 후에 각 조의 풀이 방법을 발표한다. C교실에서는 교사가 주로 가르치지만 이 내용이 세상에 어떻게 활용되는지 알려주고 학생들의 질문에 끝까지 답한다. 여러분은 어느 교실에서 수업을 받고 싶은가?

우리에게, 특히 기성세대에게 익숙한 것은 A교실의 강의식 수업이다. 시험 대비를 위한 수업의 효율성과 진도를 고려하면 아무래도 A교실이 나아 보일 수 있다. B교실과 C교실도 궁금하기는 하지만, 학생들 간 토론이 시간 낭비 같거나 선생님에게 질문하는 것이 편하지 않을 수 있다. 실제로 세 교실이 존재한다면, 그 안에서는 어떤 일이 일어날까?

지스트의 학부생 다섯 명이 2016년 여름에 이런 실험을 기획하고 실행했다. 〈교육의 경제학〉, 〈행동경제학〉과 같은 수업을 들었던 학생들이 수업 방식의 변화를 통해 학교 교육을 발전시키기 위해 행동에 나선 것이다. 나는 그들의 지도교수로서 조언하고 격려했지만, 교육학 기초학습부터 수업모형의 개발 및 임상, 설문지와 평가지의 개발과 분석, 대외 섭외 등 대부분의 일은 학생들이 스스로 해냈다.

이 학생들은 그들이 지금껏 받아온 수업의 대부분이 학생들 간 상호작용 및 학생과 교수자 간 상호작용이 거의 없는 주입식 강의라는 데 문제의식을 갖고 있었다. 이미 다수의 일방향 강의는 굳이 교실 수업이 아니더라도 자기가 원할 때 인터넷에서 최고수의 강의로 시청할 수 있는 시대다. 대학에서도 75분 강의에 슬라이드가 40~50장씩 넘어가는 진도 위주의 수업에서 학생들의 뇌는 멍한 상태로 교감신경계의 각성도가 매우 낮은 경우가 많다. 가르친 것은 많은 듯싶지만 실질적인 배움은 별로 일어나지 않고, 결국 시험 전에 몰아서 공부할 때까지 배움은 유예되고, 시험이 끝난 후에는 이런 얕은 지식은 휘발되기 쉽다. 학생들은 결국 성적표 기록으로만 남는 수업을 바꾸고 싶었던 것이다.

학생들은 수업 개선 방안을 찾기 위해 강의식 수업에 두 가지 방향의 변화를 도입하여 대안적 수업모형을 개발했다. 한 가지는 B교실처럼 조별 협동학습을 통해 학생들 간에 활발한 상호작용이 일어나도록 하는 것이었다. 다른 한 가지는 C교실처럼 학습동기를 유발하고 질문을 촉진하는 방식으로 교수자와 학습자 간에 활발한 상호작용이 일어나도록 하는 것이었다.

이들은 광주 지역 3개 공립 고교의 협조를 얻어 2016년 8월 중순부터 4주에 걸친 수업모형 임상실험을 실시했다. 모집된 고교생들에게는 대학생들이 고 2 수학 심화 및 대입 수리 논구술 대비반을 운영하여 지역사회 고교생을 위한 교육봉사를 하는 것으로 전달됐다. 세 학교에는 각각 A(강의 중심형), B(협동학습 강조형), C(학습동기 촉진형) 수업모형이 적용되어 같은 대학생 교수자가 각 학교에서 같은 단원을 가르치면서도 완전히 다른 교수법을 적용했다.

나는 여름방학 중 이들의 치밀한 사전준비와 모의수업 및 상호 모니터링 과정을 지켜보았다. 교육임상실험 현장에서도 이들은 각 모형에 맞는 교수자로 역할하기 위해 애썼고, 모니터링 전담 동료가 제삼자로서 교수자와 고교생들을 시종일관 꼼꼼히 관찰하고 기록했다. 첫 수업과 4주 후 마지막 수업 때 고교생들이 작성한 설문지와 평가지 분석을 통해 실험 전후의 변화를 파악하는 것과 함께 매 수업 후에 고교생들이 제출한 소감 카드 분석과 교수자 일지 작성이 병행되었다. 이들이 사범대학을 나온 정교사는 아니었지만 열정과 진지함만큼은 대단했다.

출석 의무가 없는 수업에서 일어난 일

세 학교의 A, B, C 수업모형 교실에서는 4주 동안 어떤 일이 일어났을까?

우선 강의 중심 A모형에서는 수업에 집중하지 못하는 고교생들이 다른 모형보다 많았고, 출석률도 다른 모형의 절반에 못 미쳤다. B교실에 모집된 19명, C교실에 모집된 15명은 중도 탈락 없이 완주했지만, A교실에서는 수업 초기에 11명 중 7명이 그만두었다. 대학생 교수자들은 B, C 교실에서 고교생들의 호응을 목격했지만, 실험은 실험인지라 A교실에서는 따분해하는 표정들을 보면서도 끝까지 꿋꿋이 주입식 강의를 해나갔다.

복도에서 인사를 나누고도 수업에는 들어오지 않은 A교실 고교생들은 하나라도 더 가르쳐주려고 열정을 다한 대학생 교수자들을 자괴감에 빠뜨렸다. 교수자가 열심히 가르치지만 배움이 없는 학생들을 상당수 만들어내는 수업에 만약 A교실처럼 출석 의무가 없다면 출석률은 어떻게 될까? 학교 정규수업 시간에 억지로 앉아서 졸거나 딴생각을 하고 있는 학생들은 진정 출석을 한 것일까? 수업 방식을 바꾸면 이들도 집중할 수 있을까?

수업에서 다룬 문제 수로 측정한 수업량은 당연히 A교실이 많았고, 다음은 C교실, B교실 순이었다. 진도에 역점을 둔 수업 방식이 역시 진도 면에서는 효율적이었다.

조별로 토론하며 큰 종이에 함께 문제를 풀고 발표하도록 한 B교실에서 두드러졌던 것은 사회자본이었다('사회자본'에 대해서는 7장에서 본격적으로 다룬다). 임상실험 전후의 설문응답 분석 결과, 상호 간의 배려심과 책임감, 다른 의견 존중, 학교 동료에 대한 신뢰도, 참여와 협동을 강조하는 수업에 대한 지지도가 B교실에서 4주 후에 뚜렷하게 신장된 것이다. 도덕, 윤리, 사회 수업이 아닌 대입 준비 수학 수업에서도 협력적 문제해결이 강조되는 수업 방식을 통해 신뢰와 배려가 함양될 수 있음을 시사한다.

학습동기와 질문이 중시된 C교실에서는 통계적으로 유의미한 변화는 없었지만 가장 적극적인 수업 참여도가 관찰됐다. C교실의 마지막 수업 때 그동안 교육봉사의 이면에는 세 가지 수업모형 실험이 있었음을 알게 된 고교생들은 정규 수업도 이렇게 바뀌면 좋겠다고 이구동성으로 얘기했다. 질문이 장려되는 수업에서 말문이 트이고, 이해하지 못한 것을 이해할 때까지 물어보는 가운데 수업 참여도가 높아진 것이다.

수업 방식 연구를 수행한 대학생들은 강의 일변도의 수업에 협동학습과 동기부여 요소를 도입한 새로운 모형을 모교의 수업 방식 개선 방안으로 제안하는 보고서를 작성했다. 2016년 11월 하순에 이들이 개최한 지스트 대학 수업 방식 개선을 위한 교수·학생 토론회에서는 강의식 수업의 효율성과 불가피성을 주장하는 입장과 수업 방식 변화의 필요성과 가능성을 주장하는 입장 사이에 격론이 펼쳐졌다. 수업 변화의 징후는 세상 곳곳에서 보이고, 그 요구는 점점 강해지고 있다. 학생들을 수업의 구경꾼으로 만드는 이른바 '학습관광'은 수명을 다하고 있다. 좋은 인터넷 강의가 넘쳐나는 시대에 왜 학생들을 교실에 불러 모았는지 학교가 답할 수 있어야 한다. 이제 진짜 교수자들이 행동할 차례다.

'딴짓' 장려 프로젝트

이 학생들의 교육실험은 학교 차원에서 학생들의 자발적이고 창의적인 비교과활동(이른바 '딴짓')을 격려해주는 지스트 무한도전 프로젝트 사업의 경비 지원을 받았다. 무한도전 프로젝트는 학생들이 교과 공부만 하지 말고, 혼자 스마트폰만 끼고 있지 말고, 자기가 해보고 싶었지만 무모할 수도 있는 딴짓을 마음껏

해보라는 취지로 마련한 것이다. 특히 창의적인 딴짓을 함께할 동료들을 모아 팀으로 지원하도록 함으로써 협동심과 의사소통 능력을 함양하도록 했다.

딴짓할 때가 제일 재미있다는 것은 누구나 공감할 텐데, 거기에 공익적 성격을 가진 문제해결 프로젝트에 도전하는 것을 장려하여 의미까지 담도록 했다. 지스트 무한도전 프로젝트는 2016년에 처음 시작되어 매년 열리고 있다.

이 교육실험팀은 지스트 무한도전 프로젝트 시행 첫해에 선정된 15개 팀 중 한 팀으로 연말 성과 발표회에서 대상을 수상했다. 다른 팀들도 아침을 거른 학우들을 위해 밤새 직접 빵을 만들어 나눠주기, 기숙사에서 분리수거 잘하도록 유도하기, 로켓 만들어 발사하기 등 다양한 도전과 시도를 보여주었다. 앞에서 미래인재 역량이라고 이야기했던 창의, 인성, 긍정이 모두 담긴 딴짓들이었다. 무한도전 프로젝트를 통한 이 학생들의 딴짓은 EBS 〈다큐프라임〉을 통해 소개되기도 했다.

지스트 무한도전 프로젝트는 지금도 계속되고 있고 다채롭고 엉뚱하며 때로는 창업까지 기대되는 도전들로 채워지고 있다. 매년 프로젝트 발대식 자리나 프로젝트 결산 후 『딴짓』이라는 이름으로 발간되는 작은 보고서에는 다음과 같은 격려들이 담긴다. '열심히 도전한다면 올해는 실패해도 괜찮다.' '실패가

:: 좋은 교수학습법을 찾기 위한 대학생들의 교육임상실험

* 2016년 지스트 무한도전 프로젝트 참여 팀원의 고교 교육봉사를 통한 실험 장면.

자료: 한국교육방송공사(2017).

미리 보일 만큼 엉뚱하고 무모해서 선정해준 것이다.' '내가 그때 그 딴짓을 했기 때문에 지금의 내가 있다고 나중에 회고하게 될 것이다'(김희삼, 2019). 일상이 도전인 세상에서 도전이 일상이 되는 삶의 소식들을 기대한다(최원일, 2020).

자기 머릿속에 있던 아이디어와 가슴속에 있던 열망을 끄집어내 친구들에게 펼쳐 보이고 딴짓의 동지를 모아서 도전해보는 것. 학생이 자기 안에 갖고 있는 것을 밖으로 끌어내도록 돕는 것이 교육(education)의 어원이라는 것(1장 참조)에 비추어보면 교육의 본질적인 활동이라고 볼 수 있다.

교과 공부에 지쳐 번아웃과 함께 모든 면에서 의욕이 떨어졌던 학생들 가운데 무한도전 프로젝트 활동을 하면서 열정을 회복했다는 이도 있었다. 타당성이 높은 교육은 수업 시간뿐 아니라 딴짓을 통해서도 구현된다.

3부

교육 전장에서
틔우는
희망의 싹

———

한국 대학생의 5명 중 4명이 고등학교를 '사활을 건 전장'에 가깝다고 할 정도로 우리 사회의 교육경쟁은 격렬하다. 그 결과로 과중해진 사교육 부담은 한국 교육의 어두운 그림자가 됐고, 급우들 간의 신뢰와 협력도 미약한 현실이다. 우리는 이 전쟁터에서 희망의 싹을 어떻게 틔울 수 있을까? 현명한 사교육 다이어트 방법과 교육의 변화를 통한 사회자본 함양 방법에 관해 알아보자.

6장

죄수의 딜레마와 생존자 편향
사교육의 경제학

•
•
•

'이코노미스트'는 지금의 의미인 경제학자가 아니라 가정 관리
인을 뜻하는 어원을 가졌다고 앞서 소개했다. 이코노미스트가
어느 쪽을 지칭하든 우리 사회의 사교육은 이코노미스트의 중
요한 관심 대상이다. 심대한 사회경제적 문제로서 경제학자의
연구 대상일 뿐 아니라, 가계를 꾸리며 자녀를 교육시키는 각
가정의 입장에서도 언제 얼마나 사교육을 시켜야 할지가 고민
거리이기 때문이다.

몸보다 긴 그림자

우리나라 사교육의 대명사인 '학원'은 OECD 등 국제기구의 보
고서에서 'hakwon' 또는 'hagwon'과 같은 고유명사로 표기되

고 있다. 학교 재학생들의 높은 학원 수강률과 학원비 지출 규모가 다른 나라에서 찾아보기 힘들 정도로 독특한 현상이기 때문이다.

초중고 학생이 있는 가구가 지출하는 교육비 중에서 사교육비와 공교육비의 비율은 1990년대 말까지만 하더라도 거의 비슷했다. 그런데 지금은 공교육비보다 사교육비가 압도적으로 많은 비중을 차지한다. 공교육은 무상화가 진행되어왔지만, 그보다 훨씬 더 큰 부담으로 사교육비가 늘어난 것이다. 사교육을 공교육의 그림자에 비유하여 '그림자 교육(shadow education)'이라고도 하는데, 가계의 교육비 부담 측면에서 몸보다 그림자가 훨씬 더 길어진 셈이다.

코로나19 여파로 사교육비 지출이 감소한 2020년의 예외적 상황을 제외하면, 사교육비는 2013년 이후 증가세를 보여왔다. 특히 고교생 사교육비가 가파르게 증가해 2019년 1인당 월평균 사교육비는 36만 5,000원이었다. 이는 사교육을 받지 않는 고교생(39%)까지 포함한 평균값으로, 사교육을 받는 고교생으로 한정할 경우 월평균 사교육비는 59만 9,000원이었다. 설문조사로 작성되는 사교육비 통계가 실제 사교육비 지출을 과소 측정할 가능성이 꾸준히 지적되어왔지만, 이 정도 수준이라도 매달 꼬박꼬박 나가는 지출임을 감안하면 가계로서는 큰 부담이다.

자녀가 여럿이기라도 하면 사교육비를 내고 남는 생활비가 별로 없다는 한탄이 자연스레 나올 수 있다. 사교육비 부담이 자녀 출산과 노후 대비 저축을 가로막는 주범이라는 인식도 이런 맥락이다.

국가 차원에서도 사교육비 총지출은 GDP 대비 세계 최고 수준이다. 2019년에 초중고 학생 수는 전년대비 약 2.5% 감소했다. 하지만 교육부가 발표한 사교육비 총액은 약 21조 원으로 전년 대비 7.8% 증가해 소비자물가 상승률 0.4%를 훌쩍 뛰어

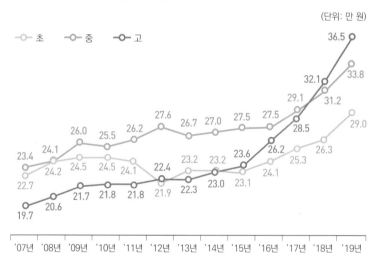

:: 초중고 학생 월평균 사교육비 추이

(단위: 만 원)

─○─ 초   ─○─ 중   ─○─ 고

자료: 교육부, 2020. 3. 11.

넘는 속도로 늘었다.

그런데 실제 사교육 시장 규모는 사교육비 조사 통계보다 훨씬 더 클 것으로 추정된다. 가령 2014년의 경우 교육부가 발표한 사교육비 총액은 약 18조 2,000억 원이었다. 그러나 교육전문가들이 통계청 사교육비 추계 결과와 가계동향조사 자료를 재분석해 추정한 2014년 사교육비 총액은 약 32조 9,000억 원(당해 GDP의 1.7%)이었다(양정호·엄미정, 2015). 더욱이 국세청에 신고된 학원업의 총매출액은 2014년에 약 12조 9,000억에 불과해 2014년 한 해만 보더라도 사교육 시장의 과세 사각지대(소위 '지하경제') 규모가 약 20조 원에 달했던 것으로 추정된다. 소득 신고 없이 오가는 사교육비 돈봉투가 정부 발표 사교육비 총액보다 많을 수 있다는 것이다.

이렇게 학원업이 돈이 되다보니 고학력 청년의 창업 분야도 그런 쪽에 집중되어왔다(오호영, 2014). 2012년 기준으로 우리나라 4년제 대졸 청년층 창업자의 산업별 구성을 보면 교육서비스업(25.7%), 도매 및 소매업(24.2%), 숙박 및 음식점업(9.7%) 순이었는데, 교육서비스업의 대표적인 형태가 학원업이다. 미국의 4년제 대졸 청년층 창업자의 산업별 구성이 전문, 과학 및 기술서비스업(20.3%), 건설업(8.8%), 사업시설 관리 및 사업지원서비스업(6.0%) 순인 것과 비교된다. 대학원까지 졸업한 고학력 청년층의 창업 업종은 양국 간 차이가 더욱 선명하다. 한국의 대학원졸 청년층 창업자의 산업별 구성은 교육서비스업(43.9%), 도매 및 소매업(16.2%), 숙박 및 음식점업(9.7%) 순으로 사교육 관련 업종이 압도적이었다. 이에 비해 미국의 대학원졸 청년층은 전문, 과학 및 기술 서비스업(30.1%), 보건업 및 사회복지 서비스업(26.8%), 예술, 스포츠 및 여가 관련 서비스업(9.2%) 등에서 주로 창업했다.

이처럼 미국은 고학력자일수록 지식 집약적이거나 전문적인 분야의 기술 창업이 많았다. 그러나 한국은 학력에 따른 창업 분야의 차이가 비교적 작고, 고학력 청년이 소규모 음식점이나 소매업 등을 창업해 50대 명예퇴직자와 경쟁하는 모습이 흔했다. 무엇보다 두드러진 것은 한국의 고학력 청년층에게 만연한 학원 창업이다.

청년들이 선호하는 좋은 일자리가 많지 않은 상황에서 고소득 업종으로 학원 창업을 고려하는 것도 이해할 수 있다. 또한 직업 선택의 자유는 헌법에 보장된 권리다. 1980년에 단행된 과외 금지 조치가 위헌이라는 헌법재판소의 판결(2000년 4월 27일)도 과외 금지를 규정한 「학원 설립·운영법」 제3조가 "배우고자 하는 아동과 청소년의 인격의 자유로운 발현권, 자녀를 가르치고자 하는 부모의 교육권, 과외 교습을 하고자 하는 개인의 직업 선택의 자유 및 행복추구권을 제한"하고 있다고 본 것이다.

그러나 이렇게까지 커져버린 사교육 시장을 경제학자의 눈으로 바라보면 인적자원 배분의 효율성 면에서도 안타깝다. 입시 위주의 사교육 서비스업이 높은 전후방 산업 연관 효과를 통해 GDP를 키운다는 말은 들어보지 못했다. 명문대에 가기 위해 학원을 다니고, 명문대를 나와서 그 후광으로 학원을 차려 중고등학교 때 학원에서 배운 것을 다시 가르치는 일보다 더 큰 경제적 부가가치를 만드는 일에 청년들이 눈뜰 수 있는 환경을 만들어야 할 것이다.

우리나라의 사교육은 지출 비용과 투입 시간 면에서 세계인의 화젯거리가 될 정도로 가계 살림과 학생의 심신 건강에 많은 부담을 주고 있다. 일찍이 OECD(2008)의 「한국경제보고서」는 한국의 과중한 사교육이 초래하는 문제로서, 아동과 청소년의 온전한 성장을 저해하는 장시간 학습, 공교육과 중첩되는 불필요한 지출 증대, 사교육비 지출 능력의 차이로 인한 균등한 교육기회의 저해, 사교육에서의 선행학습으로 인한 공교육의 파행 등을 지적한 바 있다.

또한 최근처럼 집값 거품이 생기기 전에도 학원이 밀집한 지역에 실수요자들이 몰려 주택 및 전세 가격의 상승을 주도하기도 했다. 경쟁적인 사교육비 지출은 중산층 가구에도 상당한

경제적 부담이 되고, 가계의 노후 대비 저축을 저해하는 요인이
되어왔다. 높은 사교육비 부담으로 인한 양육 비용의 상승은 출
산 기피의 중요한 원인으로까지 지목되어온 실정이다.

죄수의 딜레마

그렇다면 심각한 사회·경제 문제로 인식되고 있는 사교육이 과
연 투자 측면에서는 합리성이 있는지를 따져볼 필요가 있다. 사
교육 투자가 개인적 차원에서는 합리적인 행위일지 몰라도 사
회적 차원에서는 비합리적이라는 인식은 상당히 일반화된 것으
로 보인다.

사교육 문제는 개별 주체의 합리성이 사회 전체적인 합리성
을 달성하지 못하는 상황이라는 점에서 게임이론의 '죄수의 딜
레마'를 연상시킨다.

다음과 같은 일종의 게임 상황을 생각해보자. 전교생이 사
교육을 받고 있던 어떤 학교에 전체 학부모회가 열렸다. 사교
육을 시키는 데 너무 비용이 많이 드니(비용에는 고생과 돈을 모두 포
함) 동시에 사교육을 중단하자는 데 만장일치로 합의했다. 여기
서 사교육은 전교 등수를 올리는 데 효과가 있다고 가정하자(물

론 이 가정의 현실성은 경우에 따라 다를 것이다). 이런 상황에서 각 부모는 사교육 중단 약속을 지킬 것인가?

이 결과를 어떤 부모의 입장에서 다음과 같은 표(게임행렬)로 예측해보자. 표의 각 칸에 적힌 두 개의 숫자는 차례로 어떤 부모의 보수, 다른 부모의 보수를 나타낸다. 이 보수는 자녀의 등수와 사교육 여부에 의해 결정된다. 등수가 올라가면 보수가 3만큼 커지고(반대로 등수가 내려가면 보수가 3만큼 작아지고), 사교육을 중단하면 비용이 들지 않아 보수가 1만큼 커진다고 하자.

만약 어떤 부모와 다른 부모가 모두 사교육 중단 약속을 지켜 협력하면 등수는 그대로지만 사교육 비용이 들지 않아 각각 +1의 보수가 생긴다. 그러나 어떤 부모는 협력했는데 다른 부모가 사교육을 몰래 시켜서 기만하면, 어떤 부모는 -2의 보수(사교육비 절감 +1과 등수 하락 -3을 더한 값)를 얻게 되고, 다른 부모는 +3의 보수(사교육비 절감은 0이지만 등수 상승으로 +3)를 얻게 된다. 만

:: 사교육 중단 약속을 해놓고 기만할 것인가, 협력할 것인가

		다른 부모	
		기만	협력
어떤 부모	기만	0, 0	+3, -2
	협력	-2, +3	+1, +1

약 각 부모가 모두 기만하면 사교육비 절감도 없고 등수 변화도 없는 기존 상태가 유지된다.

여기서 다른 부모가 기만을 하든 협력을 하든, 어떤 부모 입장에서 항상 유리한 선택은 기만이라는 것을 알 수 있다. 다른 부모가 기만했을 때 기만하면 얻는 0이 협력 시의 -2보다 크고, 다른 부모가 협력했을 때 기만하면 얻는 +3이 협력 시의 +1보다 크기 때문이다. 마찬가지로 다른 부모 입장에서도 어떤 부모의 선택에 관계없이 항상 유리한 선택은 기만임을 알 수 있다. 따라서 남이 어떻게 행동할 것인지 불확실한 상황에서 합리적인 선택은 항상 기만하는 것, 즉 남몰래 사교육을 계속 시키는 것이다.

이처럼 다같이 사교육을 중단하면 모두가 예전보다 좋아질 수 있는데, 경쟁 상황에서 내 아이만 사교육을 중단하면 내 아이 등수가 떨어질 수 있다. 설령 사교육 중단에 합의했다고 하더라도 여전히 남몰래 사교육을 시켜 내 아이의 등수를 올리고 싶은 유혹이 있다. 그래서 결국 모두 다 사교육을 하면서 돈 쓰고 잠 못 자며 고생하는 기존의 균형에서 벗어나지 못한다는 것이 죄수의 딜레마 상황과 유사하다는 것이다.

참고로 죄수의 딜레마는, 격리되어 심문을 받고 있는 두 명의 공범 용의자가 혐의를 자백할 것인지 부인할 것인지를 두고 선택해야 하는 상황의 딜레마를 말한다. 둘 다 혐의를 부인하면 짧은 형기만 마치고 나올 수 있는데, 한쪽만 자백할 경우 자백한 자는 석방되지만 부인한 자는 아주 긴 형기를 받고, 둘 다 자백하면 중간 정도의 형기를 받는 상황에서 각 용의자의 선택을 예상해보자. 이 상황에서도 상대방의 선택에 관계없이 항상 자백하는 것이 각자에게 유리한 선택이 된다. 따라서 둘 다 부인해서 짧은 형기를 받을 수 있음에도 둘 다 자백해서 그보다 긴 형기를 복역해야 하는 결과에 이르게 되는 것이다.

이러한 죄수의 딜레마를 극복할 수 있는 경우는, 자기의 이기적 선택으로 인한 상대방의 불행에 대해 가책을 느끼는 소위 '도덕감정'이 충분하거나 상대방의 보수를 일정한 정도(비율)로 자기 보수처럼 느끼는 공감 능력이 충분할 때다. 전적으로 자기 보수만 생각해서 항상 상대방을 기만하는 게임이론상의 이기적 행태와 정반대의 극단은 상대방이 어떤 선택을 하든지 항상 협력을 선택하는 이타적인 행태다. 그 중간에는 상대방이 협력하면 자기도 협력하겠다는 조건부 협력의 행태가 있을 것이다. 실제 실험을 통해 사람들의 행태를 분석한 결과, 약 3분의 1 정도의 사람은 완전히 이기적인 행태를 보였고, 약 2분의 1 정도의 사람은 조건부 협력적인 행태를 보였다(Fischbacher et al., 2001). 2011년 SBS와 갤럽의 〈경쟁 관련 국민인식조사〉에서도 다른 사람이 사교육을 포기한다면 "나도 포기하겠다"는 조건부 협력 비율이 47.6%로 "그래도 계속하겠다"는 이기적 행동 비율 40.2%보다 높게 나왔다(서울방송, 2011).

이런 균형에서는 다 같이 힘들면서 등수도 못 올린다는 것을 극장에서 공연을 보는 상황에 빗대어 묘사하기도 한다. 누군가 무대를 더 잘 보기 위해 뒷사람은 생각도 하지 않고 객석에서 벌떡 일어섰다고 하자. 그러면 그 뒷사람도 일어설 수밖에 없고, 또 그 뒷사람의 뒷사람도 일어설 수밖에 없다. 결국 앉아서 보던 좌석 극장이 다 같이 일어선 채로 보는 입석 극장으로 바뀌었을 뿐, 전보다 더 잘 보이는 것도 없이 다리만 아프게 된 것이다. 이럴 때 모든 사람을 다시 앉도록 만드는 권위를 가진 주체가 필요한데, 지금의 사교육 시장에는 그런 존재가 없다.

부정적 외부성과 악대마차 효과

어떤 재화의 소비 또는 생산 행위가 타인에게 보상 없이 피해를 주는 것을 경제학에서 부정적인 외부성이라고 한다. 이렇게 부정적 외부성을 발생시키는 재화는 사회적으로 최적인 수준보다 과잉소비되거나 과잉생산되며, 이는 시장의 실패를 가져오는 주요 요인 중 하나다. 공해 물질을 방출하는 재화의 소비나 생산을 정부가 세금, 수량 규제, 공해배출권 거래제도 도입 등으로 억제해 사회적 최적 수준으로 조정하는 것도 이러한 시장 실패에 대한 개입이다.

만약 누군가의 사교육비 지출이 타인의 등수를 낮추거나 타인도 할 수 없이 무리한 사교육비 지출을 하게 만든다면 보상 없이 피해를 주는 셈이다. 이런 점에서 사교육 소비 행위는 부정적 외부성을 유발한다고 볼 수 있다. 따라서 사교육은 사회적 최적보다 과잉이 되므로 정부의 개입이 필요하다는 논리적 귀결도 가능하다. 이런 점에서 앞서 언급한 헌법재판소의 과외금지 위헌 판결은 부정적 외부성 보정을 위한 정부 역할의 필요성을 간과한 측면이 있다.

또한 외부성 개념은 군중심리에 의해 높게 형성된 사교육 수요를 설명하는 데도 쓰일 수 있다. 외부성 중에서 소비의 외부성은 어떤 재화에 대한 자신의 소비량이 그 재화의 가격과 자기의 소득 및 기호 외에 타인의 소비에 의해서도 영향을 받는 것을 말한다. 타인의 소비에 편승하는 대상이 사교육이 되는 것은 아주 쉽다. 경쟁심리와 불안감까지 가세해 부채질을 하기에 사교육 학원 등록은 삽시간에 주변으로 번질 수 있다. 이처럼 주변에서 사교육을 많이 하는 분위기가 형성되면 따라서 하게 되는 것이 사교육 소비의 외부성을 나타낸다.

이런 소비의 편승 현상을 '악대마차 효과' 또는 '부화뇌동 효과'라고 한다. 옛날 서양에서 마을에 악대마차가 지나가면 동네 아이들이 계속 따라붙어 꽁무니에 붙은 아이들은 앞에 뭐가 있는지도 제대로 모르면서 좇아가는 것에 비유한 표현이다. 과거 우리나라에서는 아이들이 악대마차 대신 매캐한 하얀 연막을 뿜어대는 소독차 꽁무니를 따라가곤 했다. 동네에 나타난 일종의 괴물에 도전하는 하나의 놀이였던 셈인데, 아무리 재미있어 보여도 처음에 누군가가 그렇게 소독차를 좇아 뛰어가지 않았다면 그만큼 많은 아이들이 뒤에 따라붙지는 않았을 것이다.

집단사고의 함정

약삭빨라 보이는 사람의 행동을 따라하는 것이 유리할까? 우리나라 교육과 관련된 역사에서 흥미로운 사례를 하나 들어보자 (남기곤, 2010). 1990년대 전반까지 태아의 출생월은 1·2월, 특히 2월에 압도적으로 집중되었다. 출산 계획을 전 가정이 일부러 맞춘 것도 아닐 텐데 어떻게 이런 일이 생겼을까?

그때까지는 초등학교 입학 월령이 엄격하게 통제되어서 3월생부터 다음 해 2월생까지가 3월에 같은 학년으로 입학했다. 많은 부모들이 아이를 학교에 일찍 보내면 경쟁에서 앞서갈 것으로 생각했다. 유치원이 일반화되어 있지 않았던 시대이기에 학교에 일찍 보내는 조기교육이 유리하다고 믿었던 것이다. 혹자는 나중에 재수를 하더라도 1년을 덜 까먹는 셈이라고 생각했을 수도 있다. 흥미로운 것은 2월생으로 출생신고가 접수된 아이는 병원의 출생기록을 제출하지 않고 집에서 낳았다고 신고한 비율이 월등히 높았다는 점이다. 실제로는 2월보다 늦게 태어난 아이도 2월에 낳았는데 출생신고가 늦었다고 거짓말을 한 경우도 다수 있었을 것으로 추정된다.

그러면 그렇게까지 해서 학교에 일찍 보낸 아이들은 또래보다 앞서갔을까? 물론 원래 같은 학년이 되어야 했을 1년 후배 아이들보다 학년은 1년 앞서갔을 것이다. 그러나 동 학년 아이들과 비교했을 때 학업성취도는 그렇지 않았다. 이들 2월생은 가장 월령이 높은 상태에서 입학한 전년 3월생보다 중학교 때 측정한 주요 과목의 성적이 대부분 낮았던 것이다. 유아기와 아동기는 인지능력이 계속 발달하고 있는 시기로, 한 해가 다르고 한 달도 다르다. 그런데 인지적으로 동 학년보다 미성숙한 상태에서 초등학교 때 발생하게 되는 학력 격차가 누적될 가능성이 있는 것이다. 경쟁에서 앞서가기 위해 출생월까지 조절하거나 조작했던 부모들의 선택이 옳지 않았음을 보여주는 사례다.

그 후에도 2월생이 그렇게 많았을까? 그렇지 않다. 2월생은 1990년 후반 이후에는 다른 달에 태어난 아이의 비율과 크게 다르지 않았다. 다른 사람들을 따라 사교육을 많이 시키는 것이 아이와 부모의 미래를 위해 좋을 것이라는 막연한 믿음에서 그렇게 하고 있다면, 남들을 따라 하는 것이 반드시 좋은 길은 아닐 수 있다는 생각을 한 번쯤 해볼 필요가 있다. 집단사고의 함정에서 벗어나야 한다.

사교육 상황의 변화와 부모의 반응 양태

다음과 같은 질문을 받았다고 해보자.

"귀하는 자녀의 사교육비로 매월 50만 원씩 지출하고 있으며, 이는 사회 전체 평균 사교육비 지출 수준에 속한다고 가정합시다. 다음 각각의 경우(234쪽 표 참조)에 귀하는 사교육비 지출을 어떻게 조정하시겠습니까? (단, 각 경우의 상황 변화는 다른 상황이 그대로인 상태에서 일어난 일이라고 가정합니다.)"

나는 2013년 10~11월 전국 성인(20~69세) 남녀 3,000명을 대상으로 한 설문조사에 여러 가상적 상황에서의 사교육 수요에 관한 질문을 포함시켰다. 소득 변화, 자녀의 성적 변화, 전문가의 의견과 학원의 충고, 다른 부모들의 행동, 공교육과 입시의 변화, 노동시장과 채용 관행의 변화 등에 대한 응답자들의 반응을 차례로 살펴보자.

소득 변화에 대한 반응

매월 50만 원의 자녀 사교육비를 지출하는 상황에서 월 소득이 50만 원 또는 25만 원 늘어도 82~86%의 응답자가 사교육비를 그대로 유지하려고 했다. 그러나 월 소득이 25만 원 줄면 53%, 50만 원 줄면 76%가 사교육비를 줄이려고 했다. 이미 월 50만 원의 사교육비도 턱밑까지 차오른 물처럼 부담으로 인식하는 사람이 많다는 얘기다. 사교육 대책이 민생 정책이 될 수 있는 이유다. 응답 결과표를 보면 소득이 늘었을 때도 사교육을 현재 50만 원에서 줄이겠다는 응답이 있고, 이후 다른 상황들에 대해서도 줄이겠다는 응답은 꾸준히 등장한다. 처음에 가정된 50만 원이 어떤 상황에서건 너무 부담스럽거나 많다는 생각일 것이다(2013년 설문조사였음을 상기하자).

자녀의 성적 변화에 대한 반응

자녀의 성적이 오르는 상황에서는 응답자 중 18%가 사교육

:: 가상적 상황 변화에 따른 사교육비 지출 조정 의향

(단위: 만 원, %)

상황	현재 매월 사교육비 지출액: 50	사교육비 조정액				
		0	25	50	75	100
1	귀하의 월 소득이 50만 원 늘었다.	1.9	6.2	82.4	9.2	0.3
2	귀하의 월 소득이 25만 원 늘었다.	3.2	8.5	86.0	2.1	0.2
3	귀하의 월 소득이 25만 원 줄었다.	5.3	47.5	45.9	1.1	0.1
4	귀하의 월 소득이 50만 원 줄었다.	15.2	60.9	22.8	0.9	0.2
5	자녀의 성적이 오르고 있다.	4.7	13.0	76.2	5.7	0.3
6	자녀의 성적이 내리거나 제자리걸음을 하고 있다.	7.6	19.3	65.0	7.7	0.3
7	사교육의 효과가 낮고 장기적으로는 부정적인 영향을 준다는 전문가의 연구 결과가 보도됐다.	12.6	35.0	50.6	1.5	0.3
8	자녀가 다니는 학원에서 적어도 75만 원의 사교육이 필요하다는 얘기를 들었다.	6.8	8.3	64.4	20.2	0.3
9	다른 모든 부모들이 사교육비를 75만 원으로 늘렸다.	4.6	7.3	71.1	16.8	0.3
10	다른 모든 부모들이 사교육비를 25만 원씩만 지출하기로 하고, 이를 실천하고 있다.	4.6	58.5	35.1	1.4	0.3
11	다른 모든 부모들이 사교육을 전혀 시키지 않기로 하고, 이를 실천하고 있다.	38.6	31.6	28.5	1.1	0.2
12	괜찮은 방과후학교 수업 프로그램이 생겨 사교육을 따로 시키지 않아도 된다는 학교 통지문을 받았다.	42.5	32.1	24.0	1.2	0.2
13	각 대학이 사교육을 받지 않았거나 적게 받은 학생을 주로 뽑는 자기주도학습 전형을 대폭 늘렸다.	46.1	30.5	22.0	1.2	0.2
14	수능 난이도가 매우 낮아져 변별력이 크지 않은 시험이 됐다.	38.8	31.3	27.8	1.7	0.4
15	수능 출제와 EBS 교재의 연계율을 100%로 높이는 정책이 발표됐다.	38.6	32.1	27.2	1.9	0.2
16	대졸자의 취업률이 저조한 반면, 고졸자의 취업률과 승진 기회가 크게 늘었다.	31.5	28.7	38.3	1.4	0.2
17	정부와 대기업이 공무원과 정규 사원의 신규 채용 시에 출신 대학을 보지 않기로 했다.	30.6	29.1	38.8	1.3	0.2

* 2013년 10·11월 전국 성인(20~69세) 남녀 3,000명 대상 설문조사 결과.

자료: 김희삼(2019).

비를 줄이고 6%가 늘렸으며, 자녀의 성적이 내리거나 제자리걸음을 하는 상황에서는 27%가 사교육비를 줄이고 8%가 늘렸다. 즉 성적 변동과 무관하게 65~76%의 대다수 응답자는 사교육비를 유지했다. 소득 변동이 없는 한, 사교육비를 자녀에 대한 고정지출로 간주하는 항상성 또는 관성을 엿볼 수 있다. 한국의 사교육비는 공부를 잘해 명문대 사정권에 드는 자녀에게 더 많이 지출하는 경향이 있어 학력 격차를 보완하는 성격보다는 강화하는 성격을 갖는데, 이와 함께 눈여겨볼 특징이다. 많은 학생에게 사교육이 습관이 되었듯이, 많은 부모에게도 사교육비는 효력과 무관하게 써야 할 돈으로 치는 항목이 된 것이다.

전문가 의견과 학원 충고에 대한 반응

뒤에서 살펴보겠지만, 실증분석 연구를 통해 사교육의 효과가 외견상 보이는 것(사교육비와 성적의 학생 간 단순 비교)보다 엄밀한 추정(사교육은 무작위로 이뤄지지 않는다는 점을 고려한 분석)을 하게 되면 훨씬 낮다는 것을 발견한 바 있다(김희삼, 2010). 다른 연구자들도 비슷한 결과를 보고했다(강창희·이삼호, 2010; 강창희, 2012; 강창희·박윤수, 2015). 또한 혼자 하는 공부에 비해 사교육은 학년이 올라갈수록 효과가 떨어지며, 대학 성적과 취업 후 임금 등에 대한 장기적 효과도 없다는 점을 발견했다. 당시 언론에서는 이 결과를 많이 보도했는데, 국민들에게는 어떻게 전달됐을까? 표의 설문 결과에 따르면 전문가의 연구 결과를 접한 48%의 사람들이 사교육을 줄이려고 했다.

그런데 자녀가 다니는 학원에서 50만 원은 부족하니 75만 원어치의 사교육을 받아야 된다고 충고하면 20%의 부모는 그 말대로 할 것이라고 했다. 실제로는 미디어에서 슬쩍 지나가는 전문가 의견보다 자녀가 매일 다니는 학원의 충고를 무시하기가 더 쉽지 않을 것이다. 경제적 여유가 없는 가정이라면 엄마가 부업이나 남의 집 일을 해서라도 자녀 사교육비를 늘리려고 할 수 있다. 사교육업계의 불안 마케팅을 극복하기 위해서는 일종의 소비자 교육과 정신무장까지 필요한 지경이다.

다른 부모들의 행동에 대한 반응

다른 모든 부모가 사교육비를 75만 원으로 늘릴 때 17%는 따라 늘렸다. 소득은 그대로라고 가정한 상태니, 나머지 대다수에게 75만 원의 사교육비는 너무 부담이 됐던 것이다. 그런데 다른 모든 부모가 사교육비를 25만 원으로 줄이는 상황에서는 63%가 사교육비를 줄였다. 다른 모든 부모가 사교육을 끊은 경우에는 70%가 사교육비를 줄였고 이 중 39%는 함께 사교육을 끊었다. 즉 10명 중 4명은 다른 부모들이 자녀 사교육을 시키기 때문에 어쩔 수 없이 시키는 상황, 즉 죄수의 딜레마에 처한 것이다. 추가 분석에 의하면, 자신의 지위나 생활 수준을 타인과 비교하는 성향이 강한 사람일수록 타인이 사교육비를 조정할 때 본인의 사교육비를 그보다는 높은 수준으로 맞추는 특성을 보였다. 그리고 이 비교 성향은 사교육 1번지라 할 수 있는 서울 강남 지역에서 가장 높게 나타났다.

공교육과 입시 변화에 대한 반응

사교육 대체가 가능한 방과후학교 수업 프로그램의 제공과 사교육에 의존하지 않은 학생을 높이 평가하는 대입 전형의 확대는 75~77%가 사교육비를 낮추도록 했고, 이 중 43~46%는 아예 사교육을 시키지 않겠다고 했다. 또한 수능의 난이도와 변별력을 낮추고 수능과 EBS 교재의 연계를 100%로 높이는 정책에 대해서는 70~71%가 사교육을 줄이겠다고 했다. 수능 개편 방향과 EBS 교재 연계에 대해서는 논란이 있지만, 양질의 학교 수업을 통해 사교육을 대체하고 대입 전형에서도 사교육으로 만든 치장술을 가려내고 본연의 능력과 발전 가능성을 가진 인재를 골라내는 정책은 다수의 지지를 받을 것이다.

노동시장과 채용 관행 변화에 대한 반응

고졸자 대비 대졸자의 노동시장 우위가 크게 줄거나 공무원과 대기업 공채에서 출신 대학을 보지 않는다면 60%가 사교육을 줄이고 그중 30%가량은 사교육을 끊겠다고 했다. 2장에서 소개한 바 있는 연구 결과에 의하면 2000년대에 들어 전문대 졸업자의 50%, 4년제 대졸자의 20%는 고졸 평균보다 낮은 임금을 받게 됐다지만(이주호 외, 2014), 학력 간 임금격차는 그래도 상존하고 고졸자에게는 유리천장도 견고하다.

차별 철폐, 불평등 해소 등 노동시장 변화가 사교육 문제의 근본 해결책이며 이것 없이는 백약이 무효라는 회의론도 있다. 그러나 이상의 인식 조사가 보여주는 것은 공교육과 대학입시와 같은 교육 영역의 대응도 사교육 부담 감소를 위해서는 꽤 효과적일 수 있다는 점이다.

개인적 특성과 성향이 사교육 수요에 미치는 영향

여기서 한 걸음 더 들어가보자. 상황 변화에 따라 사교육비를 반으로 줄이거나 중단한 사람의 비율이 절반을 넘는 시나리오들에 주목하면서 특히 어떤 특성을 가진 사람들이 이렇게 사교육비를 줄이려고 했을지를 탐구해보았다. 사교육비 감소 확률에 영향을 미치는 사회인구학적 특성을 분석한 결과는 다음과 같았다(김희삼, 2019).

첫째, 사교육비 경감의 계기가 조성된 제반 상황에서, 응답자가 여성인 경우 남성보다 자녀 사교육비 감소 의향이 높게 나타났다. 사교육 경감 정책을 마련하여 홍보할 경우에도 학부모 중 모친을 대상으로 하는 것이 효과적일 가능성을 시사한다. 더욱이 가구 내 자녀 사교육 관련 의사결정은 주로 모친에게 있는 것으로 인식되고 있기 때문에, 사교육비 경감 시나리오가 현실화될 때 이에 보다 민감하게 반응하는 모친에 의해 실제로 가구의 사교육 수요가 상당히 바뀔 수 있을 것이다.

둘째, 연령이 낮을수록 교육기관의 노력, 수능 제도의 변화, 노동시장의 변화 등에 부응하여 자녀 사교육을 줄일 확률이 낮게 나타나, 젊은 학부모일수록 사교육 경감 정책에 대한 호응이 낮을 가능성을 암시한다.

셋째, 학력이 높을수록 학력주의 관행이나 학벌주의 풍조를 타파하는 노동시장 변화에 대응하여 사교육을 줄일 확률이 낮게 나타났다. 고학력 전문직 부모가 주도하는 고액 사교육 시장의 현실과 부합하는 것으로 보인다.

넷째, 대부분의 상황 시나리오에서 자녀가 많을수록, 소득이 높을수록 사교육비 감소 확률은 낮게 나타났다. 통계청의 초·중·고 사교육비 조사 통계에서는 사교육비 지출액이 자녀

수와 소득 수준에 비례한다는 점이 확인되어왔지만, 본 연구에서는 자녀가 많고 소득이 높을수록 사교육비 경감의 계기가 마련된 경우에도 사교육비를 줄일 확률이 낮다는 점까지 발견된 것이다.

다섯째, 서울 강남은 환경 변화에 대한 사교육 수요의 반응 면에서 다른 지역과 다소 상이한 행태를 보여주었다. 강남 주민은 다른 부모들이 사교육을 중단한 경우나 노동시장의 변화가 일어난 경우에도 사교육을 줄일 확률이 다른 지역 주민보다 낮은 것으로 드러났다. 같은 서울이라도 비강남 지역 주민은 다른 비서울 지역과 사교육 감소 확률에서 유의한 차이가 없었다. 서울 강남권 사교육의 효과에 대한 주·객관적인 믿음을 반영하는 것으로 보인다.

다른 연구(김희삼, 2011)에서 통계청의 2010년 초·중·고 사교육비 조사 원 자료를 이용하여 사교육과 방과후학교의 성적 향상효과를 비교해본 결과도 서울 강남 지역 사교육의 특수성을 드러낸 바 있다. 사설학원의 평균 수강료가 방과후학교 수업료의 3배 정도였다는 점에서 교과 사교육과 방과후학교 교과 수업의 금액당 성적 향상 효과는 예상대로 방과후학교 쪽이 높았다. 홍미로운 결과는, 시간당 성적 향상 효과도 사교육보다 방과후학교가 높았다는 점이다. 그런데 지역별로 나누어보니 예외가 있었고, 그것이 바로 서울 강남권이었다. 사교육이 번성한 서울 강남 지역에서는 사교육의 시간당 성적 향상 효과가 방과후학교보다 높았다. 사교육의 질에도 지역 간 차이가 존재할 수 있는데, 전국 평균으로는 방과후학교 수업이 학원 수업보다 낮다고 볼 수 있지만, 서울 강남권과 같은 사교육 특구에서는 그렇지 않다는 것을 의미한다. 이것이 사실이라면, 서울 강남권 스타강사급의 강의를 EBS 강의나 무료 인터넷 강의를 통해 전국적으로 확대 보급하는 것이 사교육 수요 경감에 도움이 될 것이다.

그렇다면 사회인구학적 특성이 같더라도 타인과의 비교 성향, 성적지상주의 성향, 교육 사다리 기능에 대한 믿음의 정도, 노후 대비와 자녀 관련 태도 등 개인적 성향의 차이에 따라 각 상황 시나리오별 사교육 감소 확률에 차이가 있을까? 추가 탐구에 의한 주요 발견을 간추리면 다음과 같다(김희삼, 2019).

첫째, 타인과의 비교를 중시하는 비교 성향이 강할수록 다른 부모들이 모두 사교육을 줄이는 상황에서도 사교육을 줄일 의향이 낮게 나타났다. 사교육의 필요성을 줄이는 양질의 방과후학교 수업의 제공, 수능 정책의 변화, 노동시장의 변화가 발생한 경우에도 사교육 감소 확률이 상대적으로 낮았다.

둘째, 자녀의 인성보다 성적을 우선시하는 성적지상주의 성향이 강할수록 어떤 상황 시나리오에서도 사교육을 줄일 의향이 낮게 나타났다. 참고로, 가족 간 유대의 약화를 무릅쓰고 자녀를 조기유학 보내려는 의향이나 사업 성공을 위한 대기업 총수의 범법 행위를 용인할 의향 등 다른 맥락으로 주어진 목표지상주의 성향이 강한 경우에도 각 상황 시나리오에서 사교육 감소 확률은 낮게 나타났다. 또한 비교 성향이 강한 사람은 목표지상주의 성향도 강한 것으로 드러났다.

셋째, 자녀 세대에 교육이 계층 대물림의 통로가 아니라 계층 이동의 사다리가 될 수 있다고 믿는 사람일수록 사교육 경감의 계기가 마련된 각 상황 시나리오에서 사교육을 줄일 의향이 높았다. 달리 말하면, 사교육 의존도가 높은 사람일수록 교육(아마도 사교육)을 통해 계층 대물림이 이루어지고 있다고 생각하는 셈이다.

넷째, 자녀에 대한 지출을 줄이고 본인의 노후 준비를 제대로 해야 한다고 생각할수록 사교육비 경감이 유도될 수 있는 모든 상황 시나리오에서 사교육을 줄일 확률이 더 높았다. 반면 자녀를 노후 대비책으로 생각하는 사람일수록 자녀에 대한 투자로 간주될 수 있는 사교육을 줄일 확률이 낮게 나타났다.

이상과 같은 발견은 흥미로울 뿐 아니라 사교육 경감 정책의 효과가 대상의 특성에 따라 다르게 나타날 가능성을 확인시켜준 것이다. 특히 사교육에 집착하는 사람들의 사회인구학적 특성과 성향상의 특징을 구체적으로 파악할 수 있게 해줌으로써, 정책 대상들의 이질성을 고려한 접근을 모색하는 데 참고가 될 것이다. 또한 교육경쟁의 근본 원인을 제공하는 노동시장과 사회 풍토의 변화가 없으면 사교육 문제는 백약이 무효일 것이라는 회의론에 대해 공교육기관의 노력에 따라 사교육 수요를 상당 부분 줄일 수 있다는 가능성을 보여준 점도 의의가 될 수 있을 것이다.

사교육비의 향후 전망과 관련해서는, 사교육 수요에 영향을 미치는 현재 한국 사회의 몇 가지 추세가 복합적으로 작용할 것임을 고려할 필요가 있다.

우선 계층 이동 가능성에 대한 비관론이 확대되고 이른바 '수저계급론'이 대두되면서 교육의 계층 이동 사다리 기능에 대한 믿음도 노력의 힘에 대한 믿음과 함께 약화되었다(김희삼, 2017; 한준, 2018). 그 이면으로 교육이 계층 대물림의 통로 역할을 한다는 인식도 강해지게 되면, 그 경로처럼 여겨지는 사교육에 대한 집착이 강해질 수 있을 것이다.

그러나 자녀를 더 이상 노후 대비책으로 생각하지 않고 자기 스스로 노후 준비를 제대로 해야 한다는 인식이 확산되는 추세(김희삼, 2008; 김희삼, 2014)도 고려할 필요가 있다. 이런 인식은 자녀 사교육에 대한 과도한 지출을 억제하고, 사교육비 경감의 계기가 주어졌을 때 적극적으로 사교육을 줄일 의향으로 연결될 수 있을 것이다.

한편 비교 성향의 향배는 점치기 어렵지만, 과시적인 게시물 포스팅이 많은 사회연결망서비스(SNS)의 확산은 상향 비교를 통한 상대적 박탈감이나 불안감을 높여 사교육 수요를 자극할 가능성이 있다. 반면 청년층 일각에서 나타나는 것처럼 다른 사람의 눈치를 보지 않는 독립적 자유주의 성향, 연봉보다는 여가를 중시하는 것과 같은 웰빙 중시 경향, '소확행'(소소하지만 확실한 행복) 추구 풍조, 또는 공부 못하는 것을 더 이상 부끄러워하지 않는 경향(당당함일 수도 있고, 승산 없는 경쟁에서의 포기일 수도 있음) 등은 상향 비교에 의한 사교육 수요를 장차 줄일 가능성도 있다. 또한 과정을 무시하고 목표 달성을 최우선시했던 목표지상주의 성향도 사회가 성숙하고 투명해질수록 약화될 가능성이 있는데, 이것 역시 사교육 수요를 줄이는 방향으로 작용할 수 있을 것이다.

사교육 투자는 어느 정도 해야 합리적일까?

사교육의 개별 수요자 입장에서 사교육 투자가 얼마나 합리적인지에 대한 객관적인 판단을 위해서는 사교육의 효과성에 대한 실증적인 분석이 필요하다. 물론 가계의 평균적인 합리성을 가정할 때, 가계의 사교육 투자가 상당한 규모로 계속되고 있다는 사실은 사교육이 학업성취도 및 미래 소득을 높이는 데 유의미한 효과가 있을 가능성을 시사한다.

그러나 사교육에 대한 수요가 사교육의 실제 효과의 크기에 비추어볼 때 적절한 투자 수준보다 높게 형성되었을 수도 있다. 사교육 수요의 상당 부분이 일찍부터 시작되는 경쟁과 사교육 공급자의 마케팅 전략이 조성하는 불안감, 주변 성공 사례의 주관적인 일반화 등으로 인해 형성되고 있는 상황이기 때문이다.

나아가 사교육에 대한 과도한 의존이 중장기적으로 부정적인 효과를 초래할 가능성도 배제할 수 없다. 일찍부터 사교육에 의존하는 습관은 자기주도학습 역량과 능동적 문제해결력의 형성을 저해하여 사고력이 필요한 수능시험에는 도움이 되지 않을 수도 있고, 사교육의 체계적인 도움을 받지 못하는 고등교육 단계나 노동시장에서의 성과를 낮게 만들 수도 있기 때문이다.

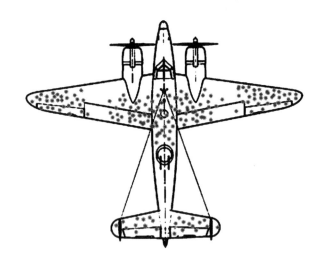

:: 귀환한 전투기들의 총탄 피해 분포

생존자 편향

제2차 세계대전 중에 폭격 임무를 띠고 출격한 전투기들이 기지로 돌아왔을 때 곳곳이 총구멍으로 뚫려 있는 경우가 많았다. 주로 어디에 총탄의 피해가 집중되어 있는지를 조사해보니 대부분 날개와 꼬리 부분이었다. 이 조사보고서를 바탕으로 기지 사령관은 피해가 많은 부분에 보강재를 입혀서 전투기의 내구성을 높이라고 지시했다. 이러한 지시는 타당한가?

이것은 행동경제학에서 '생존자 편향'을 설명할 때 흔히 드는 예다. 여기서 간과하고 있는 중요한 사실은 조사보고서가 살

246

아서 돌아온 전투기들만을 관찰한 결과에 불과하다는 것이다. 엔진이나 조종석 등에 총탄을 맞아 격추된 전투기들은 조사 대상에 포함되지 못했다. 총구멍이 생겼는데도 생환한 전투기들은 그 부위가 치명적이지는 않다는 것을 보여줄 뿐이다. 따라서 조종사들의 안전을 위해 전투기를 보강하려면 오히려 총구멍이 발견되지 않은 부위에 초점을 맞춰야 한다.

생존자 편향은 사교육 시장에도 존재한다. 학부모들 사이에 어느 집 아이는 좋은 학원을 쭉 다녀서 명문대학 입학에 성공했다는 얘기가 돈다. 학원들도 명문대학에 입학한 수강생 명단을 크게 광고한다(이 중에는 정식 수강생뿐 아니라 3~4일간 면접 특강만 들었던 학생까지 포함하여 부풀린 경우도 있다).

통계청 조사에 의하면, 전국 고등학생 중 절반이 넘는 학생들(2017년 기준 55%)이 사교육을 받고 있다. 학원 재수생까지 생각하면 수험생들의 사교육 의존도는 훨씬 더 올라갈 것이다. 이들은 얼마나 목표를 이루고 있을까?

2017년 수능 사회탐구 영역 선택 현황을 기준으로 29만 120명을 인문계열(문과) 수험생 수로 간주할 때, 이들이 전통의 상위 3개 대학(이른바 'SKY')의 인문계열 정원 4,671명에 들어가려면 전국 1.61%에 들어야 한다. 좋다는 학원에 다니고도 목표를 이루지 못한 수많은 아이들이 있다. 압도적 대다수인 이들의 실패

담보다는 바늘귀 경쟁을 뚫어낸 극소수의 성공담이 사교육의 위력에 대한 증거가 된다. 전형적인 생존자 편향이다.

사교육을 많이 시켜야 후회가 없을까?

생존자 편향과 함께, 또는 이런 편향에 빠진 경우가 아니더라도 학부모들을 사교육에 집착하게 만드는 요인이 또 있다. '부모로서 해줄 건 다 해줬다'라는 심리로, 나중에 찾아올지 모르는 후회 또는 원망을 예방하기 위한 것이다. 많은 부모가 "나중에 원망을 듣고 싶지 않아서" 사교육을 한다는 말을 적지 않게 한다.

아이를 명문대에 보내려면 할아버지의 재력(아빠의 재력으로는 부족하다고), 엄마의 정보력, 아이의 체력, 그리고 아빠의 무관심이 필요하다는 얘기가 있다. 왜 그렇게 무리하게 사교육을 시키느냐고 아빠가 한마디하면, "당신은 모르면 잠자코 있는 것이 도와주는 것"이라는 핀잔을 듣기 일쑤다. 이렇게 사교육을 신봉하게 된 배후에는 학원 정보에 밝은 이웃집 엄마도 있고, 공포 마케팅에 능한 학원 상담실장도 있고, 아이를 학원에 보내라고 조언하는 학교 교사도 있다. 생존자 편향, 장삿속, 학원이 지배한 입시 위주 교육에서 느끼는 무력감 등이 우리 사회 곳곳에 팽배해 있다.

경제력이 뒷받침되지 않는 집에 이런 사교육 신봉이 전파되면, 부모 가슴이 더욱 아플 수밖에 없다. 명문대를 보낼 수 있는 확실한 길이 저기 있는데, 부모가 경제적 능력이 없어서 그걸 못 해주는 것처럼 느낄 수 있기 때문이다. 그리고 나중에 후회하지 않기 위해 무리하게 힘든 일을 하면서 아이 사교육비를 마련하기도 한다.

사교육이 성적에 미치는 영향

사교육 투자와 성적 향상의 상관성

2010년부터 나는 사전적인 기대나 누구의 요청도 없이 중립적 연구자로서 다양한 자료를 최대한 수집하여 사교육의 효과를 다각도로 분석해보았다(김희삼, 2010). 분석 결과는 사교육의 효과에 그리 높은 점수를 줄 수 없었다(이때의 효과는 통계적인 유의성이 검증된 평균적인 효과를 말하며, 개인과 지역에 따라서는 효과가 좀 더 크게 나타날 수도 있고 전혀 없을 수도 있다).

우선 사교육 시간 증가에 따라 성적은 비례적으로 상승하기보다 향상 폭이 줄어드는 수익 체감 현상을 나타냈다. 또한 학년이 올라가면서 사교육 시간 및 사교육비 증가에 따른 성적 향상 효과는 더욱 줄어들었다. 성적 향상 효과도 주로 그해의 단기적인 효과에 그쳐, 과도하게 진도를 앞서가는 선행 사교육의 실질적인 효과는 크지 않았다.

그리고 사교육이 성적을 향상시키는 실제 효과는 외견상의 효과보다 훨씬 낮을 것으로 추정되었다. 흔히 범하는 오류는 사교육을 받는 학생과 받지 않는 학생의 성적을 단순 비교한 결과나 사교육비 지출액별로 학생의 성적을 단순 비교한 결과를 놓고 그것을 사교육의 효과로 간주하는 것이다. 모든 학생이 균일하게 사교육을 받고 있지 않는다는 점, 특히 한국에서는 명문대가 사정권에 있는 공부 좀 하는 학생일수록 더 많은 사교육비를 쓰고 있다는 점을 고려하면 사교육의 효과는 단순 비교에 의해 과대평가되기 쉽다. 이런 문제를 고려하여 보다 엄밀한 방법으로 사교육의 효과를 추정할 경우, 사교육비 지출의 효과는 단순 비교 때에 비해 수학이 약 10분의 1로, 영어는 약 5분의 1로, 국어는 약 2분의 1로 감소했다. 이러한 사교육 효과의 과대평가 문제는 그 후 다른 자료를 사용한 다른 연구자들에 의해서도 확인되어왔다.

사교육 대 자기주도학습

한편 스스로 계획을 세워서 공부하는 자기주도학습은 사

교육보다 수능 점수 향상 효과가 더 높은 것으로 분석되었다. 가령 고교 학년별 사교육 시간과 자기주도학습 시간에 따른 국·수·영 수능 점수의 상승폭은 고 1 때 영어 사교육을 제외하면, 전 학년에 걸쳐 세 과목 모두 자기주도학습의 효과가 우세했다. 사교육 대비 자기주도학습의 효과는 고 3 때는 완전히 압도적이었고, 특히 수학에서는 더욱 그러했다. 이는 학생, 가정, 학교의 제반 특성이 비슷한 학생들끼리 비교한 분석 결과다.

혼자 공부한 시간당 성적 향상 폭에 대해 사교육 시간당 성적 향상 폭의 비율을 초·중·고 학생별로 계산하여 자기주도학

:: 자기주도학습 대비 사교육의 시기별 효율

전체 학생 간 비교
같은 학교 학생 간 비교

* 사교육 시간당 성적 향상 폭을 혼자 공부한 시간당 성적 향상 폭으로 나눈 비율이다.
자료: 서울교육종단연구자료를 이용하여 김희삼(2012)이 계산.

습과 사교육의 상대적 효율을 시기별로도 비교해보았다. 같은 학교에 다니는 학생들끼리 비교하는 방식으로 학교 간 차이에서 오는 효과를 줄여보기도 했다. 그 결과 초등학교(5학년 기준) 때는 사교육의 효율성이 자기주도학습보다 1.7배(수학)에서 2배(영어)까지 높았다. 초등학교 때 혼자 계획을 세워 스스로 공부한다는 것이 아직 쉽지 않다는 것을 의미한다. 중학교(2학년 기준) 때는 사교육의 효율성이 1.3배(영어)에서 1.5배(수학)까지 높았다. 여전히 사교육의 시간당 효율이 높기는 하지만 초등학교 때와 비교하면 줄어들었다. 그런데 고등학교(2학년 기준) 때는 사교육의 효율성이 자기주도학습의 0.6배(수학)에서 0.8배(영어) 수준으로 떨어졌다.

다른 후속 연구(강창희·박윤수, 2014)에서는 사교육비를 월 100만 원 더 쓴 경우와 혼자 하루 1시간 더 공부한 경우를 비교했다. 그 결과 초등학교 때는 100만 원 사교육비의 효과가 좀 더 컸다. 그런데 중학교 때는 혼자 1시간 더 공부하는 것의 효과가 컸다. 고등학교 때 역시 혼자 1시간 더 공부하는 것이 훨씬 효과가 컸으며, 사교육비를 100만 원 더 쓰는 것의 효과는 거의 없었다.

또한 자기주도학습과 달리 사교육은 학교 수업 태도에 부정적인 영향을 미칠 수 있다. 자기주도학습을 하는 학생은 학교

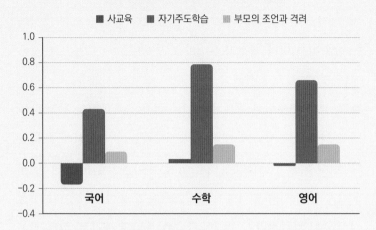

:: 고 3 학생의 수업 태도에 미치는 영향

■ 사교육　■ 자기주도학습　■ 부모의 조언과 격려

* 고 1, 고 2 때의 사교육(월평균 지출), 자기주도학습(일평균 시간), 부모 지원 변수 및 학생, 가정, 학교의 특성과 고2 때의 수업 태도를 통제한 모형의 추정 결과이다.
자료: 강창희·박윤수(2014). 서울교육종단연구 1~3차(2010~2012년) 자료를 이용해 분석.

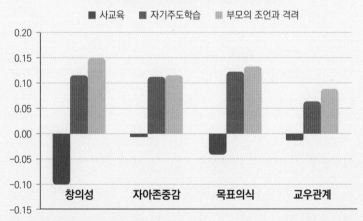

:: 고 3 학생의 비인지적 역량에 미치는 영향

■ 사교육　■ 자기주도학습　■ 부모의 조언과 격려

* 고 1, 고 2 때의 사교육, 자기주도학습, 부모 지원 변수 및 학생, 가정, 학교의 특성과 고 2 때의 비인지적 역량 변수를 통제한 모형의 추정 결과이다.
자료: 강창희·박윤수(2014). 서울교육종단연구 1~3차(2010~2012년) 자료를 이용해 분석.

수업을 중심으로 복습을 하는 경우가 많아 수업 시간에 집중하지만, 사교육에 주력하는 학생은 학교보다 진도를 훨씬 앞서가는 학원에서 이미 배운 내용이라고 생각해 수업 집중도가 낮아지는 것이다. 고3 학생의 수업 태도 점수에 사교육, 자기주도학습, 부모의 조언과 격려가 미치는 영향을 과목별로 분석한 연구 결과에서도 사교육 대비 자기주도학습의 우월함이 드러났다. 이와 더불어 고3 학생의 창의성, 자아존중감, 목표의식, 교우관계 등 비인지적 역량에도 사교육은 도움이 안 됐거나 부정적 영향이 있었지만, 자기주도학습과 부모의 조언 및 격려는 긍정적 영향을 미쳤다(강창희·박윤수, 2014).

그래도 믿을 건 사교육?

이 글을 여기까지 읽고서도 독자들은 여전히 의문스러울 것이다. 좀 민망하지만 수업 태도는 오직 성적에 중요할 뿐이라고 가정하고, 비인지적 역량은 미래사회에 중요하다지만 입시에 당장 필요해 보이지 않아 차치하기로 해보자. 정말로 사교육은 성적 향상이나 입시에도 큰 효과가 없는 것일까? 여전히 많은 사람들이 사교육에 매달리고 있고, 심지어 평소에 사회개혁과 교육혁신의 필요성을 역설하던 사회 지도층이나 교육전문가 중에도 자기 자녀의 입시가 가까워졌다고 대치동으로 이사를 하는 경우가 있지 않은가?

대치동 사교육 보고서

강남 사교육의 심장부라 할 수 있는 대치동 학원가의 입시경쟁력은 실제로 어느 정도일까? 이에 대해서는 지스트에서 〈교육의 경제학〉 수업을 처음 열었던 2016년 1학기에 한 학생이 기말 보고서로 제출한 「대치동 사교육의 실태와 올바른 사교육의 방향」(가히 역작이었다!)이라는 글의 일부를 소개하는 것으로 대신한다(공익을 위해 학생은 이 보고서의 공개를 허락한 바 있다). 참고로 이 학생은 초 1부터 고 3(강남권 일반고)까지 12년간 대치동 사교육을 계속 받아왔으며, 학원비로 총 1억 5,446만 원을 지출한 것으로 집계했다. 학생의 보고서에는 과목별·시기별로 다녔던 학원의 이름과 수강료가 꼼꼼하게 기록되어 있었다. 최소 4개월 이상 다닌 학원만 포함한 것으로 1~2개월 다닌 학원은 빠졌다고 하며, 물가상승률은 고려되지 않은 누적 금액이다.

강남권 일반고에서 상위 대학 진학을 위한 수시 전략은 무시할 수 없을 만큼 그 비율이 크다. 이런 상황은 내신에 특화된 사교육 시장을 형성하는 방향으로 유도한다. … 문제는 점점 어려워지는데 학원에 다니지 않거나 족보 문제에 대한 정보가 없으면 아무리 수업 시간에 열심히 수업을 듣고 혼자 성실히 공부를 했음에도 불구하고 다른 친구들에 비해 점수가 뒤처질 수밖에 없고 등급도 나오지 않는다.

학생의 에세이는 이렇게 내신등급 경쟁이 치열한 강남권에서 학원의 내신 대비반이 갖는 위력을 인정한다. 또한 논술과 정시 수능에서도 학원의 출제 예측력이 꽤 있었다는 것을 한 유명 대학에서 출제된 수리 논술 문제의 예를 들어가며 소개한다. 그러나 에세이는 다음과 같은 단락들로 대치동 사교육의 부작용과 악순환에 대해 이야기한다.

강남 지역 학생들은 매우 이른 나이부터 사교육에 노출된다. 초등학교 때부터 흔히 다니는 영어, 수학 학원 등이 대표적이다. 특히 초등학교 때부터 시작되는 수학 선행학습은 나중에 학생이 수학이라는 과목에 있어서 사교육에 쉽게 의존하도록 한다. 새로운 내용을 익히는 데 있어 너무 어릴 때부터 주입식 교육으로 훈련하다 보니 중학생, 고등학생이 되어서도 혼자서 수학을 공부하는 기본적인 자세가 잡히지 않는 것이다. 보통 이과 수학에서 어려운 고난도 문제를 잘 푸는 학생들의 공통점은 '이미 배운 내용을 자유자재로 활용할 수 있는 능력이 뛰어나다'이다. 수학 문제가 풀리지 않을 때 문제만 보면 풀이법이 떠오르지 않지만 답지를 보면 왜 이걸 생각 못 했을까 하며 머리를 치는 경우가 많다. 이건 지식이 없어서가 아니라 스스로 사고하는 능력이 부족해서다. 남의 도움으로 새로운 내용을 배우려는 자세부터 버려야 하는데, 이른 나이 때부터 사교육을 받은 학생들에게는 쉽지 않은 부분이다.

특목고 입시를 준비하면서 중학교 때부터 내신 대비, 경시대회 등의 이유로 사교육을 많이 받은 학생들은 고등학교에 와서 그동안 공부했던 패턴을 끊기가 쉽지 않다. 자기주도학습 능력을 충분히 기를 수 있는 중학교 시절에 학원 숙제에 치이고 사교육 수업을 따라가기 바빠 자신만의 공부법을 터득하지 못하는 경우가 대부분이다. 학년이 올라갈수록 본인이 공부를 소화해야 하는데, 공부법 자체를 모르니 점수가 오르지 않고 그럴수록 더욱 사교육에 매달릴 수밖에 없는 것이다.

그리고 이 학생은 에세이를 준비하면서 고교 동기들, 같은 대학 학생들, 모교 교사 등을 인터뷰했다. 그중 의대에 진학한 고교 동기는 인터뷰에서 대치동 학원에 가는 대신 인터넷 강의를 활용하는 자기주도학습의 장점에 대해 다음과 같이 말한다.

모든 과목에서 공통적으로 느꼈던 것은, 공부가 부족한 부분과 오개념을 바로잡을 수 있는 시간이 생각보다 많지 않다는 것이었다. 막상 공부를 해도 내가 어느 부분에서, 어떤 이유로 점수가 나오지 않는지 알아채는 것이 쉽지 않았다. 그래서 혼자 공부할 시간이 많아야 했던 것 같다. 또한 인터넷 강의를 듣다 보니 내가 이 개념이 완전히 이해되었는지 안 되었는지 정확하게 알 수 있었다. 학원에서는 물 흐르듯이 개념을 듣기 때문에 자칫 이해되지 않은 부분을 얼렁뚱땅 넘어갈 수 있다. 하지만 인강은 반복해서 들을 수 있기 때문에 내가 모르는 개념을 확실히 알고 갈 수 있었다. 특히 과학탐구의 경우는 거의 지식 싸움이다. 풀이법이든 개념이든 아는 것이 많아야 시간 싸움에서 이길 수 있다. 물론 혼자 공부하면서 나태해질 때도 있고 놀고 싶은 유혹에 빠질 때도 있었지만, 자기주도학습을 웬만큼 할 정도가 되면 학원을 다니며 체력과 시간을 소모하며 공부하는 것보다는 백배 나은 것 같다.

에세이를 쓴 학생도 늦게나마 자기주도학습의 장점을 깨달은 본인의 경험을 얘기한다.

나도 9월 평가원 모의고사가 끝난 후에는 화학 학원 하나를 다니고 나머지는 거의 모의고사를 풀거나 부족한 부분을 찾기 위해 혼자 공부하는 시간을 많이 가졌다. 일단 학원을 줄이니 혼자 공부할 수 있는 시간이 약 2배가량 늘었다. 그뿐만이 아니라 학원을 왔다 갔다 하면서 소진되었던 체력도 어느 정도 보충되었다. 특히 무덥고 체력이 가장 많이 쓰이는 여름에는 무거운 가방을 들고 학원을 다니느라 피곤에 지쳐 집이나 자율학습실에서는 쓰러져 자기 일쑤였다. 그런 시간들이 줄어들면서 실질적으로 공부할 수 있는 시간이 많이 생겼다. 또한 학원에서 짚어주는 개념들을 공부하는 것과 자신이 직접 찾아서 개념을 공부하는 것은 확연히 차이가 크다. 그저 책상에 앉아 학원 숙제를 하며 공부하는 시간을 늘리는 것보다 짧은 시간을 공부하더라도 집중해서 모르는 개념들을 줄여나가는 것이 효과가 크다. 결국 내신이든 수능이든 '아느냐 모르느냐'의 차이로 승패가 갈리기 때문이다. 아는 문제를 백날 풀어봐야 점수는 오르지 않는다. 모르는 부분, 부족한 부분을 찾고 파고들어야 그제야 점수가 아주 조금씩 오르기 시작한다.

진정한 생존자는 누구인가?

당장의 시험 성적에 대한 영향을 넘어 사교육을 받은 경험의 중장기적 효과는 어떨까? 실증연구(김희삼, 2010)에서는, 사교육보다 자기주도학습의 경험이 많을수록 대학 학점, 최종학력 수준, 취업 후 시간당 실질임금 등 대학 진학 후의 성과가 높게 나타났다. 진학한 대학의 수준에 따라 학점 등이 다를 수 있다는 점을 고려하여 학과 평균 수능 점수가 같은 사람들끼리 비교한 경우에도 고교 때 사교육에 의존하지 않고 혼자 공부한 시간이 길수록 이런 중장기적 성과가 우월했다. 자기주도성이 발휘되지 않으면 안 되는 대학 공부와 취업 후 커리어를 생각하면 납득이 가는 결과다. 대학의 전공 공부는 사교육에 의존하기 어렵다. 상황에 따른 문제 해결과 대처 능력이 중요한 회사생활에서는 두말할 것도 없다.

　지금 아이들은 100세 시대를 살 것이다. 자기의 긴 생애를 설계해나가는 삶의 자기주도성이 지금까지 살았던 그 어느 세대보다 필요하다. 4차 산업혁명의 격랑도 새로운 학습을 거듭하며 타넘어야 할 것이다. 이런 세상을 성공적으로 살아갈 사람은 대치동 일타 강사가 떠먹여준 덕에 명문대에 진학한 아이가 아닐 것이다. 생존자 편향을 유발하는 원인이었던 그들이 실제로 살아갈 미래의 세상에서는 '진정한 생존자'가 아닐 수 있다는 말이다.

7장

저신뢰 각자도생 사회
사회자본과 교육 (1)

．
．
．

1960년대에 발표된 교육기회 균등에 관한 콜먼(Coleman et al.,
1966) 보고서는 미국 사회에 충격을 줬다. 사람들은 흑인 가정
등 취약계층의 자녀가 다니는 학교에 대한 물적 지원을 통해 교
육 여건을 개선하면 이들의 낮은 학업 성과를 개선할 수 있을
것으로 예상했다. 그런데 그것과는 사뭇 다른 결과가 대규모 조
사 연구에서 나타났다. 학업 성과의 차이를 가져오는 것은 학교
간 교육환경의 차이, 즉 '학교 효과'가 아니었고, 주로 학생이 속
한 가정 배경과 부모의 교육적 관심이었다. 콜먼은 후속 연구
(Coleman et al., 1982)에서 학비가 비싼 사립학교보다 교육환경
이 떨어지고 공립학교보다 나을 것도 없는 가톨릭계 학교에서
중퇴율이 매우 낮고 성적도 높은 것을 발견했다. 그 비결을 탐
구한 결과, 신앙을 구심으로 '모두 우리 아이들'이라고 생각하고
챙겨주는 공동체의식이 바탕을 이루고 있는 것으로 진단했다.

사회자본의 개념과 중요성

콜먼은 부모의 자기 자녀에 대한 관심과 격려든, 보다 넓은 공동체 안에서의 연대든, 학생의 성장에 도움이 되는 무형의 자원을 '사회자본'이라고 명명했다. 그 후 사회자본은 경제자본(돈, 자산)과 인적자본(지식, 기능)에 이어 제3의 자본으로 불릴 만큼 그 중요성에 대한 인식이 확산되었다. 사회자본은 사람들 사이의 관계에서 발생하여 개인 또는 공공에 이익이 되는 무형의 자본을 일컫는 넓은 개념으로 확장되었다. 그러다 보니 신뢰, 관여, 협력, 배려, 관용, 연대, 공공심 등 다양한 요소들이 모두 사회자본의 우산 밑에 들어가 두루뭉술한 개념이 됐다. 그래도 사회자본은 그 속성상 타인과의 상호작용 없이 독자적으로 축적하는 것이 불가능하다는 점에서 다른 유형의 자본과 구분된다. 또한 사회자본은 다양한 요소들을 포괄하고 있지만, 크게 보면 사회적 신뢰, 사회적 연결망, 사회적 규범이라는 세 가지 주요 개념 요소로 대별된다.

사회자본의 중요성은 여러 측면에서 인정받고 있다. 공공재와 정보 비대칭 등으로 인한 시장 실패를 상호 신뢰, 협력, 인맥, 규범의 압력 등을 통해 극복할 수 있다. 경제성장과 구조개혁 및 체제전환의 성공에도 사회적 신뢰와 공공심이 필요하다.

개인 및 지역사회의 행복감에도 주변인들의 사회적 지지, 대인 신뢰, 사회활동 참여 등이 중요하다는 사실이 밝혀졌다(김희삼, 2017).

물론 사회자본 내에서도 폐쇄적 소그룹(예를 들면 가족) 내에서만 작동하는 결속형 사회자본이 있고, 지역사회 등 외부로 확장된 연계형 사회자본이 있다. 또한 개인이 보유한 인맥과 같이 사익에 도움이 되고 전유될 수 있는 관계적 사회자본이 있고, 사회 구성원이 공유하는 규범이나 신뢰와 같이 전체 사회의 운영에 도움이 되는 시스템적 사회자본이 있다(Esser, 2008).

사회자본의 불평등

만약 경제자본이 없어도 인적자본이 많거나, 경제자본이나 인적자본이 없어도 적잖은 사회자본이 있다면, 삶을 영위할 능력이나 동기는 여러 계층에게 골고루 존재할 수 있다. 예컨대 가난한 집 자녀가 명문대에 진학하여 출세하는 사례가 빈번하면 경제자본과 인적자본의 소유가 완전히 동조화되어 있지 않고 교육을 통해 계층 상승을 도모할 수 있는 균열이 존재하는 것이다. 그리고 평균적인 소득과 학력이 높지 않은 달동네에서 이웃

간의 정만큼은 매우 돈독하여 가족처럼 어울리고 어려울 때 서로 기꺼이 돕는다면, 마을 공동체 주민들이 공유하는 사회자본은 매우 클 수 있다. 반대로 세 유형의 자본 소유에 동조성이 강해, 경제자본을 많이 가질수록 인적자본은 물론 사회자본도 많이 가진다면, 이들을 모두 많이 가진 계층과 이들을 모두 적게 가진 계층 사이에 위화감이 크고, 다중적 결핍 상태에 놓인 계층이 느끼는 절망의 골은 더욱 깊을 것이다.

현재 우리 사회의 모습은 어느 쪽일까? 통계청 〈사회조사〉원 자료를 이용하여 개인의 관계적 사회자본으로 볼 수 있는 사회적 연결망이 그의 사회경제적 배경과 어떤 관련이 있는지 분석해보았다. 관련 질문은 ① 몸이 아파 집안일을 부탁해야 할 경우, ② 갑자기 많은 돈을 빌려야 할 경우, ③ 낙심하거나 우울해서 이야기 상대가 필요한 경우에 각각 도와줄 사람이 주변에 있는지를 묻고 있다. 다른 조건이 같을 때 가구소득이 높을수록, 또한 다른 조건이 같을 때 학력이 높을수록 주변에 도움을 받을 수 있는 존재가 있을 확률이 체계적으로 상승하는 것이 발견됐다. 돈을 빌려줄 사람뿐 아니라 아플 때 집안일을 도와줄 사람과 외로울 때 이야기를 나눌 사람의 존재 여부로 측정한 사회자본마저 경제자본과 인적자본의 보유량과 비례하는 것으로 나타난 것이다. 이용 가능한 2011, 2013, 2015년 〈사회조사〉 자

:: 가구소득 수준에 따른 사회적 연결망 차이

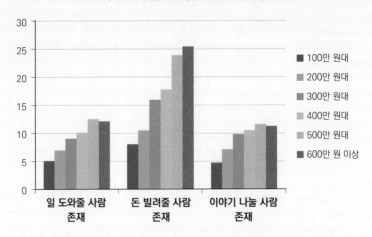

:: 교육 수준에 따른 사회적 연결망 차이

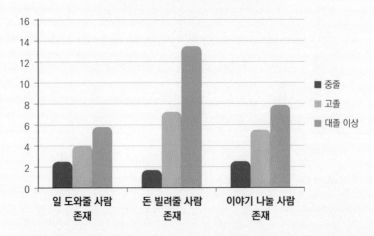

* 2015년 통계청 「사회조사」 원 자료의 20세 이상 가구원 표본에서 비교 대상은 각각 100만 원 미만 가구소득, 초졸 이하 학력의 응답자이며, 성별, 가구주 여부, 연령대, 혼인 상태, 종사상 지위, 가구원수, 거주지(시도), 주거 점유 형태를 통제하고, 위의 그래프는 교육 수준을, 아래의 그래프는 가구소득 수준을 추가로 통제한 후 각 상황에서 의지할 수 있는 사람의 존재 확률 차이(%p)를 계산한 것이다.
자료: 김희삼(2017).

료에서 모두 유사한 패턴이 발견됐으니, 적어도 2010년대 우리 사회의 모습이다.

사라진 '우리' 아이와 '전장'이 된 학교

콜먼은 교육 영역에서 사회자본 개념을 긍정적이고 의지적이며 실천적인 관점에서 도입하고자 했다. 즉 부모의 경제자본과 인적자본이 부족한 가정에서도 부모와 자녀의 애착과 정서적 결속을 통해, 그리고 이웃이나 지역사회의 공동체적 연계를 통해, 내 아이뿐 아니라 우리 학교 아이들에게 관심을 가지며 그들의 미래를 밝게 할 수 있을 것이라는 희망과 의지였다.

그런데 미국에서 나타난 현실은 사회자본의 관점에서 희망적이지 않았다. 미국의 정치학자 로버트 퍼트넘은『나 홀로 볼링』이라는 책에서 미국인들의 일상이 볼링도 혼자 치러 다닐 만큼 개인주의화되면서 연계형 사회자본이 쇠락해온 것을 지적했다(Putnam, 2000). 그의 후속 저서『우리 아이들』은 '아메리칸드림'으로 대표되는 희망이 사라지고 부자와 빈자가 주거, 생활, 교육의 모든 공간에서 분리되어 잘살든 못살든 모두 이웃이고 모두 우리 동네 아이라는 의식이 사라진 미국 사회를 고발했다

(Putnum, 2015).

최근 한국 사회도 여가활동에서 친구가 사라지고, 밥도 술도 영화도 혼자 먹고 보는 혼밥족, 혼술족, 혼영족이 늘어나고 있다. 방역을 위해 사회적 거리두기가 필요한 코로나19 사태 이전부터 그런 '혼○' 경향이 짙어지고 있었다. 이웃과의 교류보다는 사생활 보호를 중시하는 분위기가 강해져 아파트는 물론 신축 단독주택도 마당을 중정으로 건물 안쪽에 넣고 건물 벽을 요새처럼 높게 두른 차폐형 건축물 형태로 등장하고 있다.

교육 영역에서 사회자본은 어떤가? 경제성장의 엔진이 식고 양질의 고용 기회가 줄어들면서 경쟁은 더욱 격화되고 조기화됐다. 교우관계뿐 아니라 사회자본 형성의 지역적 구심이 될수 있었던 학교는 내신 등급을 위한 상호 견제와 경쟁의 공간이 된 지 오래다. 이웃은커녕 노부모의 자리도 없이 소가족 중심의 결속형 사회자본(가족 이기주의)만 공고해진 것 같은 우리사회는 콜먼의 기대보다 퍼트넘의 일갈이 더 잘 맞아 보인다. 연대와 협력 대신 무한경쟁 속에 각자 제 살길을 찾는 식의 '각자도생(各自圖生)'이 팽배해지고 있다.

우리 사회 대부분의 사람들은 교육개혁 정책이 나올 때마다 대의는 완전히 부인하지 못하지만, 사안별로 사적 유불리를 따져 찬성하고 반대한다. 기득권층이 돈과 인맥과 정보로 자녀의 스펙을 꾸며 명문대에 보내는 것에 분개하지만, 본인도 그럴 능력이 있었다면 그렇게 했을 가능성이 높다. 과정을 따지지 않고 결과만 보려고 하고, 수단을 가리지 않고 목표만 얻고자 하는 가운데 '우리'가 사라지고 '나'만 남았다. 사람들 간의 관계를 전제로 하는 사회자본이 박약해질 수밖에 없다. 소모적인 사교육 경쟁과 같은 '죄수의 딜레마'의 나쁜 균형에서 벗어나기 위한 개혁과 합의의 성공을 위해 가장 중요한 자원인 제도적 사회자본, 시스템적 사회자본이 우리에게는 많지 않아 보인다.

2017년에 한국, 중국, 일본, 미국 대학생 각 1,000명씩 총 4,000명을 대상으로 설문조사를 하면서, 다음과 같은 질문을 했다.

귀국의 고등학교는 다음 중 어떤 이미지에 가장 가깝다고 생각하십니까?

① **함께하는 광장:** 학교라는 공동체에서 상호 이해와 조화 및 협동심을 체득하는 곳

② **거래하는 시장:** 교육 서비스의 공급자와 수요자 간에 지식과 돈의 교환이 일어나는 곳

③ **사활을 건 전장:** 좋은 대학을 목표로 높은 등수를 차지하기 위해 치열한 경쟁이 일어나는 곳

이 질문은 오욱환의 『사회자본의 교육적 해석과 활용』(2013) 이라는 저서에 교육현장의 은유로서 등장하는 '광장, 시장, 전장'이라는 단어에 착안하여 만든 것이다. 광장, 시장, 전장의 이미지를 보다 구체화하고 각국의 대학생 응답자들이 자기 경험을 쉽게 떠올릴 수 있는 고등학교를 기준으로 설문화했다.

위와 같은 질문에 대해 한국 대학생 중 무려 81%는 고등학교가 '사활을 건 전장'에 가장 가깝다고 생각했다. 중국과 미국에서는 40% 남짓만 고등학교를 전장이라고 생각했고, 일본은 그 비율이 14%에 불과했다. '함께하는 광장'이라고 생각한 비

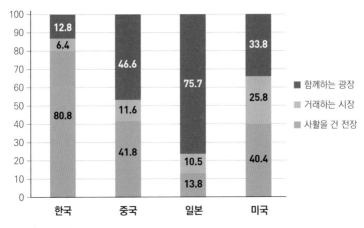

:: 자국의 고등학교 이미지에 대한 4개국 대학생의 인식

자료: 김희삼(2017).

율은 일본이 76%로 가장 높았고, 중국은 47%, 미국은 34%였는데, 한국은 13%에 그쳤다. 미국은 학교가 교육 서비스를 '거래하는 시장'이라는 인식도 26%여서 다른 나라보다는 공교육에서도 시장 중심적 사고가 상대적으로 많이 관찰되었다. 그러나 이 질문에 대한 답변에서 가장 충격적인 것은 역시 한국 대학생 10명 중 8명이 고등학교를 내신등급을 위한 전쟁터로 인식하고 있다는 점이다. 상대평가 경쟁이 치열한 한국 교육 현실에서 형성된 인식이 여실히 드러난 결과이다.

한국 대학생의 사회자본 인식

4개국 대학생 설문조사에 함께 포함시킨 다양한 문항으로 측정한 한국 대학생들의 사회적 신뢰는 전반적으로, 그리고 다른 나라와 견주어 낮은 수준이었다(구체적인 설문 문항과 4개국 대학생의 답변 내용은 김희삼(2017) 참조).

공공기관에 대한 신뢰 및 대응 방식에 관한 사고실험(수돗물 질 의심 상황)에서도 당국의 발표에 대한 낮은 신뢰와 함께 집단적 해결보다는 개인적 자구책 마련에 대한 높은 선호를 보여 공적 신뢰와 연계형 사회자본의 부족을 드러냈다. 대입 전형이나 경쟁입찰에 있어 시험 점수나 입찰 금액 외에 정성적·종합적 판단에 의한 결과의 공정성을 신뢰하는 비율도 가장 낮았다. 객관식 시험에 의한 선발과 최저가 낙찰제를 벗어나려면 사회적 신뢰가 뒷받침되어야 할 것이다.

사회적 규범에 있어서도 일반 국민이나 공직자가 이를 준수할 것으로 믿는 비율은 한국 대학생에게서 가장 낮았다. 그런데 목표를 위해 수단을 가리지 않는 목표지상적 가치관에 대한 반감은 한국 대학생들에게서 가장 크게 나타나, 절차상의 공정함에 대한 선호를 정경유착과 각종 비리 등 부정적 현실이 저버릴 경우 사회적 불신과 회의감이 더 깊을 가능성을 시사했다.

그리고 일련의 가상적 상황에 대한 사고실험 설문 결과를 종합하면, 한국의 청년 세대에게 윗세대의 친사회적 가치관이나 사회적 연대의식과 같은 연계형 사회자본이 행동양식으로 잘 전승되지 못한 것으로 보인다. 기부 경험과 의사에 있어서도 한국과 일본은 미국과 중국에 비해 낮은 기부 성향을 보였다. 타인의 고용 유지를 위한 비용을 분담할 의사도 한국 대학생에게서 가장 낮게 나타나 향후 4차 산업혁명의 고용 충격을 현 수준의 사회적 연대의식으로 완충하기에 충분하지 않을 것이라고 예상하게 했다.

갈등 해결 의지와 사회적 포용성에 있어서는, 한국 대학생들에게 이념, 정치 성향, 이해관계 등의 이질성보다 종교적 이질성이 토론과 타협의 용의를 저해하는 것으로 나타나 타 종교인과의 연계형 사회자본 형성이 어려운 분위기라는 것을 드러냈다. 또한 자국 사회의 외국인 정착 환경에 대한 평가도 한국 대학생이 상대적으로 부정적이고 국적에 따라 다르다는 차별적인 분위기를 더 많이 인식하고 있어, 향후 고령화 문제의 완화를 위해 외국 인력의 도입을 늘릴 때 사회통합을 위협하는 갈등 요인이 될 수 있을 전망이다.

지역사회에 대한 소속감은 한국 대학생의 절반 정도만 느끼고 있었고, 사생활 보호를 위해 이웃과의 소통과 교류를 포기한 폐쇄적 주거환경을 선호하는 비율은 73%나 되었다. 친분이 없는 이웃 주민을 승강기 안에서 만났을 때 먼저 인사할 의향도 한국 대학생에게서 가장 낮았다. 힘들 때 도움을 받을 수 있는 사람의 수는 적지 않았으나, 정신적으로 힘들 때 이야기할 상대는 가족 및 친척보다 그 외 사람이 많아 사회자본이 처음 배양되는 토양인 가족 내의 소통 장애에 주목해야 할 필요성을 암시했다. 또한 한국 대학생들은 한국 사회를 개방적인 연계형 사회라기보다는 내부자 중심의 폐쇄적인 결속형 사회로 인식하는 경향이 강했다. 단체 및 동아리 가입, 공공활동에의 참여, 사회 정의를 위한 헌신 및 국가와 사회를 위한 봉사 의향 등 사회적 관여 측면의 사회자본은 중국과 미국에 비해 한국과 일본의 대학생에게서 낮게 나타났다.

:: "대부분의 사람은 믿을 수 있다"에 동의한 국민의 비율

(단위: %)

국가	1981~1984	1989~1993	1994~1998	1999~2004	2005~2009	2010~2014	2017~2018
한국	38	34	30	27	28	27	33
일본	41	42	42	43	39	39	36
중국	–	60	52	55	53	63	64
미국	43	52	36	36	39	35	37
이탈리아	25	34	–	33	30	–	27
독일	31	35	–	35	39	45	41
스웨덴	57	66	60	66	69	62	64
노르웨이	61	65	65	–	74	–	73
핀란드	57	63	49	58	62	–	70

* "Most people can be trusted"와 "Need to be very careful" 중 전자를 선택한 비율이며, 소수의 모르겠다 및 응답 거부는 제외했다.
자료: World Values Survey(http://www.worldvaluessurvey.org/WVSOnline.jsp).

'3분의 1 신뢰 사회'와 낮은 행복도

국가 차원에서도 한국은 사회자본이 경제자본이나 인적자본에 비해 빈약하다. 경제력으로는 선진국에 합류했고 평균 교육 수준도 높지만 사회자본은 세계 중간 정도로 나타난다.

〈세계가치관조사〉 자료는 "대부분의 사람을 믿을 수 있다"에 동의한 비율을 통해 각국의 사회적 신뢰 수준을 조사해왔다. 불특정 타인에 대한 한국인의 대인 신뢰 비율은 1980년대 초반 38%에서 2000년대 27%까지 떨어졌다가 최근 33% 수준으로 회복했다. 현재 국민 중 3분의 1만 불특정 타인을 신뢰하는 '3분의 1 신뢰 사회'인 셈이다. 같은 기간 일본과 미국도 대인 신뢰 비율이 하락했지만 우리보다는 조금 높은 수준이다. 중국은 북유럽 국가와 유사하게 약 3분의 2의 국민이 불특정 타인을 신뢰하는 고신뢰 사회다.

사회자본은 행복감에도 큰 영향을 미친다. 지속가능발전해법네트워크에서 매년 발표하는 〈세계행복보고서〉를 보면 한국인의 삶의 질과 행복감이 경제력이나 건강수명에 비해 낮은 수준(2021년 62위/149개국)에 머물고 있는 데에도 박약한 사회자본이 중요한 이유가 되고 있다. 의지할 수 있는 친척이나 친구가 없는 사람이 많고, 기부와 자선 등 관대함이 적고, 아직도 부정부패가 적지 않다고 인식하는 등 사회적 지지와 연대감 및 공적 신뢰가 부족한 것이 한국인의 행복지수를 크게 낮추고 있다 (Sustainable Development Solutions Network, 각 연도). 한국의 17개 시·도 지역별 주민 행복도에 있어서도 각 지역의 경제 상황이나 물적 인프라 관련 변수들 못지않게 사회적 신뢰가 미치는 영향력이 큰 것으로 나타났다(강동우, 2017).

교육의 사회적 신뢰 제고 효과가 나라별로 다른 이유

이와 같이 사회자본의 중요성이 광범위하게 확인되는 가운데, 우리의 사회자본을 끌어올리는 것은 미룰 수 없는 과제가 됐다. 한 나라의 사회자본은 그 사회가 받아들여야 할 환경적 조건일 수밖에 없을까? 사람을 바람직한 방향으로 변화시키는 것을 목적으로 한다는 교육이 사회자본을 높이는 데 기여할 수는 없을까?

국제성인역량평가(PIAAC 2015) 자료를 이용한 분석에 의하면, 불특정 타인을 신뢰하는 정도로 측정한 사회적 신뢰는 고학력자일수록 높은 경향을 보인다. 그러나 교육 수준 상승에 따른 사회적 신뢰의 증가폭은 국가별로 상당한 차이를 보이는데, 한

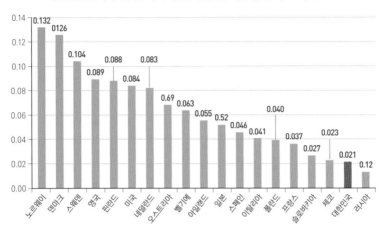

:: 개인의 교육 수준이 사회적 신뢰에 미치는 영향력의 국제 비교

* 교육 수준은 교육연수로, 사회적 신뢰는 "완전히 신뢰할 수 있는 사람은 소수에 불과하다(There are only a few people you can trust completely)"라는 문항에 대한 5점 척도(전적으로 찬성 =1~5=전적으로 반대) 응답으로 측정했다.
자료: PIAAC 2015 원 자료를 사용하여 직접 작성.

국의 경우 동구권 국가들과 유사하게 매우 낮은 증가폭을 보여 교육을 많이 받은 사람일수록 매우 높은 신뢰를 보이는 북유럽 국가들과 대조적이었다(김희삼, 2017).

이처럼 개인별 교육 수준과 사회자본의 관계가 국가별로 다른 특성을 보이는 이유는 탐구를 통해 규명해야겠지만, 수업 방식의 국가별 차이에서 한 가지 단서를 찾을 수 있다. 수업 방식과 사회자본의 관계를 탐구한 한 연구(Algan et al., 2013)는 일방향 강의 중심의 수직적 수업 방식이 지배적인 나라일수록 사회적 신뢰가 낮다는 것을 보여준 바 있다. 예를 들어 동유럽 국가들이 교수자의 일방향 강의가 중심이 되는 수직적 교수학습법을 주로 채택하고 있는 반면, 북유럽 국가들은 학생들 간의 상호작용이 활발한 수평적 교수학습법을 빈번하게 사용하고 있다. 한국은 북유럽보다 동유럽에 가깝게 강의 중심의 수업을 하고 사회적 신뢰가 낮은 국가군에 속했다. 나아가 이 연구는 같은 나라 안에서도, 그리고 같은 학교 안에서도 수업 방식에 따라 협동의 힘에 대한 신뢰 등 사회자본의 차이가 존재했으며, 이는 교사 특성의 효과가 아니라 수업 방식의 효과라는 점을 발견했다.

〈세계가치관조사〉 자료를 이용한 분석 결과(김희삼, 2017), 한국에서 교육 수준이 높을수록 타인에 대한 신뢰는 다소 높은 편이었지만, 기관 및 제도에 대한 신뢰는 낮은 경향을 보였다. 고학력자의 기관 신뢰가 낮은 것은 젊은 층의 공적 신뢰가 낮은데 일정 부분 기인하는 것으로 보인다. 또한 한국의 경우 사회자본 중 준법정신 등 사회규범의 준수 성향도 반드시 교육 수준과 비례하지는 않는 것으로 나타났다.

이처럼 교육을 양적으로 많이 받는 것이 사회자본의 신장을 보장하지 않는다는 것은 학생들의 가치관과 직업관이 교육 단계별로 얼마나 성숙해가는지를 관찰한 결과에서도 짐작할 수 있다. 초·중·고로 학교급이 높아질수록 물질주의적 가치관과 보수 및 안정성을 중시하는 현실적인 직업관이 팽배해지고, 사회 공헌이나 좋은 동료 등에 대한 선호는 약화되는 것을 볼 수 있기 때문이다(김희삼, 2017). 그렇다면 사회자본의 함양에 도움이 되는 교육을 하려면 무엇에 초점을 맞추어야 할까?

초등학교 교육에 따라 사람이 어떻게 달라질까?

과거 초등학교 운동회 때는 전교생이 청군, 백군으로 나뉘어 하루 종일 다채로운 종목으로 경쟁을 벌였다. 잘 보이는 높은 교실 유리창에 실시간으로 점수판이 게시되기도 했다. 전체 청백전과 동시에 바깥 트랙에서는 전교생이 조별로 달리기 경주를 했다. 1, 2, 3등은 작은 상품을 타기도 했고, 등위에 들었음을 입증하는 손등 도장은 자랑거리였다.

경쟁 없는 교육의 영향

협력하고 남을 배려하는 시민으로 아이들을 기르기 위해 초등학교에서 경쟁을 제거해야 한다고 생각하는 사람도 있다. 이에 따라 운동회에서도 달리기 경주를 없애거나 달리기를 하더라도 등수를 매기지 않는 학교가 있었다. 일본의 교육학자와 경제학자(Ito et al., 2015)가 공동 집필한 『숨겨진 교육과정과 사회적 선호』라는 제목의 논문은 이러한 반경쟁 문화를 가진 초등학교에 다녔던 사람들이 어떤 의식을 가진 성인이 됐는지를 실증적으로 탐구했다.

실증연구가 거쳐야 할 일련의 통계적 검증 절차를 마친 후에 이 연구가 내놓은 결론은 반경쟁 교육문화의 지지자들이 기대했을 긍정적 효과와는 정반대의 것이었다. 초등학교 시절 운동회에서 달리기 경주가 없었거나 있더라도 등수를 매기지 않았던 학교에 다녔다고 응답한 사람들은 다른 조건이 같을 때 오히려 낮은 사회성을 보인 것이다. 이들은 성인이 되어 이타심, 타인과의 협력정신, 신세를 갚는 호혜성, 국민으로서의 자긍심 등의 설문에서 낮은 점수를 나타냈다. 또한 정부에 의한 빈민구제와 사회보장 등 재분배정책에 대해서도 낮은 지지도를 보였다.

그 이유는 무엇이었을까? 논문 저자들은 평등을 강조하는 반경쟁 교육에서 학생 간의 성적 차이는 학생의 천부적 능력의 차이보다는 교사의 수업 능력의 차이로 간주되어 성적이 공개되지 않는 경향이 있다는 선행연구의 지적을 환기시킨다. 이런 반경쟁 교육을 받은 학생들은 그 후 노동시장에서 나타나는 성과 차이는 타고난 재능의 차이보다는 게으름이나 노력의 부족 때문이라고 생각하는 경향이 생긴다는 것이다. 따라서 역설적으로 반경쟁 교육이 자기 책임을 더 중요하게 생각하고 성과가 나쁜 타인에게 연민을 덜 느끼도록 할 수 있다는 것이다.

반경쟁 교육이 반사회적 가치관의 형성으로 나타난 것에 대한 또 하나의 설명은 자존감을 살려주는 교육이 초래한 부작용과 관련된 것이다. 가정과 학교에서 아이들의 기를 살려주면 학업 및 사회화 과정에 긍정적인 영향이 있을 것이라는 기대가 있었고, 특히 미국을 중심으로 유행한 이런 교육방침이 동아시아까지 확산됐다. 그러나 그 후 관찰을 통한 실증연구 결과들은 이러한 기대를 뒷받침해주지 못했다. 우열을 가리지 않고 참가 자체를 높이 평가했던 반경쟁 교육 관행이 학생들의 자기우월감을 과도하게 부풀려 오히려 비협력적이고 비호혜적인 개인으로 만드는 데 일조했다는 지적이다. 자기 아이를 위하거나 기를 살리기 위해 공공장소에서 몰상식한 행동을 하거나 방치하는 것도 사회적인 지탄과 갈등을 유발하는 측면 외에 아이가 어떤 성인이 될 것인지에 영향을 주는 측면이 있을 것이다.

사상·의식 교육의 영향

한편 일본 초등학교에서 좌파적인 정치사상을 교육(국기 게양 및 국가 제창 반대, 교사 파업으로 인한 휴강 경험)하거나 인권과 평화를 교육(반차별 수업, 원폭지역 수학여행 및 원폭일 교내 의회 개최)하는 것은 학생들의 장래 가치관에 어떤 영향을 줬을까? 앞서 언급한 연구에 따르면, 초등학교 때 받았던 이러한 '내용' 측면의 진보적 교육은 성인기의 이타심, 협동심, 호혜성 등에 영향을 주지 못했다. 진보적 가치도, 인권도, 평화도 여러 수업 중 하나의 내용이었을 뿐 학생들의 가치관으로 내면화되지 않았던 셈이다.

반대로 노력과 근검을 강조했던 발전주의 국가 교육도 학생들의 성인기 사회적 선호에 별다른 긍정적 영향을 주지 못했다. 예컨대 구소련 집단농장 관련 수업, 학생저축통장, 상대평가제를 실시하고 교정에 면학 상징의 동상이 설치된 초등학교를 다녔던 경험이 성인기의 이타심, 협동심, 호혜성, 국민적 자긍심으로 이어지지는 않았던 것이다.

참여적·협동적 교육의 영향

그렇다면 초등학교 때의 어떤 교육이 성인기의 가치관을 사회적으로 바람직한 방향으로 이끌었을까? 그것은 바로 '방식' 측면의 진보적 교육, 즉 참여적·협동적 교육 방식의 체험이었다. 구체적으로는 조별활동과 조별과제, 수업 전 독서 시간, 긴급 단체 대피훈련, 성취평가제(교과뿐 아니라 봉사와 협동 등 인성도 평가 대상) 등을 운영한 초등학교에서였다. 이처럼 참여와 협동을 지향하는 방식의 초등학교 교육을 받은 성인이 보다 이타적이고 협력적이고 호혜적이며 국민적 자긍심이 높은 것으로 나타났다.

결국 사회자본의 형성에 있어서는 무엇을 가르치는가의 내용적(교육과정) 측면 못지않게 중요한 문제가 있다는 것을 알 수 있다. 그것은 같은 내용이라도 학생들이 어떻게 배우도록 하는가의 방식적(교수학습법) 측면이다. 가령 인권교육이라 할지라도 인권 과목 교재를 이용한 일방적 강의보다는 학생들의 그룹 활동과 상호작용을 통해 체득하는 것이 효과적일 수 있다는 것을 암시한다. 더욱이 앞서 소개한 일본 학자들의 발견은 초등학교 때의 교육 관행이 성인기의 가치관에도 영향을 미치는 장기적 효과가 있다는 것을 보여준다.

교육과 사회자본에 관한 해외 연구의 시사점

이상과 같은 연구들로부터 우리 교육은 어떤 실천적 시사점을 얻을 수 있을까?

첫째, 사회에 존재할 수밖에 없는 경쟁을 교육 영역에서 부정적인 것으로만 보고 이를 추방하기보다는 경쟁의 내용과 방식에 교육적인 가치를 담도록 노력하는 것이 현명하다는 것이다. 출발선상의 불공평을 시정하고 규칙을 준수하는 공정한 경쟁, 선행·반복학습을 유발하는 소모적 투입 경쟁이 아닌 내용적 부가가치가 높은 경쟁, 지더라도 결과를 승복하고 자기 발전의 자극제가 되도록 하는 경쟁이라면 그 자체로 교육적이다. 또한 팀 내에서 협력하며 팀 간에는 경쟁하는 스포츠가 인성과 사회성 함양에 도움이 되는 것을 상기할 필요가 있다.

둘째, 학생들을 주입식 교육의 대상으로 보고 어떤 이념과 가치를 담은 교과서를 가르친다고 해서 바라는 인간상으로 자라지는 않는다는 점이다. 그것이 국정 역사 교과서든 인권 교과서든 마찬가지다.

셋째, 학생을 교육의 수평적 주체로 보고 참여적이고 협동적인 방식으로 교육하는 것이 사회성 함양과 사회자본 형성에 도움이 된다는 것을 알게 됐더라도, 구체적인 실행의 문제가 남는다. 교수자가 새로 공부하고 준비하며 수업을 해가면서 계속 다듬어야 할 것이 많다. 또한 익숙했던 수업 방식에서 '강단 위의 현자'로 잡을 수 있었던 폼과 권위를 내려놓고 '옆에 선 조력자'로서 학생들을 그룹별로 개인별로 살펴보는 정성도 필요하다.

끝으로 어쨌든 교육은 사람의 지식은 물론 가치관과 사회성에도 영향을 미친다는 점이다. 박약해져온 우리 사회의 신뢰와 협동, 연대와 공공심 등 사회자본을 제고하는 데도 지금의 교육, 특히 교육의 방식이 중요하다. 좋은 교육은 여전히 어렵지만 다른 무엇보다 힘이 있다. 그러면 교육을 어떻게 할 것인가? 실제로 효과는 우리나라에서도 확인된 것인가?

8장

극혐 조별과제의 힘
사회자본과 교육 (2)

．
．
．

방송인 유병재 씨가 대학에서 자퇴한 가장 큰 이유가 조별과제
때문이었다고 이야기한 적이 있다. 이유가 좀 독특하지만 이 말
에 공감하는 학생들이 꽤 많을 것이다. 그런데 그다음 얘기가
더 흥미롭다. 그러고 나서 유병재 씨는 회사에 들어갔는데, 회
사는 더 큰 조별과제더라고 말해서 사람들을 웃겼다. 실제로 회
사 업무는 조별과제처럼 팀 작업으로 진행되는 경우가 많다. 그
렇다면 학교에서 조별과제를 수행하는 것은 사회에서 필요한
역량을 익히는 과정이라고 볼 수 있다.

조별과제는 왜 '극혐'이 되었나

대학에서는 조별과제를 팀 프로젝트(줄여서 '팀플')라고 부르기도

한다. 그런데 학교 수업에서 조별과제는 학생들로부터 대체로 환영받지 못하고, 심지어 인터넷상에서 "조별과제는 극혐(극도로 혐오함)"이라고까지 표현된다.

교육적으로 가치가 있기 때문에 교수자들이 조별과제를 부여하는 것일 텐데, 왜 학생들은 그토록 조별과제를 싫어할까? 그 이유를 물어보면 발표 과제 수행의 어려움보다는 조별과제 자체가 좀 피곤한 것 같다는 답이 많다. 여기서 피곤하다는 것은 주로 인간관계가 피곤한 것을 말한다. 친한 동료들과 같은 조가 되지 않는다면 새로 연락처를 물어야 하고 이런저런 신경 쓸 일이 많다. 또 조별과제 준비 모임에 항상 늦게 오거나 다른 일 때문에 안 오는 조원도 있고, 별다른 일이 없으면서도 거짓 핑계를 대고 빠지는 조원도 있다. 실제 조별과제 준비는 잘하기도 하고 열심히도 하는 특정 조원이 거의 다 했는데, 나중에 점수는 조원들 모두 똑같이 받는 것이 싫다고 한다. 공정이 화두인 시대에 조별과제 무임승차자에 대한 혐오가 크다는 것이다. 때로는 교수자에 대한 불신도 있다고 한다. 조별과제 발표를 시키는 것이 자기 편하려고 학생들한테 수업을 떠맡기는 듯하다는 것이다. 이 모든 것이 우리 사회의 사회자본과 관련이 있다.

일단 다른 사람과 엮이는 것, 즉 사회적 관여에 대해 꺼리는 마음이 있다. 다른 조원들이 열심히 하는지에 대한 불신이 있고, 경우에 따라 교수자가 조별과제를 부과하는 이유에 대한 불신도 있다. 또한 만약 교수자가 전년도 발표 자료나 인터넷 자료를 베끼지 말라고 했을 때 다른 조가 그 규칙을 지킬 것인지에 대한 못 미더움도 있을 것이다. 이렇게 사회적 관여, 사회적 신뢰, 사회적 규범 등 사회자본에 대한 인식이 낮기 때문에 조별과제를 꺼리고 힘들게 여기는 것으로 볼 수 있다. '즐거운 조별과제'는 형용모순일까?

대학생을 대상으로 한 사회자본과 교육에 관한 의식 조사는 초·중·고까지의 교육적 경험과 대학의 교육 현실에 관한 인식을 담아낼 수 있다는 점에서 사회자본에 대한 교육의 영향을 탐구하는 데 유용하다. 앞서 언급한 2017년 4개국 대학생 설문조사는 교육과 사회자본 및 양자의 관계에 관한 각국 학생의 인식을 비교할 수 있게 해주었다.

이미 소개했듯이, 한국 대학생은 81%가 고등학교를 '사활을 건 전장'으로 인식할 정도로 교육경쟁이 치열하다고 느끼고 있었다. 그런데 교육경쟁의 공정성에 대해서는 가정배경 등의 영향으로 공정하지 않다고 느꼈다. 또한 경쟁이 이타적 협력을 저해한다고 인식했다. 부모의 경제력이 명문대학 진학에 큰 영향을 주며, 명문대학을 나와야 성공할 수 있다는 인식이 강했다. 교육자로서 교사나 교수에 대한 대학생의 평가는 일본과 한국이 낮은 편이었다.

초·중·고·대의 교육 단계별 준법·협력·봉사 정신은 한국 대학생이 가장 낮게 평가했다. 특히 협력정신의 경우 한국은 교육 단계가 높아질수록 오히려 떨어지는 것으로 인식되었다. 토론·프로젝트 중심 수업이나 팀별 평가가 소통·협업 능력을 증진시킬 가능성에 대해서는 한국 대학생의 기대가 가장 낮게 나타났다. 수업과 평가의 방식을 바꾼다고 하더라도 그 질이 사회자본 제고의 관건임을 시사한다. 또한 자유롭고 창의적인 생각을 담아야 하는 과제물의 보다 나은 수행 방식으로 다른 3개국 대학생들은 개별 작업보다 팀 작업을 더 지지한 데 반해 한국 대학생은 개별 작업을 더 지지했다. 한국 학생들이 팀 작업으로 집단 창의성을 발휘할 수 있는 가능성을 낮게 평가한 것이다.

전쟁터가 된 학교에 협력을 심는 길

상대평가로 성적을 매기는 곳에서 경쟁이 없을 수 없고, 경쟁을 통해 배우는 것도 있다. 그러나 우리 교육의 경쟁은 학교의 이미지를 전쟁터로 인식할 정도로 너무 살벌하다. 일각의 모습이기를 바라지만 필기노트를 빌려주지 않거나 남이 보기 힘든 연한 색 펜으로 필기하기도 한다는 요즘의 교육현장은 지금의 40, 50대가 학교를 다니던 때와는 사뭇 다르다. 과거에는 개인 노트와 깨알 필기가 적힌 교과서들이 친구들에게 건네지며 복사에 복사를 통해 다른 반에까지 전파됐고, 노트를 빌려주지 않는 것은 또래 사회에서 큰 압박을 느낄 만큼 치사한 일이었다. 들킬 위험을 감수하며 동료를 위해 대리출석을 해주던 시절보다 수업에 늦은 학생에게 벌점을 주는 것을 잊은 교수를 찾아가 이를 고한다는 요즘 대학가의 모습이 더 정의롭다고만 이야기하기에는 뭔가 착잡하다.

중·고교 내내 치열한 내신등급 경쟁을 하면서 학생들에게는 마치 경쟁의 DNA가 생긴 듯하다. 그런데 이 경쟁의 경험이 이기심과 강박증은 극대화시켰으나, 정작 인재로서의 경쟁력을 크게 길러준 것 같지는 않다. 기업들은 신입사원들이 개인 스펙은 뛰어나지만 협력할 줄 모르고 머리를 맞대 문제를 해결하거나 새로운 것을 함께 만들어내는 능력이 부족한 것을 이구동성으로 아쉬워한다.

그렇다면 어떻게 점수 경쟁의 전쟁터에서 협력을 유도할 수 있을까? 나는 4개국 대학생 설문조사에 다음과 같은 질문을 넣어봤다.

[상황 1]에 대한 각국 대학생의 응답을 보면, 누가 물어보더

귀하 대학의 한 강좌에서 교수가 30명의 수강생을 무작위로 5인 1조로 편성하여 같은 원탁에서 수업을 받고 서로 협력하여 공부하도록 했습니다.

[상황1] 만약 기말고사 성적을 개인 점수로 부여한다면, 그 과목을 잘하는 학생이 다른 학생들이 모르는 것을 물어봤을 때 어떻게 행동할 것으로 예상하십니까?

[상황2] 만약 기말고사 성적을 조원 평균점수로 부여한다면, 그 과목을 잘하는 학생이 다른 학생들이 모르는 것을 물어봤을 때 어떻게 행동할 것으로 예상하십니까?

라도 잘 가르쳐주지 않을 것이라고 응답한 비율이 4개국 중 한국(18%)에서 가장 높다. 같은 조의 학생에게만 잘 가르쳐줄 것(결속형 사회자본)의 비율은 한국(37%)이 일본(38%), 미국(39%)과 비슷하지만, 누구에게나 잘 가르쳐줄 것(연계형 사회자본)의 비율은 한국(45%)보다 중국(70%)이 훨씬 높다.

만약 [상황 2]에서처럼 성적을 조원 평균점수로 준다면 어떻게 행동한다고 예상했을까? 이 경우 앞의 상황과 별 차이가 없는 다른 나라 학생들에 비해 한국 학생의 행동이 크게 달라진다는 것을 알 수 있다. 한국 대학생은 같은 조의 다른 학생 점수가 자기 성적에 영향을 주게 되자, 같은 조의 학생에게는 잘 가르쳐줄 것이라고 응답한 비율이 30%p 넘게 증가해 68%의 학생들이 적어도 같은 조 내에서는 협력적으로 행동할 것이

:: 상황 1: 개인별로 경쟁할 때 각국 대학생의 협력 행태

성적을 개인 점수로 부여한다면	한국	중국	일본	미국
같은 조의 학생에게만 잘 가르쳐줄 것이다	37.2	25.0	38.3	39.3
같은 조의 학생과 다른 조의 학생 모두에게 잘 가르쳐줄 것이다	44.7	70.3	52.1	54.7
누가 물어보더라도 잘 가르쳐주지 않을 것이다	18.1	4.7	9.6	6.0
계(%)	100	100	100	100

:: 상황 2: 조별로 경쟁할 때 각국 대학생의 협력 행태

성적을 조원 평균점수로 부여한다면	한국	중국	일본	미국
같은 조의 학생에게만 잘 가르쳐줄 것이다	67.7	30.6	47.9	44.2
같은 조의 학생과 다른 조의 학생 모두에게 잘 가르쳐줄 것이다	27.1	65.5	44.8	50.2
누가 물어보더라도 잘 가르쳐주지 않을 것이다	5.2	3.9	7.3	5.6
계(%)	100	100	100	100

라고 본 것이다.

　이러한 행태가 이타적 협력이라고 보기 어려우며 결국 자기 이익을 위한 협력일 뿐이라고 너무 폄하할 필요는 없다. 제도 설계에 의해 이기심이 미치는 자아의 범위가 팀 단위로 확대되면 팀 내에서는 협력이 일어난다는 것은 자명하다. 너무 개인 단위의 경쟁을 강하게 하다 보니 어떠한 형태의 협력도 실종된 우리 교육현장에 수업 방식과 함께 평가 방식의 설계도 바꿔볼 이유는 충분해 보인다.

　지스트에 개설한 〈미시경제학〉 수업에서 협력을 촉진하는 수업 및 평가 방식을 실행해본 적이 있다. 학기 초에 학번, 성별, 성적(평점 평균) 등을 골고루 고려하여 5인 1조의 6개 조를 편성하고, '배움의 공동체'를 모형으로 한 조별 협력 수업을 진행했다. 수업 중에 조별로 토론 후 합의점을 도출하거나 어려운 문제를 함께 풀고 서로 가르쳐주도록 유도했다. 시험은 원하는 자료를 모두 들고 와서 문제를 푸는 오픈북 테스트 형식으로 진행하여 단순 암기식 공부를 지양하게 했다. 중간고사 성적은 개인별 점수로 주지만, 기말고사 성적은 조별 평균점수로 주기로 했다. 따라서 기말고사는 조별 스터디를 통해 함께 준비하는 것을 장려하고, 교수를 찾아와서 질문하는 것은 조원들이 함께 올 때 예약을 받아주었다. 하지만 어느 조직에서나 무임승차하려는 비협력자가 있고 능력과 이타심을 겸한 초협력자도 있는 법인지라, 견제장치를 하나 도입하고 학기 초에 예고했다. 기말고사 답안지 끝란에 자신을 제외한 다른 네 명의 조원의 협력 및 기여도를 0.8부터 1.2까지 부여하게(평균은 1이 되도록) 한 것이다. 이 상호 평가점수가 조별 평균점수에 곱해져 개인별 기말고사 점수가 된다고 예고했다.

이러한 실험에 대한 학생들의 반응은 상당히 긍정적이었다. 가장 좋아한 것은 수업 중 토론과 협력학습이었는데, 이를 위해서는 교수자가 토론 주제와 협력이 필요한 문제를 만들어가야 했다. 그러나 조별 평균점수를 주는 것에 대해서는 공정성에 대한 우려를 내비치는 학생도 있었다. 이 때문에 시험을 잘 본 학생의 억울함을 고려하여 기말고사에도 개인 점수의 대소에 따른 약간의 추가 조정을 가미하기로 했다. 또한 중간고사 전까지 쌓인 팀워크가 있음에도 중간고사 성적에 따라 조를 재편했다. 조원의 해당 과목 적성에 따른 조별 유불리를 고려하여 조별로 개인 중간고사 점수 합계가 같도록 중간고사 후에 조를 재편성한 것이다. 만약 조 편성이 바뀌지 않았다면 중간고사와 기말고사의 팀 내 점수의 분산을 비교하여 협력이 팀 내 격차 해소에 기여하는지를 확인할 수도 있었을 것이다.

한국 교육에서 개인 간 경쟁에 길들여진 학생 중 상당수는 대학에 와서도 스펙 경쟁의 일환으로 학점 경쟁에 골몰한다. 채점의 편의도 있지만 공정성 시비에 휘말리지 않기 위해 대학에서조차 객관식 선다형 시험이 흔히 시행되고 있다. 협력적 문제해결이 긴요해진 복잡성의 시대, 한발 앞선 혁신과 시장 선점을 위해 집단 창의력이 중요해진 시대, 학술지 논문이나 특허도 공저의 비중이 갈수록 커지는 시대, 협업 능력이 경쟁력인 시대에 우리 교육만 각자도생이 살길이라고 가르칠 것인가?

수업 방식에 따른 사회자본 비교 실험

2017년 1학기에 지스트에서 수행한 교육실험은 교수학습법이 수강생들(6개 수업, 총 184명)의 사회자본에 미치는 영향을 분석하고자 한 것이었다. 교수의 강의 위주로 진행된 3개의 수직적 수업을 비교수업(대조군)으로 삼고, 팀 프로젝트와 조별활동 등 학생들 간의 상호작용이 강조된 3개의 수평적 수업을 실험수업(처치군)으로 하여, 수강생들 간의 친구 연결망(연계형 사회자본)과 사회자본 관련 인식이 학기 초와 비교하여 학기 말에 어떤 변화를 보이는지를 조사한 것이다. 실험수업에는 수평적 상호작용을 위해 평면형 강의실의 원탁 좌석 배치, 학기 초의 조 편성, 조별

토론과 조별과제 등이 도입되었다. 학생별 친구 연결망과 사회
자본 관련 인식에 관한 정보는 학기 첫 주와 마지막 주에 수업
중 설문조사를 통해 수집되었다.

먼저 수업별 친구 연결망의 변화를 분석한 결과는 다음과
같았다. 전체 연결망의 밀도(연결 가능한 모든 친구 라인 중 실제 친구
로 연결된 수) 상승폭은 비교수업들보다 실험수업들에서 훨씬 컸

:: 수평적 수업 수강생의 친구 연결망 변화 예시

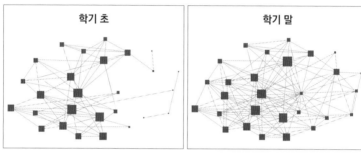

자료: 지스트 2017학년 1학기 〈교육의 경제학〉 수강생 28명 대상의 '친구 연결망 조사'.

:: 수직적 수업 수강생의 친구 연결망 변화 예시

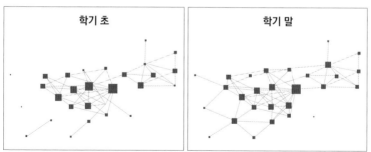

자료: 지스트 2017학년 1학기 〈비교수업 X〉 수강생 28명 대상의 '친구 연결망 조사'.

8장 극혐 조별과제의 힘

다. 친구 관계의 강도(마주칠 때 인사만 하는 1단계 사이, 짧은 얘기도 나누는 2단계 사이, 일부러 연락해서 만나는 3단계 사이)를 반영한 평균 가중 연결 정도 또한 실험수업들에서 크게 증가했다. 개별 학생이 연결망의 핵심에 있는 정도의 불균등성을 측정하는 핵심성의 불평등도는 비교수업들보다 실험수업들에서 더 낮거나 더 많이 낮아진 모습을 나타냈다. 수평적 수업 방식에서 설계한 학생들 간의 상호작용은 특정 학생에게 역할이 집중되지 않고 조별로 분산되므로 핵심성의 불평등도가 완화되어 특정 학생이 연결망에서 사라지더라도 전체 연결망이 크게 흔들리지 않을 수 있음을 의미한다.

참고로 수업 방식이 수강생의 사회자본에 미치는 영향을 좀 더 엄밀하게 정량적으로 분석한 결과(이중차분 모형 및 학생고정효과 모형 추정), 다음과 같은 사실들이 발견됐다.

첫째, 수업에서 빈번했던 교수학습법에 따라 학기 말에 수강생의 사회자본이 다르게 나타났는지를 분석한 결과, 프로젝트 학습의 빈도가 높을수록 해당 수업 내의 사회자본과 협동심이 높게 나타났다. 반면, 강의 위주 수업의 빈도가 높을수록 친구 연결망이 별로 확충되지 않았고, 학기 말에 학생들이 공정성에 대한 믿음과 같은 사회자본 관련 인식이 대체적으로 낮았다. 한편 수업 중 교수·학생 간 상호작용의 빈도가 높았던 수업

일수록 학생들이 해당 수업 내에서 규칙을 더 잘 지킬 것이라는 믿음이 강해, 하향식 규범의 준수를 위해 소통이 중요함을 암시했다.

둘째, 처치군(수평적 수업)과 대조군(수직적 수업) 간에 학기 초 대비 학기 말의 사회자본 변화 정도에 차이가 있었는지를 분석한 결과, 처치군은 대조군보다 친구 연결망의 빈도와 강도 면에서 한 학기 동안의 증가폭이 더 컸다. 나아가 처치군 중에서 수평적 수업 요소(조별토론과 프로젝트 빈도)가 더 지속적이었던 1개 수업을 실험수업으로 정의하면 대조군과의 차이는 더욱 뚜렷해져서, 사회적 배제의 체감도가 더 많이 감소하고 신뢰와 공정성에 대한 믿음이 더 많이 증가했다.

셋째, 교수학습법이 사회자본에 미치는 영향의 가능한 경로 중 하나로서 수업 방식에 따른 친구 연결망의 변화가 사회자본에 관한 인식과 태도 변화에 기여하는지를 탐구해보았다. 이를 위해 우선 같은 수업 내에서 개별 학생이 가진 친구 연결망의 차이에 따라 그 수업 내의 다른 학생들과 사회자본에 관한 인식이 다르게 나타나는지를 분석했다. 그 결과, 수업 내에서 교우관계의 빈도와 강도가 높은 학생일수록 사회자본과 관련하여 더 긍정적인 인식과 태도를 갖고 있었고, 이런 경향은 학기 초보다 수업을 통해 새로 형성되거나 더 깊어진 교우관계가 포함된 학기 말에 더 뚜렷하게 나타났다.

넷째, 위와 같은 목적으로 수업 내 친구 연결망의 변화에 따라 해당 학생의 사회자본에 대한 인식에도 변화가 있었는지도 분석해보았다. 이처럼 같은 학생에 대해 학기 초와 학기 말의 두 시점을 비교하더라도 그가 가진 친구 연결망이 더 양호했던 시점에서 해당 수업에서의 포용성(사회적 배제와 반대 개념), 공공심(무임승차를 하지 않으려는 책임감), 공정성 등에 대한 믿음이 더 강했다. 조사 시점 간 간격이 3개월 정도에 불과한 짧은 기간이지만, 수업을 통한 협력 과정에서 친구 연결망이 확충되면 그만큼 사회자본과 관련된 인식도 더 긍정적으로 변화한다는 것으로 풀이된다.

끝으로, 수업에서 조를 편성하는 방법으로서 학생 자율 편성, 무작위 편성, 교수 재량 편성에 대한 학생들의 상대적 선호도와 한 학기 동안의 선호도 변화가 해당 수업의 교수학습법과 관련이 있는지를 분석해보았다. 그 결과, 일주일 이상 지속된 팀 프로젝트 활동이 잦았던 수업에서는 팀이 설령 학기 초에는 선호되지 않은 무작위 편성으로 구성되었더라도 프로젝트 과정에서 상호 관계가 돈독해져 학기 말에는 학생들이 무작위 편성도 학생 자율 편성만큼 괜찮다고 인식했다. 반면 강의 중심의 수직적 수업에서는 담당 교수의 재량에 의한 조 편성에 대한 반감이 오히려 학기 말에 새로 생긴 것을 발견했다. 즉 일방향의 수직적 수업 방식으로 한 학기를 보낸 후에는 교수자와 학생 간의 신뢰, 예컨대 교수자의 재량적 결정에 대한 신뢰가 오히려 낮아질 수 있다는 것을 시사한다.

요컨대 이 교육실험 결과는 수업 방식이 학생들의 친구 연결망과 사회자본과 관련된 인식 및 태도에 영향을 주며, 그 차이는 한 학기 동안의 교수학습법 차이에 의해서도 나타날 수 있다는 것을 보여주었다. 특히 학생들 간의 상호작용과 협업이 활발하고 학생들이 중심이 되는 수평적·참여적 교수학습법은 그 교육적 목적이 다른 것이었다 하더라도 그 과정에서 친구 연결망이라는 연계형 사회자본이 확충되고 사회자본과 관련된 인식과 태도의 긍정적 변화가 발생한다는 점이 발견된 것이다.

'협력하는 괴짜'를 키우는 교육

먼저 사회자본 함양에 있어 중요성이 발견된 수업 방식에 있어서는, 지식이 전달되는 것이 아니라 상호작용을 통해 구성되는 측면을 강조하는 구성주의적 학습 원리를 적용하면 수평적 학습 요소를 도입하는 것에 보다 적극적일 수 있다. 그 구체적인 방법 중 하나로서 프로젝트 학습은 비판적 사고, 문제해결, 자기 관리 등 미래인재 역량의 개발뿐 아니라 수행 과정의 협업을 통해 사회자본 함양에 도움이 될 수 있다. 거꾸로 교실 역시 예습 과정부터 조별 협업을 장려하고 수업 중에 조 내 및 조 간의 상호 피드백을 활성화함으로써 사회자본 함양 효과를 높일 수 있다.

평가제도는 학생들 간의 협력을 해치고 견제와 경쟁을 유도하는 기존의 개인별 상대평가를 보완하기 위해 팀 단위의 평가를 도입하고 절대평가를 적절히 확대하는 조치가 필요하다. 또한 학생 참여형 평가 도구를 개발하여 동료 평가를 반영하고, 프로젝트 학습의 경우 수행 과정의 자기 성장에 관한 스스로의 평가를 추가로 반영하는 것도 의미가 있다. 한편 평가의 정점에 있는 대입 전형은 평가의 교육적 효과, 즉 타당성과 함께 평가의 신뢰도, 즉 공정성을 확보해야 하는 중요한 과제가 있다. 우리 사회의 낮은 신뢰를 감안할 때 대입제도의 공정성을 높이는 것을 선결 과제로 하되, 사회자본을 함양하고 미래 역량을 배양할 수 있는 교육을 유도하는 타당성 높은 전형으로 나아가는 것이 바람직하다.

사회자본의 신장에 효과적인 교육은 결국 이를 담당할 교수자에게 달려 있다. 수업 방식의 혁신은 이미 현장의 성공 사례들이 존재하고 있는바, 이들의 확산을 지원하고 수업 혁신의 환경을 조성해주는 상향식 혁신이 효과적일 것이다. 교원의 인사 시스템도 초·중등교육에서는 행정 업무보다 수업에 최선을 다하게 하고, 고등교육에서는 연구 실적 못지않게 교육에 노력할 수 있도록 유인 구조를 설계할 필요가 있다.

한국의 사회자본은 축적 수준이 상대적으로 낮을 뿐 아니라 추세적으로도 저하되어온 것으로 보인다. 믿고 의지할 수 있는 존재가 많지 않고, 타인에 대한 경계심이 강하며, 경쟁의 공정성을 신뢰하지 않는 현실(사회적 지지와 신뢰의 부족), 협업보다 개인 작업을 선호하고, 어울리기보다는 혼자의 시간을 선호하는 분위기가 확산되는 현실(사회적 관여의 부족), 자기와 측근의 이익을 위해 아직도 법질서와 규칙을 흔히 무시하는 현실(사회적 규범의 훼손)이 우리 사회자본의 현주소이다.

학교는 사회적 관계가 본격적으로 형성되는 공식적인 장으로서 사회자본의 바탕이 되는 타인에 대한 신뢰와 함께 협동심, 공공심, 준법정신 등을 기를 수 있는 공간이다. 그런데 핵가족화와 저출산으로 가정에서 친족과 형제들과의 상호작용을 통해 사회자본을 체득할 기회가 사라진 아이들이 학교에서도 경쟁에 몰려 존중과 협력보다는 견제와 각자도생을 배우고 있다.

이제 한국의 교육현장에서 사회자본을 함양하기 위해 수업 방식부터 바꿀 필요가 있다. 경쟁적인 분위기와 엄격한 상대평가 체제하에서 공부해온 습관이 굳어진 한국의 대학생들에게서도 한 학기 동안의 수업 방식에 따라 사회자본과 관련된 긍정적인 변화가 있었다는 점은 고무적이다. 학생 중심의 수평적·참여적 방식으로 학교 수업을 바꾸는 것은 학교 밖에 개방형 온라인 강의가 풍부한 시대에 학생들을 학교로 불러 모은 이유에 답하기 위해서도 필요한 전환이다. 또한 사회자본의 함양뿐 아니라 4차 산업혁명 시대가 요구하는 '협력하는 괴짜'를 길러내기 위해서도 필요한 일이다. 그리고 협업 능력과 창의성을 요구하는 기업 인재상이 더불어 살 줄 알고 비판적으로 생각하는 민주적 시민상과 겹치게 된 시대에 보수와 진보의 구분 없이 사회적 공감대 속에서 우선적으로 추진할 수 있는 교육혁신 과제일 것이다.

4부

거대한
파고에
대응하는 교육

극도로 낮은 출산율을 이어가는 한국에서 폐교 위기는 인구절벽의 예고편에 불과하다. 앞으로 의무교육은 학령기 학생이 아니라 고령자에게 필요하다는 주장도 있다. 그리고 인공지능은 많은 직업을 대체하거나 일하는 방식을 바꿔놓을 것이다. 기술 변화에 대해 교육 변화가 지체되면 사회경제적 불평등이 커진다. 우리 교육이 어떻게 변화해야 인구변동과 기술 급변이라는 거대한 물결을 타넘을 수 있을까?

9장

인구 쓰나미의 충격
초저출산·급고령화 시대의 교육

•
•
•

'쓰나미'라고 불리는 지진해일은 무시무시한 자연재해다. 해저에서 발생한 지진이 만들어낸 거대한 파도가 해안가를 덮치면 평범한 방파제는 소용이 없다. 2011년 3월 동일본 대지진 때 해안에 들이닥친 파도의 높이는 40미터를 넘기도 했다. '항구의 파도(津波)'라는 뜻의 일본어(つなみ)가 지진해일을 일컫는 영어 단어(Tsunami)로 쓰이는 것처럼 쓰나미는 이웃나라 일본에서 자주 일어났다.

그런데 우리나라에는 좀 다른 쓰나미가 밀려오고 있다. 지진해일이라는 자연현상이 아니라 인구변동이라는 사회현상이다. 해안 지역뿐 아니라 전국을 강타할 것이다. 몇 분 사이에 일어나는 재해가 아니라 몇십 년에 걸쳐 지속될 엄청난 고난이 될 수 있다. 이러한 인구 쓰나미는 이미 예정돼 있다.

인구 쓰나미의 방조제는?

노년부양비는 생산연령인구 100명이 몇 명의 고령인구를 부양해야 하는지를 나타내는 고령화 지표로, 분모를 15~64세 인구, 분자는 65세 이상 인구로 하여 100을 곱한 값이다. 한국의 노년부양비는 1960년에 5.3이었다. 즉 생산연령인구 100명에게 노인 약 5명이 얹혀진 시대였다. 그로부터 30년 후인 1990년에는 7.4로서 노년부양비의 변화가 크지 않았다. 그로부터 또 30년 후인 2020년에는 노년부양비가 21.7로 상승했다. 그로부터 다시 30년 후인 2050년의 노년부양비는 77.6에 달할 것으로 예상된다. 그리고 2065년에는 100.4로 일대일 부양을 넘어설 전망이다.

이렇게 1960년부터 2060년대까지의 노년부양비를 그림으로 나타내보면 마치 거대한 쓰나미가 밀려오는 것처럼 보인다. 경험해보지 못한 세상이 다가오고 있는 것이다. 그동안 산전수전 다 겪으며 살아서, 세상이 아무리 바뀐다고 해도 자신이 살아온 세월에 비하면 아무것도 아니라고 하는 사람에게도 만만치 않은 세상이 될 것이다. 지금까지 살아온 30년을 가지고 앞으로의 30년을 평가할 수 없다. 인구변동이 급변점에 도달해 완전히 판도가 다른 세상이 되고 있기 때문에 그렇다.

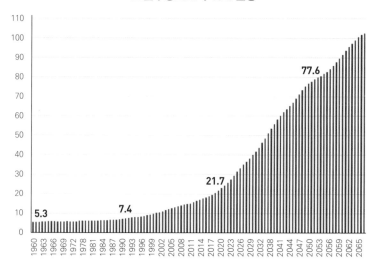

:: 노년부양비의 추이와 전망

자료: 통계청(2019).

　　그러면 세계 다른 나라들도 비슷한 속도로 인구구조 고령
화가 일어나고 있을까? 우리나라의 노년부양비는 2060년에
91.4가 될 것으로 추정되는데, 세계 전체적으로는 그 시기에
28.8로 전망된다. 산업화의 성숙도에 따라 대륙별로 차이가 있
어 아프리카보다 유럽의 노년부양비가 높지만 한국만큼은 아니
다. 보기 드문 압축적 고도성장으로 '한강의 기적'을 이뤘던 우
리나라는 이제는 유례없는 초고속 고령화로 세계인의 연구 대
상이 될 것이다. 북한의 고령화 속도가 아시아 평균과 유사하게

전망된 것과는 대조적이다.

　동일본 대지진 때 쓰나미의 피해가 극심했던 이와테현에서 후다이 마을만은 무사해서 '기적의 마을'이라고 불린다. 이 마을은 과거에 지진과 쓰나미를 경험했던 촌장이 주변의 반대를 뚫고 1984년에 높이 15.5미터의 거대한 방조제와 수문을 건설했다. 이 덕분에 2011년에 쓰나미가 마을을 집어삼키는 것을 막아낼 수 있었던 것이다.

　그런데 우리나라에 예고된 인구변동 쓰나미에 대해 우리는 방조제가 준비되어 있는가? 급격한 인구구조 고령화가 상당 부

:: 세계의 노년부양비

구분	2010	2020	2030	2040	2050	2060
세계 전체	11.7	14.4	18.0	22.1	25.2	28.8
아프리카	6.2	6.4	7.0	8.0	9.6	11.4
아시아	10.1	13.2	17.5	23.3	27.8	33.6
유럽	24.0	29.7	37.4	43.4	48.7	51.6
라틴아메리카	10.3	13.1	17.8	23.5	30.5	38.1
북아메리카	19.5	25.9	33.7	36.2	37.2	40.6
오세아니아	16.5	20.4	24.7	27.5	29.4	32.2
남한	14.8	21.7	38.2	60.1	77.6	91.4
북한	12.8	13.2	18.7	29.0	31.1	35.6

자료: UN(2017), 남한 자료는 통계청(2019).

분 '정해진 미래'(조영태, 2016)라면, 우리는 이에 대응할 새로운 방조제를 무엇으로 어떻게 마련할 수 있을까?

인구 오너스 시대의 학교

합계출산율이라는 개념이 있다. 여성 한 명이 평생 동안 낳을 것으로 예상되는 아이 수를 나타낸다. 구체적으로는 조사 연도의 가임연령 여성의 실제 출산률을 연령대별로 조사해 합산한 값이다. 일반적으로 현재의 인구 규모가 유지되기 위한 합계출산율('대체출산율'이라고 함)은 약 2.1명이다. 비혼이나 비출산도 있으므로 남녀 한 쌍이 2.1명의 아이(단, 남아와 여아 성비의 균형이 필요)를 낳으면 다음 세대에도 인구가 같은 규모로 유지된다는 것이다.

1960년 한국의 합계출산율은 무려 6.16명이었고 그해 약 108만 명의 아이가 태어났다. 그 시절 우리나라는 6·25전쟁 이후 베이비붐이 일던 고출산국이었다. 1970년에도 합계출산율은 4.53명, 출생아 수는 약 101만 명이었다. 그 후 산아제한 정책 등으로 출산율이 낮아져 1983년에는 합계출산율 2.06명, 출생아 수 약 77만 명의 1차 인구절벽을 맞이한다. 그때 합계

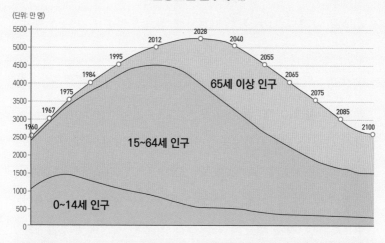

:: 연령대별 인구 추계

(단위: 만 명)

연도	총인구수	유소년인구수	생산연령인구	노년인구수	중위연령
1960	2,501	1,059	1,370	67	19.0
1970	3,224	1,371	1,754	89	18.5
1980	3,812	1,295	2,372	128	21.8
1990	4,287	1,097	2,970	189	27.0
2000	4,701	991	3,370	339	31.8
2010	4,955	798	3,621	537	37.9
2020	5,184	631	3,738	815	43.7
2030	5,120	433	3,381	1,306	49.8
2040	5,019	443	2,852	1,724	54.6
2050	4,736	417	2,419	1,900	57.9
2060	4,262	327	2,066	1,868	61.2
2070	3,766	282	1,737	1,747	62.2
2080	3,320	282	1,474	1,563	62.8
2090	2,901	244	1,372	1,285	59.6
2100	2,538	207	1,254	1,078	59.3

자료: 통계청(2021).

출산율이 대체출산율 수준으로 떨어진 것이다. 그런데 그 후로부터 시작된 저출산은 2001년에 합계출산율 1.3명, 출생아 수 약 56만 명의 초저출산 수준으로 낮아지는 2차 인구절벽을 보였다. 이러한 초저출산 기조는 그 후로 더 심화되어 2017년 합계출산율 1.05명, 출생아 수 약 36만 명이라는 극저출산 현상이 나타난 3차 인구절벽에 이르렀다. 2018년은 합계출산율 0.98명, 출생아 수 약 33만 명, 2019년은 합계출산율 0.92명, 출생아 수 약 30만 명, 2020년은 합계출산율 0.84명, 출생아 수 약 27만 명을 찍으며 극저출산 기록을 경신해왔다(통계청, 2021). 출산율 저하와 수명 증가로 인한 인구변동을 먼저 겪은 선진국들이 포진한 OECD 국가 내에서도 한국은 0명대의 합계출산율을 보이는 유일한 나라가 된 것이다. 가치관의 변화에 따른 혼인 건수의 감소가 2010년 이후 지속되면서 합계출산율의 감소폭이 커진 것으로 보인다.

최근의 극저출산 추이를 다 반영하지 않더라도 2019년 장래인구추계상으로 0~14세 유소년인구수는 2020년 630만 명에서 50년 후인 2070년에는 315만 명으로 반토막이 나는 것으로 전망되고 있다. 같은 기간에 65세 이상의 노년인구수는 813만 명에서 1,757만 명으로 두 배 이상 증가할 전망이다. 그리고 이들을 부양할 15~64세 생산연령인구수는 3,621만 명에서 절반 미

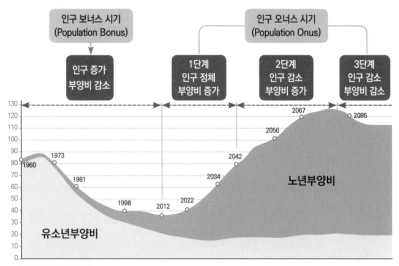

:: 인구 보너스 시기와 인구 오너스 시기

인구 보너스 시기
(Population Bonus)

인구 오너스 시기
(Population Onus)

인구 증가
부양비 감소

1단계
인구 정체
부양비 증가

2단계
인구 감소
부양비 증가

3단계
인구 감소
부양비 감소

노년부양비

유소년부양비

자료: 통계청(2019).

만인 1,709만 명으로 줄어들 전망이다.

　이 세 연령대 인구의 상대적 비율 변화는 생산연령인구의 나머지 인구 부양 부담이 달라진다는 것을 의미한다. 생산연령인구 대비 노년인구 비율을 노년부양비라고 하듯이, 생산연령인구 대비 유소년인구 비율은 유소년부양비라고 한다. 그리고 노년부양비와 유소년부양비를 더한 비율을 총부양비라고 한다. 2012년은 이 총부양비가 저점에 달한 시기였다. 베이비붐 세대가 생산연령인구가 되면서 경제가 성장하고 피부양 연령층에 비해 부양 연령층이 두터워져서 총부양비가 하락하는 '인구 보너스' 시기의 호시절이었던 것이다. 그런데 그 이후부터는 초저출산으로 유소년부양비는 하락하지만, 베이비붐 세대가 은퇴하여 노년인구에 편입되면서 생산연령인구가 줄어 경제성장이 정체되고 노년부양비가 급등하여 총부양비가 상승하는 '인구 오너스(부담)' 시대로 전환했다. 인구변동 예고를 많이 접하면서도 아직까지 그로 인한 사회적 문제를 실감하지 못했다면, 그것은 지금껏 총부양비가 낮은 인구 보너스 시기를 즐겨왔기 때문이다. 이제 인구변동의 청구서는 본격적으로 날아들기 시작할 것이다. 총부양비는 2017년 37에서 2067년 120으로 폭등할 전망이다.

우리나라의 인구변동을 실감나게 보여주는 또 다른 그림은 인구 피라미드의 변천이다. 베이비붐으로 1960년에 기단이 넓은 피라미드 모양이던 연령대별·성별 인구 구조는 이 세대가 생산연령인구에 들어오면서 위·아래보다 중간이 두터운 다이아몬드형으로 바뀌었다. 그러나 이후 그 세대가 노년인구로 편입되고 신생아 수가 급감하면서 2050년에는 고려청자 모양으로 바뀔 전망이다. 만약 1960년과 1990년의 그림처럼 80세 이상을 세분하지 않고 뭉뚱그리면 2050년 그림은 더 위태로운 역피라미드 모양이 될 것이다. 인구구조가 피라미드형일 때 콩나

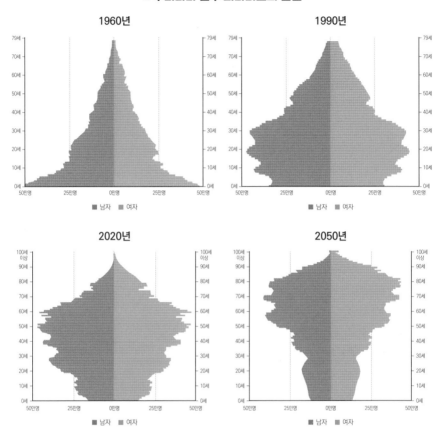

:: 우리나라 인구 피라미드의 변천

자료: 통계청(2021).

물시루 같았던 초등학교의 과밀학급은 이미 옛말이 되었다. 역
피라미드형 인구 구조에서는 어떤 교육의 모습이 그려지는가?

인구변동에 대한 교육계의 관심은 주로 학령인구 감소에 따른 교원과 학교의 입지 불안에 맞춰져 있다. 2001년부터 계속되고 있는 초저출산과 최근의 극저출산에 따른 학령인구 감소에 대응해 교원의 임용과 교육 예산의 투입이 줄어들고 폐교가 늘어날지 모른다는 우려가 그런 것이다. 가령 2037년 초·중·고·대학생을 합친 숫자가 1977년 초등학생 수보다 적을 것으로 예상되는 상황이기 때문에 우려하는 것도 당연하다. 기존 학급 수가 유지된다면 2030년에 초등학교 한 반은 평균 13명 정도밖에 되지 않을 전망이다. 대학은 2021년부터 전국 대입정원보다 고 3 학생 수가 적어서 신입생 충원이 되지 않는 위기를 맞이하기 시작했다. 서울 소재 상위권 대학의 입학 경쟁은 여전히 치열하지만, 그 외 많은 대학들이 신입생 전원에게 선물을 내걸고 국·공립대는 무상교육까지 천명하면서 학생 유치에 애를 태우고 있다. 학과 전공과 관련된 내신 및 수능 등급이 매우 낮은 학생도 해당 학과에 어렵지 않게 합격한다. 어렵게 입학시킨 학생 중 일부는 그보다 높은 순위의 대학이나 전공으로 옮겨가기 위해 반수 준비에 들어간다. 대학의 존폐 기로에서 외국인 학생 유치에 사활을 건 대학들도 있지만, 교직원들은 언제까지 버틸 수 있을지 불안감을 느낀다. 2037년 이후에는 현재 대입정원보다 고 3 학생 수가 15~20만 명 부족할 것으로 예상되고, 늦어도 2040년이 되기 전에 고 3 학생 수는 전문대학을 제외한 4년제 대학교의 입

:: 교육 단계별 학령인구 추이

■ 초등학교(6~11세)　　중학교(12~14세)　■ 고등학교(15~17세)　■ 대학교(18~21세)

(단위: 만 명)

자료: 인구로 보는 대한민국, 국가통계포털(2020. 5.)

학정원보다 모자랄 전망이다(이철희, 2019). 예전에 학령인구 감
소로 서울에서 먼 지방대학부터 위기를 맞을 것이라는 전망하
에 "벚꽃 피는 순서대로(남쪽에서부터) 대학이 망해갈 것"이라고
들 했다. 그러나 수도권 대학도 고 3 고객의 급감 충격은 피해갈
수 없을 것이고, 4년제 대학교도 예외는 아니다.

입시집중형에서 평생학습형으로!

우리의 현행 교육 시스템과 기반시설은 과거 고출산 시대에 맞

취져 있는 경우가 많다. 가령 초등학교 저학년의 짧은 수업시수는 입학생 수에 비해 교실이 부족했던 예전 2부제 수업 때의 유산이라고 볼 수 있다. 1970~1980년대에 초등학교는 학급 수가 20개가 넘는 경우도 있었고, 한 반 인원이 80명 정도일 때도 있었다. 그마저도 모두 감당할 수 없어 오전반과 오후반으로 나누어 등교수업을 했다. 물론 지금은 일부 신도시를 제외하면 과밀학급을 가진 초등학교는 드물고, 지역에 따라서는 교실이 남아도는 상황이다.

그런데 학생 수의 감소에도 지방교육재정교부금은 내국세의 일정 비율(2021년 현재 20.79%)이 자동 배정되고 있다. 그러다 보니 이월 및 불용 예산이 2015~2019년간 31조에 육박하고, 지방교육행정의 비대화 논란도 일고 있다. 이에 예산 당국은 인구변동에 따른 저성장 및 복지지출 증가 등에 대비해 교육재정 투입의 효율성을 꾀하고 있다. 반면 교육계는 교육의 질 제고를 위해 인력과 재정의 투입이 앞으로도 늘어나거나 유지돼야 한다고 주장하고 있다.

하지만 인구구조의 심대한 변화가 가져올 충격에 맞서 교육분야에서 대응해야 할 정책 과제는 학령기의 학교 교육에 국한되는 것이 아니다. 우리나라의 모든 인구를 나이순으로 세웠을때 맨 중간에 있는 중위연령은 2017년에 42세였지만 2067년에는 무려 62.2세가 될 것으로 전망되고 있다(통계청, 2019). 장래에는 어느 조직이든 허리 역할을 40대가 아니라 신중년이라 불리는 50·60대가 맡아야 하는 전혀 다른 세상을 준비해야 한다.

그런데 성인의 역량은 우리나라에서 30대부터 꺾이기 시작한다. 만 15세 학생의 국제학업성취도평가(PISA) 읽기, 수학, 과학 점수는 OECD 국가들 중 최상위권에 속하지만, 만 16~64세 성인을 대상으로 한 OECD의 국제성인역량평가(PIAAC)에서 한국은 연령이 높을수록 순위가 하락한다. 예컨대 컴퓨터 기반 문제해결 능력의 상위 수준 비율이 16~24세는 63.5%로 1위였지만, 55~65세는 3.9%로 최하위였다(OECD, 2013).

OECD PIAAC 조사에서 측정한 언어 능력의 연령별 차이를 보더라도 한국에서 성인기에 인적 역량이 급속히 저하하는 것을 확인할 수 있다. 여기서 언어 능력은 단순한 읽기 능력이 아니라 전반적인 인지능력인 핵심 정보 처리 능력으로서, 사회 참여, 목표 성취, 지식 및 잠재력 개발을 위해 문서로 된 정보를 이해·평가·활용·관여하는 능력을 말한다. 한국인의 언어 능력은 고등학교와 대학교 재학 시절에는 OECD 평균보다 높은 수준이지만 20대 중반부터 꺾이기 시작해 30대부터는 OECD 평균보다 떨어지는 모습을 보인다. 다른 OECD 국가에서도 성인이 일정 연령대를 넘어서게 되면 역량이 하락하지만, 한국은 역량이 더 이른 시기부터 더 급속하게 하락하는 것이다. 이것은 연령이 높을수록 평균학력이 낮아서 나타난 현상이 아니었다. 학력 수준을 통제하여 같은 학력끼리 비교한 경우에도 고연령일수록 역량이 떨어지는 것이 확인되었다(채창균, 2020).

이러한 인적자본의 조로 현상은 한국인이 학령기 교육 이후에는 배울 기회가 적으며, 직장에서도 자신의 기술과 능력을 충분히 활용하여 역량을 유지·발전시키고 있지 못할 가능성을 시사한다. 대입 전까지는 중노동에 가까운 공부에 시달리지만 성인기에는 학습의 기회나 유인이 부족하다는 것을 의미한다. 높은 숙련을 요구하는 양질의 일자리가 부족했기 때문일 수도 있고, 채용·보상 및 승진 제도가 능력 중심이 아니라 학력 및 연공서열 중심인 경우가 많았기 때문일 수도 있다.

우리나라가 상위권 대학 진학에 초점이 맞춰진 학벌사회에서 벗어나지 못하면, 치열한 입시경쟁 때문에 부모는 저축 대신 과중한 사교육비 지출을 해야 하고, 자녀는 중·고등학교 때 이미 공부에 진저리가 나게 된다. 이는 초고령사회에 필수적인 노후 대비와 평생학습에 악영향을 미친다. 인구변동에 따라 펼쳐질 새로운 세상에서 살아남으려면 우리 교육 패러다임의 전환이 필요하다.

패러다임 전환의 핵심은 입시에 초점이 맞춰진 교육 패러

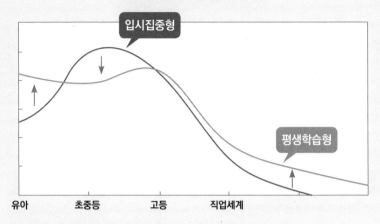

:: 생애주기별 학습량의 재배분

입시집중형

평생학습형

유아　　　초중등　　　고등　　　직업세계

* 평생학습형 생애학습곡선은 스웨덴의 관련 지표들을 기준으로 형상화한 것이다.
자료: 채창균(2020)에서 수정.

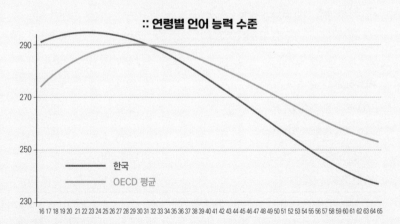

:: 연령별 언어 능력 수준

290

270

250

230

한국
OECD 평균

16 17 18 19 20 21 22 23 24 25 26 27 28 29 30 31 32 33 34 35 36 37 38 39 40 41 42 43 44 45 46 47 48 49 50 51 52 53 54 55 56 57 58 59 60 61 62 63 64 65

자료: OECD(2013).

다임을 평생에 걸친 유연한 학습 패러다임으로 바꾸는 것이다. 초·중등교육 시기에 상위권 대학 진학을 향한 일점집중형 입시 경쟁에서 발생하는 과도한 공부 노동과 사교육 의존은 교육투자의 효율성 차원에서도 문제가 있는 만큼 줄여나갈 수 있도록

:: 한국과 스웨덴의 교육 시스템과 거시적 성과 비교

구분	한국	스웨덴
만 15세의 주당 총공부시간(2015)	50.6시간	39.7시간
학생 1인당 초등교육기관 총교육비(PPP, 2018)	12,535달러	12,911달러
학생 1인당 중등교육기관 총교육비(PPP, 2018)	14,978달러	13,500달러
학생 1인당 고등교육기관 총교육비(PPP, 2018)	11,290달러	26,147달러
25~64세 대졸 성인 고용률(2020)	77.0%	89.3%
25~34세 대졸 청년 남성 고용률(2020)	79.7%	86.7%
25~34세 대졸 청년 여성 고용률(2020)	70.9%	84.5%
평생학습 참여율(2012)	50%	66%
취업자 교육훈련 참여 시간	46위	12위
IMD 대학 경쟁력(2017)	53위	19위
IMD 국가 경쟁력(2017)	29위	9위
1인당 GDP(PPPs, 2017)	38,824달러	51,405달러
WHR 행복지수(2021)	5.845 (62위)	7.363 (6위)

자료: 총공부시간은 PISA 2015, 총교육비, 고용률 및 1인당 GDP는 OECD 통계, 행복지수는 World Happiness Report 2021, 평생학습 참여율, 취업자 교육훈련 참여 시간과 경쟁력 순위는 채창균(2020)에서 재인용.

해야 한다. 그 대신 양질의 유아교육을 이른 시기부터 보편화하고, 고등교육 전반의 질적 제고를 위한 투자를 늘리며, 평생직장이 아닌 평생고용을 목표로 직업 재교육 투자와 생애학습을 강화해야 한다.

이처럼 생애주기별 교육투자 수준 및 학습량을 현재 우리나라와 같은 입시집중형에서 스웨덴과 유사한 평생학습형으로 전환하는 것은 패러다임의 전환에 가까운 교육 시스템 변화다. 초중등 단계에 치우친 교육투자와 공부량에서 벗어나 고등교육에 대한 투자 증대를 통해 대학 경쟁력을 높일 필요가 있다. 취업자의 교육훈련과 평생학습 참여를 늘려 연령이 높아져도 역량이 하락하는 것을 방지하고 중·고령층 취업자도 직무 능력을 유지하도록 해야 한다. 또한 노동시장과 육아 및 가사노동에서 성평등을 구현하고, 일·생활의 균형을 이룰 수 있는 환경을 조성하면, 고학력 한국 여성의 상대적으로 낮은 고용률도 상승할 수 있을 것이다. 이러한 패러다임 전환이 국가의 인적자본 경쟁력을 높이고 1인당 소득은 물론 국민의 행복도를 제고하는 결과를 낳을 가능성이 높다면, 그 방향으로의 변화에 주저할 이유는 없다.

배움, 일, 여가의 연령 분리 구조에서 연령 통합 구조로

우리가 어떻게 변화해야 하는가의 문제는, 그동안 우리가 어떻게 살아왔는지에 대한 성찰에서 출발한다. 그리고 전례 없는 인구변동을 포함한 사회 급변을 맞은 세상에서 어떻게 살아야 할 것인지에 관한 새로운 요구와 전망 속에서 변화된 모습을 그려나가야 한다.

지금까지 대다수 사람의 일생은 배움, 일, 쉼이 연령대별로 구분되는 단선적인 생애주기로 구성되어 있었다. 배움은 '학령기'라고 불리는 아동·청소년기에 집중되어왔다. 우리나라는 경제발전 전략에 맞춰 초등교육, 중등교육, 고등교육 순으로 공교육을 단계적으로 확대해왔다. 학교는 공장을 방불케 하는 획일적인 교육을 제공했고, 암기와 이해 위주의 표층학습이 주된 교육 목표가 되어왔다. 개발연대의 추격형 경제에는 이러한 모방형 인적자본 육성의 타당성이 인정될 수 있었다. 사립에 의존하여 고등교육도 양적으로 팽창해 대학 교육이 보편화되었다.

학교 교육을 마친 성인기는 일하는 시기였다. 학령기의 장시간 공부가 성인기에는 장시간 노동이 되었다. 장시간 노동의 배경에는 낮은 가격으로 빠르게 양산해 수출 경쟁력을 확보했던 발전 전략이 있었다. 기본급 비중이 낮고 수당 중심인 임금 체계를 견지하여 초과근무를 유도하는 경향도 있었다.

또한 보수 체계가 한 회사에서 장기 근속하는 것을 장려하는 연공급 성격이 강했다. 그러나 지금은, 그리고 앞으로는 더욱 연공급을 감당해내기 힘든 상황으로 가고 있다. 우리나라 성인의 연령에 따른 역량 저하를 확인했듯이, 나이 많은 사람은 생산성이 떨어지는데 계속 고임금을 주려고 하면 회사 입장에서는 부담스러워지는 것이다. 물론 젊었을 때 생산성보다 낮게 받은 것을 나중에 돌려받는 것이라고 볼 수도 있다. 하지만 연공급은 예전처럼 경제가 계속 성장하고 회사도 오래 존속하며 새로운 사람들이 많이 태어나서 낮은 임금으로 입직할 때 유지될 수 있다. 지금처럼 인구 구조가 역피라미드형으로 변환되고 있는 상황에서는 지속되기 힘든 구조다.

과거에는 지금 다니는 회사를 평생직장이라고 믿고 장시간 노동을 하다 보니 자기 계발에 쓸 시간도 없었고 전직 훈련의 기회도 없었다. 다행이었던 것은 그 시대에는 지식과 기능의 교체 주기가 지금보다 훨씬 길었다는 점이다. 기술을 한번 배우면 오랜 기간 크게 바뀌지 않았고, 한 분야에 오래 종사해서 숙련 기술자가 되면 장인이나 달인 소리도 들었다. 외환위기, 글로벌 금융위기, 혹은 산업 구조조정 등과 같은 외부적인 충격이 있을 때만 인적자본의 갱신이 필요했을 뿐, 그렇지 않고는 비교적 안정적으로 근로 능력이 유지되었다.

장시간 노동으로 누리지 못했던 여가는 은퇴 후의 노년기에야 주어졌다. 노후 대비가 안 된 노인이 저부가가치의 생계형 근로에 매달리는 경우는 있지만, 대체로 성인 자녀를 비롯한 직계가족의 부양에 노년을 의존해왔다. 시간은 많은데 좋은 여가로 보기 어려운 무료한 시간들을 보내며 사회적으로 고립되어 있는 노인이 많았다. 그러다 보니 한국 사람들의 행복감을 연령별로 비교해보면, 노년기로 올수록 행복감이 낮아지는 모습이 나타난다. 행복감이 중년에 바닥을 치고 은퇴 후 노년에 다시 상승하는 구미·중국 등과 대조적이다. 또한 배움이 학교 교육 이후 일찍 중단됐고 새로 배울 능력도 잃었기에 디지털 세상에서 노동시장 참여는 물론 스마트폰 사용이나 키오스크 음식 주문에도 어려움을 겪는 노인이 많다.

역피라미드형의 인구 구조를 가진 새로운 시대에는 어떻게 살아야 할까? 그때는 더 이상 아동·청소년기에만 공부하고, 기존의 근로연령대에만 일하고, 노년기에만 쉬면서 살 수 없을 것이다. 좀 다르게 보면, 더 이상 아동·청소년기에 공부만 하고, 기존의 근로연령대에 일만 하고, 모아둔 것이 부족할 만큼 길어진 노년기에 쉬기만 하면서 살기를 원하지 않을 것이다. 앞으로는 배움과 일과 쉼이 전 생애에 걸쳐 병행될 수밖에 없고, 스스

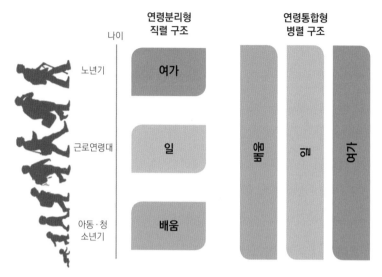

:: 배움, 일, 여가의 연령분리형 직렬 구조와 연령통합형 병렬 구조

자료: Riley and Riley(2000).

로 그것을 원하게 될 것이다.

먼저 아동·청소년기에는 공부만 하는 것이 아니라 비어 있는 시간을 갖고 일을 체험해봐야 한다. 돈을 버는 아르바이트가 아니더라도 집안일, 지역사회 봉사활동 등을 해볼 필요가 있다. 설문조사 형식의 진로 적성 검사를 넘어 자기가 무엇을 좋아하고 잘하는지, 컴퓨터 게임이나 스마트폰 보는 것 외에 무슨 일에 몰입하여 의미를 느끼는지를 찾을 수 있는 탐색을 해봐야 한다. 그러기 위해서는 아이들에게도 자유롭게 쓸 수 있는 시간이 보장되어야 한다. 재량적 휴식권이 보장되어야 놀이와 다양한 체험을 통한 학습도 가능해진다. 중등교육을 마치고 고등교육으로 진학하기 전에 학생들이 1년 동안 직업체험을 비롯한 다양한 경험을 쌓을 수 있도록 하는 아일랜드의 전환학년제와 같은 갭이어(gap year) 제도는 인생을 더 길게 보고 설계해야 하는 100세 시대의 학생들에게 더욱 필요하다. 학업, 일, 쉼이 병행·공존하는 보다 넓은 공부를 통해 자신을 발견하고 세상과 소통할 수 있는 시간이 청소년기에 주어져야 한다.

다음으로, 성인기에는 일만 하는 것이 아니라 여가 시간을 갖고 학습을 해야 한다. 그러기 위해서는 노동시간이 줄어들어야 한다. 일·생활의 균형을 중시하고 소확행을 즐기는 MZ세대의 직업관·가치관과도 부합한다. 근로연령대 인구가 감소하기 때문에 노동시간을 줄일 수 없을 것이라는 견해도 있다. 그렇지만 디지털 원주민인 미래세대 취업자들이 기계와 인공지능을 활용해 생산성을 끌어올리고 정년을 연장할 수 있으면 여가를 확보할 수 있다. 그렇게 확보된 여가 시간에 휴식을 통한 재충전과 더불어 학습을 해야 한다. 기술 변화 속도에 맞춰 자신의 기능을 업그레이드시키고, 직업 세계와 노동 수요의 트렌드 변화에 맞게 다른 업종으로 옮겨갈 수 있는 준비도 해야 한다. 학교 졸업 후에 끝나는 공부가 아니라 평생고용을 목표로 한 평생 학습을 당연하게 여기는 사회로 가야 한다.

끝으로, 노년기에는 쉬기만 하는 것이 아니라 학습하고 일해야 한다. 디지털 전환으로 사회 전체가 점점 기계화되고 자동화되는데, 변화에 대한 적응 방법을 학습하지 않으면 소외될 수밖에 없다. 또한 인생을 잘 마무리하는 웰다잉에 대한 공부도 필요하다. 노년기에는 저부가가치형의 생계형 근로가 아니라 자신의 신체적·인지적 상태에 적합하고 자기에게 축적된 인적자본을 활용할 수 있는 일을 해야 한다. 정년 연장은 2001년부터의 초저출산 코호트가 노동시장에 들어와 청년층 취업난이 모두 해소될 2030년쯤(조영태, 2021)에 단행할 수 있을 것이다. 그때 고령층이 재교육을 통해 생산성을 유지할 수 있다면 임금의 대폭 삭감 없이도 고령층 취업자가 청년 취업자와 공존할 수 있다. 50·60대의 신중년뿐만이 아니라 60·70대의 신노년이 생산적인 경제활동을 이어가고 지역사회에 대한 활발한 참여를 통해 사회적 가치를 창출하는 활력 있는 100세 시대를 준비해야 한다.

고령자 의무교육과 국민 평생학습

이처럼 인구변동기의 새로운 시대에는 배움, 일, 쉼이 순차적으로 진행되는 삶에서 그것들이 전 생애에 걸쳐 병행되는 삶으로 옮겨가야 한다. 미래학자 앨빈 토플러는 "21세기 문맹은 읽지 못하고 쓰지 못하는 사람이 아니라 배우려 하지 않고 낡은 지식을 버리지 않는 사람이 될 것"이라고 말했다. 그러면서 앞으로 의무교육은 학령기 학생이 아니라 고령자에게 필요할 것이라고 했다. 그만큼 세상이 달라지고 있다는 뜻이다.

그런데 우리가 평생·직업 교육에 대한 투자를 얼마나 하고 있는지를 보면 아직 충분하지 않다. 2018년 기준으로 교육부 전체 예산 중 78.6%는 유아·초중등교육에, 14%는 고등교육에 쓰였고, 1%만 평생·직업 교육에 쓰였다. 평생학습에 대한 공적 지원은 교육부보다는 고용노동부에 의해 고용보험기금 직업능력개발사업 형식으로 이루어져왔다. 지금까지는 교육을 학령기 교육 중심으로 바라봐온 것이다.

그러나 학령인구가 급감하고 인구구조가 확연하게 변화하며 생애에 걸친 학습이 절실해지는 상황에서는 국가의 교육 투자도 재배분이 필요하다. 앞으로는 학령기 이후에도 국민들이 새로운 것을 배워나가고 변화하는 사회에 적응할 수 있도록 국가적인 지원을 늘려야 할 것이다. 즉 학생 수가 준다고 그에 비례해서 교육 예산 총액을 줄이는 것이 아니라 국민 개개인의 일생 동안 국가적 교육 투자의 양은 늘리되 투자 시기를 재조정하여 아동기부터 노년기에 걸쳐 학습이 진행될 수 있도록 도울 필요가 있다.

다만 기술, 인구, 시장의 급변에 따른 노동 수요의 변화에 긴밀히 부합하는 평생교육 및 직업훈련 프로그램을 공급하려면 국가가 직접 공급자로 나서기보다 민간 주도의 시장이 활성화될 수 있는 조건을 조성하는 것이 바람직하다. 정부의 주된 역할은 노동시장과 교육기관에 관한 정보를 수집하여 시장의 참여자들에게 제공하고, 저숙련 취약층이 소외되지 않고 학습에 참여할 수 있도록 지원하는 것이다(박윤수, 2021).

〈2019년 평생교육백서〉를 보면, 평생학습에 참여하지 못하는 사유로 직장 업무로 인한 시간 부족이 가장 많았다(남성 69.6%, 여성 46.4%). 또한 가까운 거리에 교육훈련 기관이 없다는 것(남성 12.9%, 여성 17.7%), 가족 부양에 따른 시간 부족(남성 5.8%, 여성 19.0%) 등의 이유도 있었다. 배움과 일이 병행될 수 있는 여건이 미비했던 것이다. 근로시간 단축, 교육훈련 서비스 시장의 활성화, 집안일과 돌봄의 분담 등이 필요하다는 것을 의미한다.

한편 평생교육 참여율은 고령층, 농어촌 지역민, 저소득층,

저학력층에게서 상대적으로 낮게 나타났다. 재직자의 직업훈련 참여율은 중소기업 취업자, 여성 취업자, 중고령 취업자에게서 상대적으로 낮았다. 이처럼 향후 기술 변화 등으로 더 큰 타격을 받을 수 있는 저숙련 노동자들에게 재교육의 기회가 더 적게 주어져온 것이다. 이는 모든 국민의 평생학습을 위한 정부의 지원이 특히 어떤 사람들에게 집중되어야 할 것인지를 보여준다.

평생학습 참여도가 낮은 취약층에게 교육 바우처 같은 것을 지급해서 유익한 프로그램을 체험할 수 있도록 하고 노동시장 및 교육훈련 정보를 계속 제공하여 상시적인 학습 참여로 이어지도록 할 필요가 있다. 실업자에 대한 정부의 직업훈련비 지원의 경우, 비용 부담 때문에 단가를 규제하게 되면 훈련의 품질이 낮아질 수 있으므로, 필요한 만큼 훈련비를 대출해주되 취업 후 근로소득에 따라 상환 의무를 차등적으로 부여하는 제도를 검토할 수 있다(박윤수, 2021).

대학 교육의 경우에는 나이 들어 수능시험을 보지 않아도, 굳이 '인서울'을 하려고 애쓰지 않아도, 자신이 일하는 곳에서 가까운 지역대학에서 언제든지 필요한 교육을 필요한 만큼 받을 수 있는 환경으로 바꿔나가는 것이 요구된다. 대입 전형 방식과 학점 및 학위수여 제도의 변화가 수반되어야 한다. 이는 생존을 위해 고 3 학생이 아닌 성인 학습자를 새로운 고객으로 유치해야 하는 대학의 입장에서도 필요한 전환이다.

인구변동 쓰나미를 극복하는 법

우리나라의 교육기본법 제3조(학습권) "모든 국민은 평생에 걸쳐 학습하고, 능력과 적성에 따라 교육 받을 권리를 가진다"(전문개정 2007. 12. 21.)는 이미 평생에 걸친 학습을 모든 국민의 권리로 규정하고 있다. 하지만 그동안은 온 사회의 초점이 대학입시에 맞춰져 입시 한 방이 평생을 좌우하는 것처럼 여겨졌고, 평생학습은 시간 있는 사람이 다니는 문화센터 활동과 잘 구분되지 않기도 했다. 인구변동의 쓰나미급 충격을 체감하기 전이었고, 인구 보너스를 누리던 시절이었기 때문에 그랬던 것이다.

이제는 인구구조 전환의 급변점에 와 있다. 평생학습은 더이상 선언적인 구호가 아니라 급변하는 세상에서 생존 및 삶의 질과 직결된 권리가 될 것이다. 높고 튼튼한 방조제와 수문을 만들어 쓰나미를 막아낸 것처럼, 인구충격 쓰나미는 평생학습형 패러다임의 설계도로 구축한 방조제로 대비할 수 있다. 쓰나미가 밀어닥치면 바다에 가까운 마을이 취약한 것처럼, 인구충격이 본격화되었을 때도 특히 취약한 사람들이 있을 것이다. 쓰나미에 대비하기 위해 해안에는 민가 대신 해변공원을 조성해 완충지대를 둠으로써 인명 피해를 예방할 수도 있다. 인구충격 쓰나미의 완충지대는 국가가 취약계층을 위한 사회안전망을 확충하여 마련할 수 있다.

자연재해 쓰나미보다 인구충격 쓰나미는 더 정확히 예고된 도전이다. 이것은 남의 이야기도, 먼 미래의 이야기도 아니다. 어쩌면 이미 우리에게 닥친, 아니면 곧 닥칠 세상에 대한 이야기다. 적응하고 익숙해지기 위해서 준비가 필요하다. 경험해보지 못한 세계여서 두려울 수 있지만, 인구충격 쓰나미도 잘 대비하면 모든 것을 집어삼켜 파괴해버리는 지진해일이 아니라 맞서볼 만한 파도처럼 느낄 수 있을 것이다. 파도를 타면 된다. 평생학습의 보드를 준비해 고령화의 파고들을 잘 타고 넘나들면 100세 시대를 사회적 재앙이 아닌 축복으로 받아들일 수 있을 것이다.

10장

인공지능의 도전
4차 산업혁명 시대의 미래교육 (1)

．
．
．

대학입시와 관련된 논란, 특히 학생부종합전형을 포함한 수시
전형을 지지하는 입장과 수능 중심의 정시전형을 지지하는 입
장 사이에 벌어지는 논쟁에는 '4차 산업혁명'에 대한 언급도 자
주 나온다. 예를 들어보자. 변별력을 이유로 각종 함정을 만들
어놓은 시험 점수를 기준으로 학생을 선발하는 것은 "4차 산업
혁명 시대의 특성을 고려하면 시급히 버려야 할 관행"이라는 한
교육전문가의 글이 언론 기고로 실렸다.

이에 대한 댓글 중 하나가 인상적이었다. "4차 산업혁명?!
정말 언제나 빤한 소리 지겹네요. 좋은 대학은 정해져 있고, 어
차피 무엇으로든 줄을 세워야 한다면 성적으로 해야지, 부모
스펙으로 하나요?! (…) 할 말 없으면 내세우는 그놈의 4차 산업
혁명, 뭔지나 알고 떠드나요?" 이 댓글은 많은 공감 표시를 받
았다.

현 인류의 3대 도전

빈부격차, 기후변화, 인공지능(AI)의 도전을 현 인류가 맞이한 3대 도전이라고 한다. 추가로 우리나라는 인구변동이라는 거대 도전에도 직면해 있다.

빈부격차 문제는 단순히 소득격차를 넘어 부, 여가, 문화, 교육 등에서 다중적인 양상을 띠고, 최근에는 디지털 격차와 코로나19 상황에서 K자형 양극화(코로나19 사태를 기점으로 격차가 더 벌어진 현상)까지 부각되고 있다. 최근 속출하는 기상이변과 생태계 변화는 기후변화의 충격파를 예고하며 기후위기라는 표현도 등장시키고 있다. 인구충격 쓰나미의 영향은 산부인과와 아동 관련 업체의 폐업, 학교 폐교, 지방 소멸, 연금 재정 고갈 등 다양한 형태로 나올 것이다.

그럼 인공지능은 왜 인류에게 그렇게 큰 도전으로 간주되고 있을까? 4차 산업혁명이 교육의 변화를 요구하는 이유를 가장 잘 보여주는 것이 인공지능의 발전이다. 먼저 기존의 산업혁명 과정을 보자. 18세기 말부터 19세기 초까지는 증기기관과 철도를 바탕으로 한 기계에 의한 생산(1차 산업혁명), 19세기 말부터 20세기 초까지는 전기와 조립 라인을 바탕으로 한 대량생산(2차 산업혁명) 시대의 도래로 엄청난 물질적 진보를 달성했다.

1960년대부터 1990년대까지는 반도체, 컴퓨터, 인터넷의 도입으로 정보화 사회를 열었다(3차 산업혁명). 그런데 2000년대에 들어 인공지능, 사물인터넷(IoT), 3D프린터, 빅데이터, 블록체인 등이 언급되더니, 정보화에서 지능화로 넘어가는 4차 산업혁명 시대로의 진입이 주장되고 있다. 2016년 1월 다보스 포럼에서 처음 제기된 4차 산업혁명은 IT기술 등 디지털 혁명(3차 산업혁명)에 기반하여 물리적 공간, 디지털 공간 및 생물학적 공간의 경계가 희석되는 기술융합의 시대로 정의된다. 기존의 산업혁명은 기계, 내연기관, 전력 등이 주로 인간의 손발과 근육을 대체했다. 그런데 4차 산업혁명에서는 인공지능이 영장류 인간의 최강 무기였던 두뇌를 대체하고 있다는 점에서 사람들을 긴장시키고 있다. 또한 현실 세계와 가상 세계의 융합과 연결을 통해 새로운 초연결 세상을 예고하고 있다.

알파고의 은퇴

2016년 3월 세계적인 바둑기사 이세돌 9단과 구글 딥마인드의 인공지능 바둑 프로그램인 '알파고(AlphaGo)'의 대국에서 알파고가 3대 1로 승리했다. 이 사건은 사람들에게 인공지능의 능력에

대한 경탄과 함께 큰 충격을 주었다. 이세돌 9단이 '신의 한 수'
로 제3국을 이겼던 것이 그나마 위안이었다.

당시 바둑 세계랭킹 1위였던 중국의 커제 9단은 이세돌과
알파고의 대국을 보면서 인공지능이 아무리 강력해도 자기의
상대는 아니라며, 자신이 패배할 경우 그 자리에서 바둑알을 전
부 삼키겠다고 호언장담했다고 한다. 그러나 2017년 5월 더 강
해진 '알파고 마스터'와의 대국에서 커제 9단은 3대 0으로 완패
했고, 바둑알 대신 눈물을 삼켰다.

그 후 알파고는 더 이상 인간과의 대국은 무의미하다며 바
둑계를 떠났다. 그리고 계속 발전하는 인공지능의 성과를 세계
최고의 과학 저널들을 통해 알리고 있다. 예컨대 '알파고 제로'
라고 명명된 인공지능은 혼자서 학습을 시작한 지 21일 만에 알
파고 마스터와 동일한 수준에 도달했다(2017년 10월 《Nature》지에
게재). 이전과 달리 인간의 기보들을 전혀 학습하지 않았다는 의
미에서 알파고 '제로'라고 명명한 것이다.

그다음에는 '알파 제로'라는 인공지능이 소개됐다(2018년
12월 《Science》지에 게재). 이 알고리즘은 바둑뿐 아니라 여러 게
임들에 대해 게임의 기본 규칙만 알려주면 자기 자신을 가상의
상대로 두고 학습하는 범용 강화학습 알고리즘을 통해 게임의
제왕이 될 수 있기에, 바둑을 뜻하는 '고(Go)'가 이름에서 빠졌

다. 알파 제로는 단시간 학습을 통해 기존의 각 게임별 AI의 실력을 모두 넘어섰다. 2016년 체스 AI 챔피언인 스톡 피시를 4시간(30만 수) 만에 이겼고, 2017년 쇼기(일본 장기) AI 챔피언 엘모를 2시간(11만 수) 만에 이겼고, 바둑 AI 알파고 제로를 30시간(40만 수) 만에 꺾었다.

인간이 만든 게임 중에서 매우 복잡하고 다양한 수가 있어서 인간 고수가 컴퓨터에게 쉽게 패배하지는 않을 줄 알았던 바둑이 인공지능에게 완전히 정복되자 전 세계 바둑계도 변화의 조짐을 보였다. 인공지능이 인간의 기보를 학습하여 최고의 수를 찾아내는 것이 아니라 이제 프로기사들이 인공지능이 두었던 수를 따라하면서 초반 포석이 정형화된 틀에 얽매여 개인의 성향에 따른 '기풍'이 퇴색했다고 한다. 이렇게 되자 바둑의 볼거리가 줄어들고 흥미 요소가 반감되었으며, 누가 세계 최고수인지 논쟁하는 의미도 없어졌다고 한다(이수형, 2018. 12. 7).

한편 프로그램으로 이미 정해진 경우의 수에서만 최적의 결정을 내릴 수 있는 인공지능의 한계와 인간 고유의 창의성을 강조하는 이들도 있었다. 예를 들어 19줄×19줄로 된 바둑판을 20줄×20줄로 바꾸면 바둑을 두지 못할 것(정제영, 2018)이라는 식이다. 그런데 알파 제로 같은 인공지능은 어떤 바둑판을 갖다주더라도 스스로 학습하여 인간이 감히 대적할 수 없는 수준의 실력을 단시간에 가질 것이다.

혹시 우리 학생들이 죽어라고 공부하여 시험 보며 푸는 문제들의 대부분도 인공지능이 아주 빠른 시간에 다 맞힐 것이라고 생각되지는 않는가? 물론 아직 인공지능이 인간에 비해 약점을 갖는 부분은 많이 남아 있다. 그러나 인공지능이 더 발전할수록 그 남은 부분은 조금씩 더 줄어들 것으로 예상된다. 물론 인간의 영역 중에서 기계로의 대체가 기술적으로 어렵거나 불가능해서, 또는 대체하는 것이 경제성이 없어서, 또는 대체하는 것을 누구도 원하지 않아서 인간 고유의 영역으로 남게 될 부분도 있을 것이다. 모두 우리가 미래교육의 방향을 생각할 때 고려해야 할 점이다.

진격의 인공지능 로봇

로봇의 활동 영역이 갈수록 넓어지고 있다. 기존에는 무인화된 자동차 조립라인에서 로봇 팔이 자동차를 조립하고 용접하는 것과 같은 제조업 조립공정에서 로봇을 많이 봐왔을 것이다. 이제는 로봇 배달부(DHL Drone), 로봇 접객 서비스원(Softbank의 Pepper), 로봇 사서(Hunt Libray의 Bookbot), 로봇 약사(Swindon

Hospital의 Wall-E&Eve), 로봇 작곡가(Donya Quick의 Kulitta), 로봇 애널리스트·펀드매니저(Goldman Sachs의 Kensho), 로봇 변호사(IBM ROSS), 로봇 화가(The Next Rembrandt) 등이 등장했다. 인공지능의 발전에 따라 더욱 지능화된 로봇은 기자를 대신해 기사도 쓰고, 신춘문예 예선도 통과하고, 대학에서 조교로서 학생들의 질문에 답해주고 있다. 이처럼 로봇은 정형화되고 반복적인 육체노동을 대신해줄 뿐 아니라 비정형화된 분석과 창작 등 정신노동과 예술 작업에까지 침투하고 있다.

스포츠에서도 인간보다 정확한 눈과 일관된 기준을 가진 로봇이 심판을 보게 될 가능성이 높아지고 있다. 야구에서는 늘 판정 시비가 붙는 볼과 스트라이크를 인공지능이 판정하여 인간 심판에게 알려주는 로봇 심판 시범운영이 성공적으로 선을 보였다. 체조에서는 인공지능이 선수의 움직임, 회전 수와 각도를 정확하게 측정한 값을 점수에 반영한다. 축구와 테니스에서는 공의 정확한 위치를 호크아이(모션데이터와 가상현실 적용)를 통해 주심의 스마트워치로 전송한다.

금융계에서 로봇 애널리스트는 전 세계에서 일어나는 일들을 모두 검색하고 분석하여 경제와 산업에 미칠 영향과 투자 방향을 빠른 시간에 보고서로 작성한다. 훨씬 더 많은 인원이 달라붙어 훨씬 더 적은 정보만을 활용하면서도 훨씬 더 많은 시간을 들여 보고서를 써온 인간 애널리스트들을 몰아내고 있는 것이다. 또한 분석기법이 정형화되어 있어 프로그램의 활용이 용이한 회계 업무도 알고리즘에 의해 대부분 대체될 것으로 전망된다.

법조계에서도 수많은 판례에 관한 빅데이터 검색 및 적용 알고리즘을 장착한 로봇 변호사의 소송 승소률을 인간 변호사가 이기기는 어렵다. 소송 업무뿐 아니라 변호사의 일상적인 업무인 문서 검토 작업에서도 로봇이 우위를 보였다. 다양한 경력의 인간 변호사 20명과 머신러닝 및 딥러닝 기술로 무장한 인공지능(LawGeex AI)이 5종의 기밀유지 협약 문서를 검토하는 대결을 벌였다. 인간 변호사 20명의 평균 검토 시간은 92분이었는데, 가장 짧게는 51분, 가장 길게는 156분 걸렸다. 그런데 인공지능은 5종의 문서 검토를 마치는 데 단 0.43분(26초) 걸렸다. 그러면 검토 작업의 정확도는 어땠을까? 인간 변호사의 평균 정확도는 85%였는데, 가장 낮게는 67%, 가장 높게는 94%였다. 그런데 인공지능의 검토 정확도는 94%로, 인간 변호사 중에서 제일 숙련되고 우수한 변호사의 검토 정확도와 대등했다. 변호사들은 자기가 쓴 시간에 비례해 비용을 청구한다. 그런데 인공지능이 앞으로 더 발전하게 되면, 어떤 고객이 인공지능보다 속도와 정확도가 떨어지는 인간 변호사에게 돈을 지불하려고 하겠는가?

의료계에서도 인공지능(IBM Watson 등)을 장착한 로봇 의사는 임상 자료 빅데이터의 분석을 통해 환자의 병을 진단한다. 각 종 질병 진단 대회에서 인공지능 의사가 인간 의사들을 이긴 사례들이 외신을 통해 소개되어왔다. 앞으로는 진단과 수술 등에 인공지능과 로봇을 더 많이 활용하게 될 것이다. 환자의 체질을 진단하고 한약을 짓는 한의사, 의사의 처방전에 따라 약을 조제하는 약사의 업무도 인공지능과 로봇에 의해 상당 부분 대체가 가능할 것으로 예측되고 있다.

우리나라는 4차 산업혁명에서 선도국은 아니었기 때문에 기술변화에 따른 일자리 충격도 국내적으로는 좀 덜하지 않을까 생각할 수도 있다. 하지만 한국은 최근까지도 제조업의 로봇 사용률에서 세계 1위 국가다. 제조업 노동자 1만 명당 로봇 수가 2016년에 531대로 세계 평균(69대)의 7배를 넘었다. 로봇 도입은 한국 수출 제조업의 주력 산업인 자동차산업과 전자산업에 집중돼 있다.

그렇다면 한국은 이미 자동화가 많이 진행되어 추가적인 고용 충격이 적을 것이라고 예상할지도 모른다. 미국 노동시장을 대상으로 4차 산업혁명의 고용 충격을 분석한 연구(Frey and Osborne, 2017, 첫 발표는 2013)에서는 컴퓨터화로 인해 일자리를 잃을 가능성이 높은 고위험군에 종사하는 사람이 전체 고용 인원

:: 제조업 노동자 1만 명당 로봇 수의 국제 비교

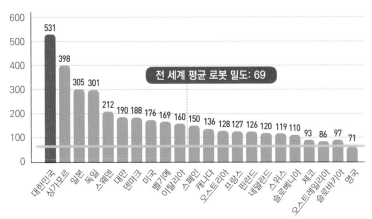

자료: 세계로봇연맹(IFR), 『세계로봇공학 2016』. 구본권(2017)에서 재인용.

의 47%인 것으로 추정됐다. 동일한 방법론을 사용하여 한국 노동시장을 분석한 결과에서는 현존하는 일자리 중 55~57%(김세움, 2015), 혹은 52%(오호영, 2018)가 컴퓨터에 의해 대체될 것으로 추정됐다. 특히 남성, 중장년, 저학력 노동자가 4차 산업혁명의 고용 충격에 취약한 것으로 드러났다(오호영, 2018). 물론 실제 일자리 수가 이 비율만큼 사라진다는 것이 아니라 기존 업무에서 컴퓨터로 대체될 수 있는 비율을 의미하는 것이다. 그러나 이 중 상당 비율의 일자리는 없어질 수 있으며 남은 일자리에서도 업무의 내용과 방식이 달라질 것이다.

모라벡의 역설

4차 산업혁명으로 인한 고용 충격은 주로 어떤 직종에서 많이 일어날까? 지금까지도 자동화로 인한 고용 대체가 진행되어왔기 때문에 그 양태를 보면 예측에 참고가 될 수 있을 것이다. 각 일자리에 요구되는 직업 능력에 따른 임금 수준으로 직능을 측정하고, 이를 기준으로 저직능, 중간직능, 고직능으로 나누어보자. 지난 20년 동안에는 주로 어떤 수준의 직능에서 고용이 많이 줄었을까?

국가별 차이는 있지만 1995~2015년에 OECD 국가들에서 진행된 일자리 변화는 중간직능의 일자리가 감소하고, 고직능과 저직능의 일자리가 증가했다. 왜 이런 양극화 모습을 보였을까?

자동화에 의한 고용 대체는 다음 두 가지 조건이 만족되어야 일어난다. 첫 번째는 기술적인 측면으로 그 일자리의 업무를 기계가 대체하기 쉬워야 한다. 미국의 로봇공학자인 한스 모라벡이 말한 '모라벡의 역설'이라는 것이 있다. 인간에게 쉬운 것은 컴퓨터에게 어렵고, 반대로 인간에게 어려운 것은 컴퓨터에게 쉽다는 역설로 컴퓨터와 인간의 강점과 약점을 대비해 표현한 말이다. 가령 인간의 감각, 의사소통과 일상적 운동 능력 등 오랜 세월 동안 진화해온 기능은 로봇에게 구현하기 어렵다. 그

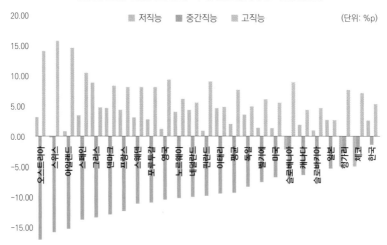

:: 직능별 고용 비중 변화의 국제 비교(1995~2015년)

■ 저직능 ■ 중간직능 ■ 고직능   (단위: %p)

* 수백 개의 산업×직업 매트릭스에서 각 일자리가 속한 셀의 중위 임금값으로 해당 산업×직업 셀의 소득 수준을 대표하게 하여 이것으로 직능의 수준을 구분했다.

자료: OECD(2017), 한국은 경제활동인구조사로부터 허재준(2019) 계산.

렇지만 인간에게 어렵고 시간이 많이 걸리는 복잡한 수식 계산이나 논리 분석과 같은 작업은 컴퓨터에게 매우 쉽다. 따라서 기능 수준이 낮은 일이라고 해서 로봇을 이용한 대체가 반드시 쉬운 것은 아니며, 오히려 대졸자가 해오던 사무 업무 중에 컴퓨터로 대체 가능한 것이 많을 수 있다.

두 번째는 경제적인 측면으로, 그 일을 자동화하는 것이 비용 절감에 도움이 되어야 고용 대체가 일어난다. 기술적 대체가 가능해졌더라도 여전히 사람에게 맡기는 것이 비용이 적게 드는 저임금 일자리는 굳이 기계로 대체할 필요가 없다.

지금은 인터넷 뱅킹의 보편화로 은행 영업점의 수가 줄고 있고, ATM 기기가 창구 직원 일자리를 크게 줄여왔다. 그런데 은행이 입점한 건물을 청소하는 노동자들은 거의 줄지 않았다. 은행 창구 직원의 임금보다 청소 노동자의 인건비가 낮았을지 몰라도, 자동화는 창구 업무보다 청소 노동에 적용하기 더 어렵다. 계단, 난간, 화장실, 거울 등 구석구석 다르게 청소해야 하고, 때로는 갑작스런 오염이나 누수와 같은 돌발 사태도 발생하는데, 사람이 훨씬 더 유연하게 대처할 수 있기 때문이다.

그래서 대학도 나오고 많이 배웠으니까 자동화의 물결 속에서 안전할 것이라고 생각한다면 오산이다. 오히려 사무, 회계나 번역 등 정형화된 업무를 하는 지식노동은 미용이나 육아, 간병 등 비정형 업무를 하는 육체노동보다 더 쉽게 대체될 수 있다. 그리고 능력치가 높아져가는 인공지능의 발전 양상을 보면, 대학원을 나오고 전문 자격증이 있는 고직능 직군도 컴퓨터에 의한 대체 위험에서 완전한 예외는 아닐 수 있다. 기존에 인건비가 높았을수록 인공지능으로 대체해 비용을 줄이려는 시도의 타깃이 될 수 있는 것이다. 이른바 '사' 자 직업군으로 불리는 전문자격사들에게도 인공지능은 저승사자처럼 다가올 수 있다.

한편 인공지능을 활용해 자신의 생산성을 높이는 전문직에게는 능력자 부하가 생기는 셈이다. 물론 건물 청소원도 각 구역의 청소 로봇들을 모바일 기기로 작동하고 관리하는 일을 하게 될 때가 멀지 않았을 수 있다. 모든 것은 해당 직무의 기술적 대체 가능성과 자동화의 경제성, 그리고 개별 기업의 기계 도입 비용 부담 능력과 개인의 기계 활용 능력에 따라 달라질 것이다.

자동화 고위험 직업과 저위험 직업

한국고용정보원은 인공지능과 로봇기술의 발전에 따른 자동화가 우리나라 주요 직업 400여 개에 미치는 영향을 분석해 발표한 바 있다(대한민국정책브리핑, 2016. 3. 24). 옥스퍼드대 연구진(Frey and Osborne, 2013)의 분석 모형을 따라 각 직업의 특성에 대해 정교한 동작이 필요한지, 비좁은 공간에서 일하는지, 창의력이 얼마나 필요한지, 예술과 관련된 일인지, 사람들을 파악하고 협상·설득하는 일인지, 서비스 지향적인지 등을 주요 기준으로 하여 자동화 대체 확률을 예상한 것이다.

그 결과 단순반복적인 업무, 별로 정교하지 않은 동작을 요구하는 업무, 사람들과의 소통이 상대적으로 적은 업무 등은 자동화 대체 확률이 높게 예상됐다. 콘크리트공, 정육원 및 도축원,

고무 및 플라스틱 제품조립원, 청원경찰, 조세행정 사무원, 물품 이동장비 조작원, 경리사무원 등이 이에 해당됐다. 전문직으로 분류되어온 직업에서도 손해사정인, 일반 의사, 관제사 등은 자동화에 의한 직무 대체 확률이 비교적 높은 것으로 나타났다.

반면 감성에 기초한 예술 관련 업무, 창의성을 요하는 디자인·문화 관련 업무 등은 자동화 대체 확률이 상대적으로 낮게 예측됐다. 화가 및 조각가, 사진작가 및 사진사, 작가 및 관련 전문가, 지휘자·작곡가 및 연주자, 애니메이터 및 만화가, 무용가 및 안무가, 가수 및 성악가 등이 이 범주에 속했다. 연예인 및 스포츠 매니저, 판사 및 검사, 전문 의사 등도 자동화 대체 확률은 낮은 편이었다. 이처럼 감성, 창의성, 사회적 역량이나 고숙련 기능, 높은 전문지식 및 중요한 의사결정을 요구하는 직무의 미래는 4차 산업혁명 시대에도 어둡지 않을 것으로 전망된다.

노동시장의 생존기술, 사회정서적 역량

4차 산업혁명 시대에 컴퓨터를 자유롭게 활용할 수 있는 바탕이 되는 수리력과 코딩 능력 못지않게 중요한 인적자본이 있다. 바로 사회정서적 역량이다. 지능지수나 시험 성적으로 측정되는

:: 한국의 400여 개 주요 직업 중 자동화 대체 확률이 높은 순위

1	콘크리트공	16	매표원 및 복권 판매원
2	정육원 및 도축원	17	청소원
3	고무 및 플라스틱 제품조립원	18	수금원
4	청원경찰	19	철근공
5	조세행정 사무원	20	도금기 및 금속분무기 조작원
6	물품 이동장비 조작원	21	유리 및 유리제품 생산직(기계 조작)
7	경리사무원	22	곡식작물 재배원
8	환경미화원 및 재활용품 수거원	23	건설 및 광업 단순 종사원
9	세탁 관련 기계 조작원	24	보조교사 및 기타 교사
10	택배원	25	시멘트·석회 및 콘크리트 생산직
11	과수작물 재배원	26	육아도우미(베이비시터)
12	행정/경영지원 관련 서비스	27	주차 관리원 및 안내원
13	주유원	28	판매 관련 단순 종사원
14	부동산 중개인	29	새시 제작 및 시공원
15	건축도장공	30	육류·어패류·낙농품 가공 생산직

:: 한국의 400여 개 주요 직업 중 자동화 대체 확률이 낮은 순위

1	화가 및 조각가	16	시각디자이너
2	사진작가 및 사진사	17	웹 및 멀티미디어 디자이너
3	작가 및 관련 전문가	18	기타 음식서비스 종사원
4	지휘자·작곡가 및 연주가	19	디스플레이 디자이너
5	애니메이터 및 만화가	20	한복제조원
6	무용가 및 안무가	21	대학교수
7	가수 및 성악가	22	마술사 등 문화 및 예술 관련 종사자
8	메이크업아티스트 및 분장사	23	출판물 기획 전문가
9	공예원	24	큐레이터 및 문화재 보존원
10	예능 강사	25	영상·녹화 및 편집기사
11	패션디자이너	26	초등학교 교사
12	국악 및 전통 예능인	27	촬영기사
13	감독 및 기술감독	28	물리 및 작업 치료사
14	배우 및 모델	29	섬유 및 염료 시험원
15	제품 디자이너	30	임상심리사 및 기타 치료사

자료: 한국고용정보원(2016).

인지적 역량과 구분된다는 의미에서 비인지적 역량이라고 칭하기도 하고, 다른 말로는 성격적 역량, 소프트 스킬 등으로 불린다. 여기에는 사회성, 사교성, 협동의식 등 대인관계 역량과 주의집중력, 자아존중감, 성실성, 인내심 등 정서적 역량이 포함된다.

4차 산업혁명 담론이 나오기 전부터 성공적인 인생을 위해 사회정서적 역량이 중요하다는 점은 4장에서 소개한 페리 프리스쿨 실험 등을 통해서도 입증된 바 있다. 사회정서적 역량은 조기에 계발될수록 생애에 걸쳐 더 높은 보상을 얻을 수 있고(Lundberg, 2018), 인지적 역량의 발달을 촉진하는 효과도 있다(Cunha and Heckman, 2008). 또한 인지적 역량이 높아 특정 분야의 전문성을 갖게 되면 타인과 협력했을 때 얻을 수 있는 성과도 커지기 때문에 인지적 역량이 높은 사람일수록 사회정서적 역량을 갖추었을 때의 경제적 수익도 증가한다(Deming, 2017).

미국 노동시장에서 1980년 이후 각 직종에서 요구되는 역량의 조합에 따라 고용 비중이 어떻게 달라졌는지를 분석한 그림을 보면 사회정서적 역량의 중요성이 확인된다(Deming, 2017). 수리력과 사회적 역량 수준의 조합을 네 가지로 분류하여 각 조합에 속한 일자리의 증감 추이를 살펴보니, 고용 비중이 가장 많이 증가한 조합은 수리력과 사회적 역량을 모두 높은 수준으로 요구하는 직종이었다. 반대로 고용 비중이 가장 많이 감소

:: 어떤 역량들을 요구하는 일자리가 많이 늘어왔을까?

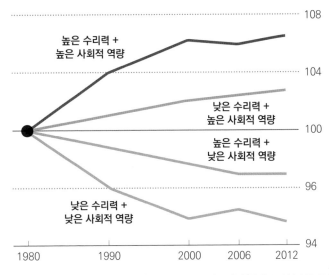

* 미국 노동시장에서 요구되는 역량의 조합에 따른 고용 비중의 변화 추이이다(1980년 수준=100).
자료: Deming(2017).

한 조합은 수리력과 사회적 역량을 모두 낮은 수준으로 요구하
는 직종이었다. 그런데 두 종류의 역량 중 무엇이 더 중요한지
를 굳이 묻는다면 사회적 역량이라고 할 수 있다. 낮은 수리력
과 높은 사회적 역량을 요구하는 일자리가 소폭 증가해온 반면,
높은 수리력과 낮은 사회적 역량을 요구하는 일자리는 소폭 감
소해왔기 때문이다.

따라서 4차 산업혁명 시대에도 인공지능이나 로봇 기술로

쉽게 대체하기 힘든 사회정서적 역량은 사회적 동물로서의 인간을 인간이게끔 하는 핵심 특성이자 누구에게나 중요한 생존 기술이 될 것이다. 여기에 자기 일에 필요한 만큼의 수리력과 코딩 능력까지 갖추는 것은 지금까지는 금상첨화에 해당했겠지만, 머지않아 많은 직종에서 선택이 아니라 필수가 될 것이다.

듣도 보도 못한 신종 직업들

기술 진보는 기존의 일자리를 없애는 효과가 있지만, 새로운 일자리를 만드는 효과도 있다. 기존의 제품과 서비스를 생산하는 부문에서 발생한 기술 진보는 비용을 절감하는 공정혁신의 성격이 강해 인력을 기계로 대체하는 경향이 강하다. 그렇지만 기술 진보가 새로운 제품과 서비스를 만들어내는 상품혁신의 성격을 띠면, 기존에 없던 일자리가 만들어지는 고용 창출 효과를 나타낼 수 있다.

4차 산업혁명 시대에는 어떤 직업들이 생길까? 미래학자 토마스 프레이(Thomas Frey)는 몇 가지 신기술을 기반으로 가까운 미래에 생길 직업들을 예시한 바 있다.

토마스 프레이는 2030년 이내로 기존의 산업에서 20억 개의 일자리가 사라질 것이지만, 3D 프린터, 드론, 자율주행 자동차 등의 혁신 기술이 차세대 일거리를 만들어낼 것이라고 내다봤다. 가령 머지않아 등장할 드론 관련 구인광고에는 "감시, 배달, 커뮤니케이션 드론 기단을 관리할 공중 드론 상근 조종사, 드론 수리 기술자, 드론 운행 관리원, 드론 판매원을 찾습니다"와 같은 내용이 있을 것이라는 예측이다.

그가 예시한 가까운 미래의 유망 직업들은 지금 당장은 존재하지 않지만, 데이터 및 SW, 3D 프린터, 드론, 자율주행 자동차 등 이미 존재하는 기술들이 우리 삶을 바꿔놓음으로써 생겨날 직업들이다. 예시된 신종 직업들은 신기술을 기반으로 기존에 사람들이 하던 일들이 서로 연결되고 융합되어 만들어진 것이다. 예컨대 3D 프린터 기술을 기반으로 소재 및 재료 공학, 패션 디자인, 요리, 비용 산정, 장기이식 중개 등 사람들이 기존에 해오던 업들이 연결되고 융합되어 3D 프린터 소재 및 잉크 전문가, 3D 프린팅 패션 디자이너, 3D 음식 프린터 요리사, 3D 프린터 비용 산정 전문가, 3D 프린팅 신체 장기 에이전트 등의 새로운 직들이 만들어진다는 것이다.

이처럼 신기술로 창출될 것으로 예상되는 직업은 지금까지 우리가 봐왔던 것들과는 다르다. 데이터 분야를 보더라도 그렇다. 지금은 데이터가 새로운 석유가 된 시대다. 블룸버그

:: 신기술 기반의 미래 유망 직업

데이터 및 SW
• 데이터 폐기물 관리자
• 데이터 인터페이스 전문가
• 컴퓨터 개성 디자이너
• 데이터 인질 전문가
• 데이터 모델러

3D 프린터
• 3D 프린터 소재 전문가
• 3D 프린터 비용 산정 전문가
• 3D 프린터 잉크 개발자
• 3D 프린팅 패션 디자이너
• 3D 음식 프린터 요리사
• 3D 프린팅 신체 장기 에이전트
• 3D 비주얼 상상가

드론
• 드론 분류 전문가
• 드론 조종 인증 전문가
• 드론 활용 환경오염 최소화 전문가
• 드론 표준 전문가
• 드론 도킹 설계자 및 엔지니어
• 자동화 엔지니어

자율주행 자동차
• 교통 모니터링 시스템 플래너, 디자이너, 운영자
• 자동 교통 건축가 및 엔지니어
• 무인 시승 체험 디자이너
• 무인 운영 시스템 엔지니어
• 응급 상황 처리 대원
• 충격 최소화 전문가
• 교통 수요 전문가

융합과 연결

자료: KBS 1TV 〈오늘 미래를 만나다: 토마스 프레이의 미래혁명 1부 '미래직업'〉(2015년 4월 26일) 방영 내용을 재정리했다.

(Bloomberg)에 따르면, 2006년에는 시가 총액 기준 세계 10대 기업 중 1개만 IT(정보통신) 기업이고 석유 관련 에너지 기업이 5개였다. 그러나 2016년에는 IT 기업이 5개로 늘어나고 에너지 기업은 1개만 남았다. 참고로 2019년에는 세계 10대 기업 중 IT 기업이 7개로 늘었다(Alibaba와 Tencent 추가). 특히 인터넷 세상에서 사람들이 많이 찾는 플랫폼을 운영하는 기업들이 급성장하여 전 세계인으로부터 입수한 정보를 무기로 천문학적 수익을

얻고 있다. 1994년 창업 당시 인터넷 서점에 불과했던 아마존닷컴의 회장 제프 베이조스가 2억 명의 정보를 얻기 위해 20년을 보냈다고 회고했을 만큼, 플랫폼에서 고객들이 자발적으로 제공하는 개인 정보가 부의 원천인 데이터가 되어온 것이다.

그런데 데이터와 관련하여 예견된 유망 직업은 데이터 폐기물 전문가, 데이터 인터페이스 전문가, 데이터 인질 전문가, 데이터 모델링 전문가, 개인정보 보호 전문가, 컴퓨터 개성 디자인 전문가 등 온통 새로운 전문가들이다. 내가 애써 만든 작업

:: 세계 10대 기업의 판도 변화

시가총액 기준으로 세계에서 가장 가치가 높은 기업

부문: ■ 에너지 ▨ 금융 ■ 헬스 케어 ■ 산업 ■ IT ■ 통신

자료: "The Rise of the Superstars," 《The Economist》, September 17th 2016.

파일들을 제대로 저장해두지 못했을 때, 여러 개의 버전이 남아서 정리하기 힘들 때, 누군가 내 컴퓨터를 치명적인 바이러스에 걸리게 해서 저장된 자료를 인질로 돈을 요구할 때, 혹은 누가 나에 관한 민감한 정보가 담긴 데이터를 갖고 나를 협박할 때 등과 같이 누구나 경험해봤거나 처할 수 있는 상황에서 문제를 전문적으로 해결해줄 존재가 수요의 증가와 함께 등장하게 된다는 것이다.

이런 직업들은 어떻게 생겨나고 누가 차지하게 될까? 전통적으로 선망되는 의사, 변호사, 교사, 약사 등 이른바 '사' 자 직업을 상위에 두고 올라갈수록 좁아지는 피라미드형 경쟁, 같은 목표를 향해 속도전을 벌이다 결국 대다수를 들러리로 전락시키는 일점집중형 교육경쟁에서는 승자도 패자도 시대에 뒤떨어진다. 앞서 예시한 데이터 관련 신규 직업은 결국 컴퓨터와 함께 다른 뭔가에 관심이나 소질을 가진 사람들이 만들어내고 차지할 일들이다.

토마스 프레이는 앞으로 5년 안에 전체 근로자의 40%가 프리랜서, 시간제 근로자, 1인 기업 등 기존 근로 시스템과 다른 형태로 일하게 될 것이라고 전망했다. 물론 나라마다 노동시장의 구조가 달라 같은 비율과 같은 속도로 진행되지는 않을 것이다. 또한 대기업과 중소기업 간, 정규직과 비정규직 간의 근로

조건 차이가 아직 많이 나는 현실에서는 다들 대기업의 정규직 직원이 되기 위해 안간힘을 쓰게 된다. 그러나 기술 진보에 따른 노동시장의 변화 추세에는 기존 노동시장 구조의 균열이 생기고 새로운 업무 방식이 확산될 전망이 있다는 것도 상기할 필요가 있다.

인터넷에서 주로 사용되는 '듣보잡'은 비하의 뜻이 담긴 비속어인데, 기존의 인지도와 통념으로 서열 짓기를 한다는 점에서 세상의 변화를 읽지 못하는 말이기도 하다. 4차 산업혁명 시대에 '듣보잡'을 새로 정의한다면, 기존에 없었기에 '듣도 보도 못한 잡(job)'이지만 신기술을 기반으로 부상하는 신종 직업쯤이 되지 않을까?

'직업'의 시대에서 '업직'의 시대로

4차 산업혁명은 기존의 '직업'에 대한 관념을 바꾸게 할 것이라고 전망되기도 한다. 지스트 지구·환경공학부의 김준하(2017) 교수는 4차 산업혁명이 '직업'의 시대를 '업직'의 시대로 바꾸고 있는 것 같다고 했다.

지금까지 우리가 살아온 세상은 선망하는 '직(職)'을 목표로 하는 속도전의 승자가 그 직을 차지하고 그 직이 규정하는 '업(業)'을 오랫동안 할 수 있는 '직→업'의 시대였다. 교사나 공무원처럼 정년이 보장되거나 의사처럼 오랫동안 할 수 있을 것 같은 고소득 전문 자격사 직종의 경우 경쟁은 더욱 치열했다. 사람들의 선망 직종이 쏠려 있고, 그런 직종을 차지하려면 입시경쟁에서부터 이겨야 했기에 조기 사교육과 선행학습 경쟁 등을 벌여왔다. 대다수 사람들의 지향점이 명문대학, 인기 학과에 몰린 일점집중형 경쟁에서 남보다 앞서가기 위해 필요한 것은 속도였기 때문이다.

그런데 기술혁명과 사회변화로 기존의 직업 세계가 급변함에 따라 선망 대상이던 전문직들도 인공지능과 로봇에 의한 대체 가능성으로부터 예외는 아니라는 경고의 목소리가 나오고 있다. 이에 따라 대학에서 한번 전공한 것으로, 합격증을 받기 위해 한번 공부한 것으로 평생 먹고사는 '직업'의 시대는 점점 더 유지되기 어려워질 것으로 전망된다.

이제는 모두가 한 방향을 향해 달리는 경쟁에서 중요했던 속도보다는 자기의 관심과 소질에 따라 저마다의 꿈을 키워나가는 방향이 중요해질 것이다. 이렇게 자기가 몰입할 수 있는 꿈을 구체화하고 필요한 것을 배우고 익혀서 본인의 특기가 된 것이 바로 '업'이 될 수 있다. 이때의 '업'은 의사라는 직에 따른 의료 행위라는 업, 교사라는 직에 따른 교육이라는 업 등 직에 의해 규정되는 업이 아니라 자기가 '좋아하고 잘하는 일'을 말한다. 그것을 각 학생에게서 찾아내고 업그레이드해주는 것이 교육의 역할이 될 것이다.

그리고 각자 다른 꿈에서 출발한 개인의 업들이 다른 업들과 연결되고 융합하여 새로운 직무가 탄생하면 그것이 새로운 '직'이 된다는 것이다. 연결, 융합, 통섭 등은 이제 시대정신이자 경쟁력의 원천으로 사람들에게 받아들여지고 있는데, 그 바탕을 이루는 것은 이질적인 사람들과 어울리고 토론하고 협력하는 능력이다. 예를 들어 코딩에 심취하여 남들보다 뛰어난 프로그래밍 역량을 가진 청년과 인질협상가나 범죄 프로파일러를 꿈꾸었던 청년이 만나 토론하는 과정에서 서로의 업을 융합하여 데이터 인질 전문가라는 새로운 직을 만들고 회사를 창업할수 있을 것이다. 앞에서 예시된 신종 직업들은 여러 가지 업들을 융합한 이름을 가지고 있음을 볼 수 있다.

이렇게 아무리 세상이 변하고 있다는 얘기가 들리더라도, 주변에서 다들 의대에 보내고 싶어 하고, 대학생들은 로스쿨을 준비하고, 교사나 공무원이 되려고 노량진 학원에 다니는 모습들을 보면 우리 사회는 쉽게 바뀔 것 같지 않다는 생각이 들 수도 있다. 물론 최근 초등학생들의 장래희망으로 동영상을 올려

구독자를 모아 돈을 버는 유튜버가 등장하는 것을 보고 새로운 세태라고 여기는 사람도 있을 것이다. 그러나 예전에도 프로게이머가 초등학생의 선망 직업이었던 것을 떠올리며 철없는 시절의 한때 희망에 불과하다고 생각하는 사람도 많을 것이다.

실제로 학부모가 희망하는 자녀 직업은 의사, 교사, 법조인, 공무원 등 전통적인 선망 직종에 많이 쏠려 있었다. 2012년 기준으로 학부모가 희망하는 자녀 직업이 10대 직업에 쏠린 비율을 보면, 초등학교 학부모 64.2%, 중학교 학부모 58.2%였고, 고등학교 학부모 56.7%였다. 같은 연도에 학생들을 대상으로 한 조사에서는 희망하는 진로가 있는 경우에 상위 10개 직업에 쏠린 비율이 초등학생 62.2%, 중학생 50.9%, 고등학생 46.6%였다(오호영 외, 2012). 즉 다양한 직업 세계에 대한 정보가 부모보다는 적을 학생들의 희망 직업 쏠림보다 오히려 학부모들이 자녀에게 바라는 직업 쏠림이 심했다는 것을 알 수 있다.

그런데 불과 5년 사이에 학부모의 인식도 상당히 달라진 것을 알 수 있다. 2017년 기준으로 학부모가 희망하는 자녀 직업이 10대 직업에 쏠린 비율을 보면, 초등학교 학부모와 중학교 학부모 모두 43.6%였고, 고등학교 학부모는 33.9%로 2012년 조사와 비교하면 쏠림 현상이 큰 폭으로 완화됐다. 물론 교사, 공무원 등 안정적인 직종에 대한 선호는 여전히 남아 있으나, 요

:: 학부모가 희망하는 자녀 직업의 상위 10개(2012년)

(단위: %)

순위	초등학교 (2,277명)		중학교 (6,072명)		고등학교 (5,704명)	
1	의사	17.8	교사	14.4	공무원	16.2
2	교사	12.0	의사	13.2	교사	11.0
3	법조인	9.2	공무원	11.3	회사원	7.2
4	공무원	7.2	법조인	5.4	의사	7.1
5	교수	4.1	경찰	3.1	간호사	4.5
6	운동선수	3.8	교수	2.5	법조인	2.5
7	경찰	3.7	약사	2.3	공학 관련 엔지니어	2.3
8	요리사(음식 관련)	2.3	간호사	2.1	경찰	2.2
9	외교관	2.3	회사원	2.1	군인	1.9
10	아나운서	1.8	요리사(음식 관련)	1.8	약사	1.8
소계	10대 직업 쏠림	64.2	10대 직업 쏠림	58.2	10대 직업 쏠림	56.7

자료: 오호영 외(2012).

:: 학부모가 희망하는 자녀 직업의 상위 10개(2017년)

(단위: %)

순위	초등학교 (6,440명)		중학교 (7,266명)		고등학교 (7,312명)	
1	선생님/교사	12.2	공무원	10.8	공무원	10.5
2	공무원	8.0	선생님/교사	10.7	선생님/교사	8.1
3	의사/의료인	6.5	의사	5.0	간호사	5.1
4	경찰	4.2	경찰	4.2	경찰	3.4
5	요리사/셰프(테이너)	3.0	간호사	2.6	의사/의료인	2.9
6	아나운서/아나테이너	2.2	군인	2.4	(비행기)승무원	2.7
7	과학자/교수	2.1	기타 전문직	2.1	회사원/직장인	1.9
8	기타 전문직	1.9	요리사/셰프(테이너)	2.0	군인	1.9
9	초등학교 교사	1.8	(비행기)승무원	1.9	유치원 교사	1.8
10	외교관	1.7	초등학교 교사	1.9	디자이너	1.6
소계	10대 직업 쏠림	43.6	10대 직업 쏠림	43.6	10대 직업 쏠림	33.9

자료: 장현진(2017).

리사·셰프·셰프테이너 같은 직업이나 기타 전문직으로 분류된 다양한 직업이 전보다 많이 거론된 것을 알 수 있다. 세상에는 정말 다양한 직업이 있고 직업의 종류가 몇 개인지 말하는 것이 무의미할 정도로 직업의 소멸과 생성 주기가 빨라지고 있다. 그런 만큼 학부모의 자녀 직업에 대한 희망도 다양화되고 가변적이고 미정으로 남아 있을 가능성이 크다.

참고로 학생이 희망하는 장래 직업이 상위 10개에 쏠린 비율에서도 이러한 경향성이 확인됐다. 2007년과 2017년을 비교하면 초등학생은 10개 직업 쏠림 비율이 71.8%에서 49.9%로, 중학생은 59.4%에서 41.8%로, 고등학생은 46.3%에서 37.1%로 준 것이다. 중학교에서 자유학기제를 경험하고 최근에 고등학교에 진학한 학생들도 장래 희망에 대해 여러 가능성을 열어두고 자기 진로에 대한 본격적인 고민을 하기 시작했다는 이야기가 들린다(김희삼·글로벌지식협력단지연구기획팀, 2019). 의사나 공무원 등 부모와 주변에서 바라는 전통적인 선망 직종, 또는 교사와 같이 자기 눈에 띄는 직업을 별 고민 없이 자기 목표 진로로 일찌감치 정하고, 오직 그 길을 위해 대학입시에만 몰두하던 과거의 모습과는 상당히 달라진 분위기라고 할 수 있다. 이렇게 우리 교육 수요자들도 시대의 흐름과 세상의 변화를 느끼며 인식을 바꾸고 있다.

11장

교육과 기술의 합주
4차 산업혁명 시대의 미래교육 (2)

·
·
·

2016년 미국 대통령 선거에서 주류 정치계의 아웃사이더 도널드 트럼프가 공화당 후보로 선출되더니 결국 대통령으로 당선됐다. 백인 고졸 노동자들의 압도적인 지지에 힘입은 것이었다. 미국 제조업이 전성기를 달리던 시절에는 도시의 공장에 고용된 고졸 노동자들이 중산층까지는 아니어도 그럭저럭 안정된 생활을 했다. 그러나 제조업이 국제 경쟁력에서 밀리면서 도시의 공장 지역은 활기를 잃었고, 새로 생기는 공장은 점점 더 자동화된 공정을 갖고 있었다. 트럼프는 쇠락한 공업지대인 러스트벨트 지역의 백인 노동자들이 갖고 있던 불만과 소외감을 간파한 덕분에 이들로부터 몰표를 받았다.

1980년대 이후 선진국에서 임금 불평등이 커진 이유

경제가 성장하면 실질임금도 상승할 것이라고 생각할 수 있다. 그러나 지난 40년 동안 미국, 영국, 독일 등 주요 선진국에서 교육을 덜 받은 노동자들의 실질임금은 지속적으로 하락했다(Dustmann et al., 2009; Acemoglu and Autor, 2011; Blundell et al., 2018). 예를 들어 미국에서 1980년대 이후 고학력 취업자의 소득은 크게 상승했지만, 대학 교육을 받지 않은 도시 노동자의 임금은 실질적으로 하락했다.

:: 미국 성인(18~64세)의 학력별 주당 실질소득의 누적 변화

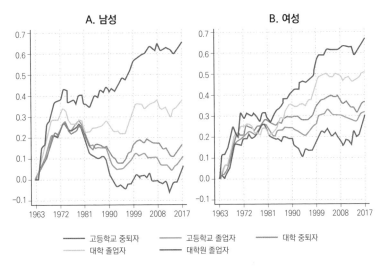

자료: Autor(2019).

이처럼 미국 노동시장에서 1980년대 이후 임금 격차가 폭증한 원인이 자동화였음이 밝혀졌다(Auto, 2019). 공장 자동화와 함께 사무 자동화가 폭발적으로 일어나기 전에는 대학을 나오지 않아도 도시에서 중간 정도의 직능을 요구하는 괜찮은 일자리들이 생산, 사무 및 행정 등의 업무에서 많았다. 그러나 컴퓨터가 거의 모든 일터에 보급되고 자동화가 추진되면서 중간직능 일자리가 많이 사라지자, 대학을 나오지 않은 사람은 과거에 고등학교 중퇴자 등 저학력자가 종사하던 더 낮은 숙련의 저임금 일자리로 넘어가게 됐다.

이런 현상은 인구밀도가 높고 지식 집약적인 산업을 품고 있는 도시에서 두드러졌다. 도시는 농촌보다 생활비가 많이 드는데, 이를 감당할 수 있는 임금을 받으려면 IT혁명(3차 산업혁명) 후에 새로 요구되는 지식과 능력을 갖추어야 했다. 그런데 미국에서도 교육이 기술 변화를 따라가지 못했다. 이에 따라 새로 요구되는 기능을 보유한 대졸 인력은 공급이 부족해서 임금이 상승한 반면, 기계로 대체가능한 중간직능을 가진 고졸 인력은 일자리를 잃거나 더 하위 직종으로 밀려나게 됐다. 그것이 학력 간 소득 격차를 확대하는 요인이었던 것이다. '세계의 공장'으로 부상한 중국 제조업에 밀려 국내 제조업 일자리가 사라진 것도 일부 작용했지만, 노동시장 양극화의 주된 요인은 기술혁명으로 인한 자동화와 기술 진보에 맞게 인력을 공급하지 못한 교육 훈련 시스템에 있었다.

혁신과 분배, 두 마리 토끼를 잡는 방법

미국 등 대부분의 선진국에서 1980년대 이후 임금 불평등이 심화되어온 데 비해, 한국은 같은 기간에 임금 불평등이 완화, 심화, 완화로 등락하는 모습을 보였다. 최하위 20%의 시간당 임금(Q1) 대비 최상위 20%의 시간당 임금(Q5)의 비율로 측정한 임금 불평등도는 1980~1994년(1기)에 하락했다가, 1995~2007년(2기)에는 상승했으며, 2008~2016년(3기)에는 다시 하락하는 양상이다. 또한 임금 상승은 전 시기에 걸쳐 둔화되는 모습을 보였는데, 중위(50%) 임금 노동자의 시간당 실질임금 상승률은 1기에 9.2%, 2기에 4.0%, 3기에 1.1%로 낮아졌다(고영선, 2019).

우리나라에서도 임금 불평등의 변화는 대부분 각 시기에 주로 요구되는 숙련의 수준과 그에 대한 보상의 변화로 설명될 수 있다. 1기에는 1980년대에 본격 성장한 중화학공업을 비롯한 전체 산업에서 고졸의 중급 숙련 인력에 대한 수요가 늘어 임금

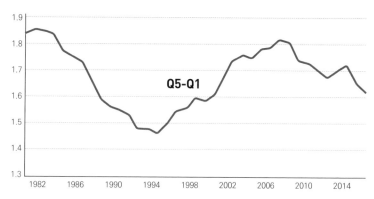

:: 우리나라 시간당 임금의 불평등도 추이

* Q1과 Q5는 각각 최하위 5분위 및 최상위 5분위에 속한 근로자들의 로그 시간당 임금의 평균값을 의미. 고용노동부의 〈임금구조기본통계조사〉 자료(10인 이상 사업장)를 사용해 계산했다.
자료: Koh(2018).

불평등이 크게 개선된 것으로 추정된다(고영선, 2019). 2기에는 정보통신기술이 확산되고 한국 경제가 추격 단계에서 선도 단계로 전환하면서 대졸 고숙련 인력에 대한 수요가 늘었는데 공급이 그에 못 미쳐서 임금 불평등이 커진 것으로 해석된다(신석하, 2007). 3기에는 기술 진보와 고숙련 일자리의 창출이 둔화되면서 임금 불평등이 완화되는 동시에 중·상위 임금 상승이 정체된 것으로 보인다. 3기에 상위 10% 및 중위 임금의 시간당 실질임금 상승률은 모두 1.1%에 그쳤고, 하위 10%만 3.0%를 나타냈다(고영선, 2019).

이처럼 2008년 이후 임금 불평등과 그를 중심으로 한 소득 불평등의 완화가 나타나고 있는 내막을 보면 국가적 인적자본의 관점에서 반길 수만은 없다. 중·상위 숙련을 요구하는 일자리 창출의 정체와 실질임금 상승의 둔화를 동반하여 나타난 현상이기 때문이다. 우리나라에서 청년 실업률이 근간에 높은 이유도 고학력 청년들이 선호하는 전문직과 준전문직의 일자리가 충분히 만들어지고 있지 않은 데 기인한다(최경수, 2017).

그런데 결국 임금은 생산성을 반영하고, 생산성은 기술혁신과 인적자본의 질 제고를 통해 높일 수 있다. 임금 상승을 통한 소득 향상과 불평등 완화를 동시에 달성하려면 전반적인 교육의 혁신과 질적 향상이 필요하다. 즉 대학 교육이든 직업 교육이든 시대가 요구하는 노동시장의 수요에 부응하도록 혁신하고 질을 높여야 한다. 청년들이 공무원과 대기업의 한정된 일자리만 놓고 다투는 것이 아니라 기술과 아이디어를 바탕으로 스타트업 회사를 세워 일자리를 창출하고 컴퓨터가 따라오기 힘든 예술적 감성으로 시장성이 높은 작품과 제품을 만드는 창업·창직·창작의 기반이 되어줄 수 있는 교육이 필요하다. 또한 기술 진보의 과정에서 소외되는 사람들이 늘지 않도록 재교육과 평생학습을 강화하고, 공공부조와 같은 사후적인 재분배 정책의 효과성도 높이도록 해야 한다.

교육과 기술의 경주

기술 진보가 빠른 속도로 일어나 이에 맞는 고숙련 인력에 대한 수요가 늘어난 현상을 '숙련편향적 기술 진보'라고 한다. 1990년대를 전후로 정보통신 분야에서 발생한 기술혁신이 모든 사회와 산업에 파급되면서 직업 세계가 달라졌다.

1980년 후반까지도 대학 수업에서 내준 리포트(보고서)는 손글씨 볼펜으로 써서 냈고, 그때는 그것이 표준이었다. PC는 그때 막 보급되기 시작했고, 학생들 중에는 컴퓨터나 공학 관련 전공자 중 여유가 있는 학생을 제외하고는 PC를 갖고 있는 경우가 드물었다. 그러던 것이 1990년대 들어서 조금씩 PC의 워드프로세서 프로그램으로 타이핑을 하기 시작했다. 어느새 거의 모든 학생이 타자 연습 게임으로 타이핑에 익숙해졌고, 리포트는 물론 학위논문도 본인의 컴퓨터를 사용해 작성하게 됐다. 그러자 1960년대부터 인기 직종이었던 타이피스트라는 직업이 빠르게 사라졌다. 책을 출판하거나 신문을 인쇄할 때도 활판 대신 컴퓨터를 사용하게 되면서 식자공이라는 직업이 사라졌다. 그 대신 프로그래머나 인터넷·네트워크 전문가에 대한 수요가 크게 늘었다. 주산과 타자를 가르치던 상업고등학교도 정보통신기술의 활용법을 배우는 정보고등학교나 인터넷고등학교로 바뀌어갔다.

앞서 미국에서 1980년대 이후 학력 간 임금 격차가 커지면서 소득불평등이 심화된 배경에도 숙련편향적 기술 진보가 있었다. 1995~2007년 한국의 임금 불평등 심화에도 유사한 요인이 작용한 것으로 보인다. 이처럼 급속한 기술 진보에 따라 새롭게 요구되는 지식과 기술을 갖춘 인력은 공급이 부족하고 더이상 필요하지 않은 기능을 가진 인력은 공급이 남아돌 때, 임금 격차가 커지고 구조적 실업이나 하향 취업이 발생한다. 구조적 실업은 사양산업의 노동자들이 새로운 성장산업으로 이직하기 어려울 때 발생하는 실업을 말하며, 하향 취업은 본인의 학력이나 경력에 비해 근로조건이 나쁜 일자리로 취업하는 것을 말한다.

어떻게 하면 기술 진보가 불평등과 격차를 심화시키지 않고 신기술의 혜택을 골고루 누리게 할 수 있을까? 그 해법은 기술 변화에 뒤처지지 않고 앞서가는 교육에 있다. 미국의 경제학자 골딘과 카츠는 '교육과 기술의 경주'라는 표현으로 양자의 상호작용을 설명했다(Goldin and Katz, 2007). 3차 산업혁명이라고 불리는 정보통신기술의 발전과 확산 시기에 미국을 비롯한 선진국에서 임금 불평등이 커진 것은 신기술에 필요한 대졸 고숙련 인력의 신규 공급이 부족하고 기존의 고졸 이하 중급숙련 인력의 재교육이 잘 이루어지지 못했기 때문이다. 즉 앞서가는 기술을 교육 시스템이 쫓아가지 못했던 것이다. 대학 진학률이 더 높았거나 재교육 시스템이 더 잘 되어 있었다면 그만큼의 불평등과 하향 취업은 발생하지 않았을 것이다.

지금은 4차 산업혁명 시대다. 1차 산업혁명이 기계에 의한 생산 시대, 2차 산업혁명이 대량생산 시대, 3차 산업혁명이 정보통신기술 기반의 자동화 시대를 열었다면, 4차 산업혁명은 기계가 귀납적 학습의 주체(기계학습)가 되어 인공지능 기반의 초연결·융복합 시대를 열고 있다. 과학기술 전문가들은 4차 산업혁명에 따른 가장 큰 부작용으로, 양극화 심화(70%)를 대량 실업(17%), 인간의 효용가치 하락(10%), 기계의 인간 지배(3%)보다 훨씬 많이 언급했다(《서울경제》 '이 달의 과학기술자상' 수상자들 설문 결과, 2016년 5월 8일). 만약 4차 산업혁명 시대의 기술 변화 속도를 교육 시스템이 쫓아가지 못해 뒤처지면 양극화 심화는 전문가들의 기우에 그치지 않을 것이다.

그런데 오히려 교육이 기술과 사회 변화에 대한 대응을 넘어 앞서 준비하고 바람직한 방향으로 변화를 선도할 수 있다면, 미래는 정해진 것이 아니라 만들어가는 것이 될 수 있다. 예를 들어 모든 공교육 단계에서 미래사회 역량(5장의 미래인재 요건 참조)을 기르는 경험을 쌓고, 학령기 이후에도 공식적·비공식적인

재교육과 평생학습을 통해 시대 변화에 적응할 수 있는 시스템을 갖춘다면, 교육은 기술에 뒤처지지 않고 동행하거나 선도할 수 있다.

특히 우리나라는 학령인구가 급감하고 고령인구는 급증하는 인구변동을 겪을 것이므로, 교육 시스템이 빠르게 변화할 필요가 있다. 특정 계층, 지역, 학교에 국한되지 않고 모든 학생들이 미래사회 역량을 기를 수 있는 공교육과 평생학습형 패러다임(9장 참조)으로의 전환이 요구된다.

기술 진보와 교사 양성 방식의 변화

지금부터 긴 미래를 살아갈 아이들에게 컴퓨터 언어로 프로그램을 짜는 코딩 능력은 기성세대를 괴롭혔던 영어 능력보다 중요할 수 있는 소양이다. 코딩 작업은 문제의 인식과 해결 과정이 종합된 사고 훈련이라는 점에서도 교육적 가치를 인정받고 있다. 선진국들이 앞다퉈 공교육에 코딩 수업을 보편화해온 이유다. 우리나라에서도 2015 개정교육과정에 따라 중학생은 2018년부터, 초등 5·6학년은 2019년부터 소프트웨어 교육이 도입됐다. 문제는 이를 가르칠 교사였다.

그동안 교육부는 교사를 대상으로 소프트웨어 교육연수를 시행해왔다. 그러나 교사들 간의 소프트웨어 역량 차이가 크고 수업 활용 경험도 없었다. 학교를 믿지 못하거나 앞서가려는 부모들은 코딩 사교육 시장을 찾았고, 이를 바라보는 다른 부모들은 불안했다. 코딩 학원에 보내려면 적잖은 수강료를 부담해야 하며, 지역마다 이런 학원이 있는 것도 아니다. 창의적 제작 교육을 위한 메이커 스페이스도 특정 지역에 쏠려 있다. 학령기 교육 단계부터 디지털 격차가 발생할 수 있는 환경이었다.

만약 교원 임용 방식에 관해 기존에 정해둔 것이 하나도 없다면 소프트웨어 교사를 어떻게 확보하는 것이 좋을까? 가장 쉽게 떠올릴 수 있는 방법은 일반 대학의 컴퓨터과학 전공자나 소프트웨어 전문 인력 중 교직 적성이 있는 사람을 교사로 채용하는 것일 터다. 물론 교사 채용 전에 관련 대학원이나 연수기관에서 교직 소양 교육을 받도록 할 수 있을 것이다.

사범학교, 교육대학, 사범대학 등 교사 양성을 목적으로 설립된 기관들은 공교육의 급속한 확충 시기에 효율적으로 교원을 공급했다. 그러다 외환위기 이후 다른 직업들의 고용 안정성이 낮아지자 교직에 대한 선망이 짙어져 교·사대 합격에 필요한 점수가 높아졌다. 힘들게 교·사대에 입학한 후에도 교사로 임용되기 위한 경쟁은 학령인구 감소로 인한 임용 인원 축소와 함께 치열해지고 있다. 예비 교사들 입장에서 교원 정원을 늘리는 것 이외의 다른 변화들, 특히 교·사대, 교육대학원과 임용고시 외에 교원이 될 수 있는 다른 경로를 만드는 데 반대하는 것은 이해할 수 있다.

그런데 여전히 입시만 있고 4차 산업혁명은 없다는 우리 학교 현장의 현실은 오래갈 수 없는 상황이다. 지식과 기술 변화의 주기보다 인간 수명이 짧았던 시절에는 선생이 동일한 지식을 평생 가르쳤고 장인은 도제에게 같은 기술의 대를 물렸다. 그런데 지금은 많은 분야에서 교수도 기술자도 한때 배운 것을 평생 그대로 가르치거나 써먹을 수 없고, 계속 새로 공부하지 않으면 안 되는 시대로 넘어왔다. 그리고 인공지능과 로봇의 전방위적 진격은 인간이 안전지대라고 생각했던 분야를 계속 줄이고 있다. 이에 미래사회에서 교직이 어떤 의미를 갖고 어떤 역할을 할 수 있는지에 대한 사고의 전환이 필요하다.

현행 교원 양성 체제를 유지하는 동안에는 교원 연수에 보다 힘을 쏟아야 하고 현직 교원이 교육 수요와 시대 변화에 맞는 교육을 할 수 있도록 독려하고 지원해야 한다. 그러나 앞으로 장기적 시계의 개혁안을 구상할 때는 현행 교원 양성 방식을 고정된 상수로 두지 말고 중요한 정책 변수로 고려할 필요가 있다. 미래사회에서 교직 중 상당수의 자리는 안정된 직업을 원하는 이를 위한 평생직장이 아니라 시대가 요구하는 교육을 할 수 있는 역량을 마침 그 시기에 갖고 있는 사람들이 봉사하는 자리가 돼야 할지도 모른다.

메타버스 세대 학생과 만원버스 세대 교원

예전에 "19세기 교실에서 20세기 교사가 21세기 학생들을 가르치고 있다"는 말이 있었다. 19세기 교실 구조와 달라진 것이 없는 공간에서 20세기 방식으로 양성된 교사들이 21세기의 주역들을 교육하고 있는 현실을 빗댄 말이다.

지금은 IT 기기가 완비된 스마트 교실을 갖춘 학교들이 늘어났고, 창의성을 자극하는 놀이형 학습 공간이 마련된 학교도 생겼으며, 디지털 원주민 세대인 학생들은 디지털 세상을 고향처럼 인식한다. 아이들은 '메타버스'로 통칭되는 디지털 가상공간에서 놀고, 꾸미고, 만들고, 교류하고, 배운다. 메타버스(metaverse)란 '초월'을 뜻하는 '메타(meta)'와 '세상'을 뜻하는 '유니버스(universe)'의 합성어로 현실과 가상이 결합된 3차원 가상세계를 의미한다. 인터넷 동영상 콘텐츠나 컴퓨터 게임을 소비하는 것을 넘어 가상세계에서 창조, 사교, 학습 활동 등을 하고 있는 것이다.

그런데 이러한 디지털 세상이 익숙하지 않은 교원이 많다. 나는 중학생일 때 다니던 학교가 먼 곳으로 이사를 하는 바람에 아침마다 만원버스를 갈아타고 등교해야 했다. 이런 만원버스 세대가 메타버스 세대의 학생을 마주하게 된 것이다. 교사가 학생들에게 "너희들은 아직 어려서 이런 거 모르지?"라고 할 수 있었던 수만 가지 것들이 사라져갔다. 그런 지식은 학생들이 필요하면 언제든지 스마트폰 검색을 통해 금방 찾을 수 있게 됐다. 이제는 오히려 학생들이 교사에게 "선생님은 이런 거 모르시죠? 안 해보셨죠?"라는 것이 많아지고 있다.

아날로그 세상을 고향으로 둔 디지털 유목민인 교사도 메타버스 같은 것에 입문할 수 있다. 아이들처럼 로블록스나 제페토 등에서 아바타를 만들어 여가 시간을 보낼 수도 있지만, 교육에 메타버스를 사용할 수도 있다. 메타버스의 가상세계, 거울세계 등을 활용하면 역사 고증, 과학 실험, 우주 체험, 공장 체험, 모의 법정 등의 수업을 생생하게 진행할 수 있다. 그리고 개별 학생의 접속 및 학습 기록을 분석하여 피드백을 제공할 수 있다. 문제는 교원의 마인드다.

예전 이야기지만, 내가 다닌 중학교에서 학년 초에 음악 선생님이 도덕 시간에도 들어와 학생들이 어리둥절해하자, 그 선생님은 선배들은 자기에게 상업도 배웠노라고 '멀티플 교사'임을 과시했다. 전공과 수업과목이 맞지 않은 상치 교사 문제는 특히 사립학교에서 드물지 않은 일이었다. 당시의 수업은 거의 주입식이었고 시험도 책을 암기하면 되는 것이어서 큰 문제인 줄 몰랐다.

세월이 흘러 고등학교(역시 사립) 졸업 20주년 기념행사에 갔을 때는 학창 시절 독일어 선생님이 일본어 선생님으로 소개돼서 놀란 적이 있다. 나는 후배 학생들의 수요를 고려해 담당 과목을 바꾼 그 선생님의 개인적인 노력을 내심 높이 평가했다. 사실 그분은 독일어 교사로서도 뛰어난 분이었다.

이처럼 무자격에 가까운 교원의 복수 과목 수업보다 예비 교원의 복수전공 장려와 임용 이후 셀프 재교육을 통한 과목 전환이 낫기는 하지만, 근본적인 해결책은 되지 못한다. 사회가 요구하는 교육의 내용과 방식이 빠른 속도로 바뀌고 있기 때문이다. 또한 교사는 지식의 일방적 전달자를 넘어 학생들 간의 소통과 협력을 촉진하여 사회적 역량을 기르게 하고 창의성을 발현할 수 있도록 하는, 보다 광범한 역할을 요구받고 있다. 이 역할은 학기마다, 수업마다 새로운 것이어서 교직의 보람은 클 수 있지만 교사에게 익숙함과 편안함을 거둬갈 수 있다.

나는 국책연구기관에서 오래 일하다가 교육혁신을 위한 여러 시도를 해보고 싶은 마음에 2016년에 지스트로 왔다. 갓 부임한 초임 교원이었을 때 광주에 계시던 한 원로 교육사회학자께서 저녁식사에 초대해주었다. 그때 하신 말씀이 기억난다. "우리나라 교육은 초임 교원의 첫 3년간 열정에 의해 조금씩 발전한다고 합니다." 교원의 열정이 조로하는 학교 현실과 교직사회의 매너리즘을 지적하신 것이었다.

나는 지금도 매 학기에 각 과목의 수업 자료를 업데이트하면서 다음 날 수업의 더 나은 방식을 머릿속에 그려보고 있다. 다른 일로 바쁜데 교육에 너무 많은 시간을 쓰고 있나 하는 생각이 들 때면, 내 고교 때 독일어 선생님과 원로 교육사회학자의 말씀을 상기해본다. 그리고 나의 미국 유학 시절 은사도 함께 떠올려본다. 명망 높은 학자로서 바쁨 순위로도 최상위권이었을 그분은 학부 1학년 대상의 경제학 개론 수업 준비에 혼신의 노력을 기울이고 있었다. 그분의 지도학생이자 연구 프로젝트 조교였던 나는 대학원 수업 이상으로 학부 저학년 수업을 왜 그렇게 열심히 준비하시느냐고 여쭈어봤다. 지도교수님의 대답은 이러했다. "우리는 이미 같은 길에 들어선 동료지만, 이 입문 수업은 어린 학생의 미래를 바꿀 수도 있을 것이네." 지금까지도 초심을 다잡는 데 힘을 주는 참스승의 한마디다.

맞춤형 AI 교사

아무리 열정적이고 사명감이 강한 교원이라도 쓸 수 있는 시간의 제약이 있다. 수업 준비를 열심히 할 수는 있지만, 학생 한 명 한 명의 학습 상태를 매일 관찰하고 개인지도를 해주기는 어렵다. 그런 역할은 아이 한 명을 전담하도록 부잣집에 입주한 가정교사 정도만 할 수 있을 것이다. 그리고 과목별로 전문성 있는 개인지도를 해주려면 여러 명의 입주 가정교사가 필요할지도 모른다. 혹시 이런 역할을 컴퓨터가 대신해줄 수는 없을까?

인도 델리에서 중학생들을 대상으로 컴퓨터 프로그램으로 자습을 할 수 있게 도와준 교육실험 결과는 매우 고무적이었다. 연구진은 델리 지역의 저소득층 중학생들에게 방과 후에 컴퓨터 지원 방식의 학습 프로그램으로 공부할 기회를 제공하는 실험을 실시했다. 정확한 효과 측정을 위해 먼저 학생들과 학부모들에게 이 프로그램을 체험해보게 한 후에 추첨을 통해 절반 정도에 해당하는 314명의 실험군 학생들에게만 이런 자습 기회를 무료로 제공했다. 당첨되지 않은 대조군 학생들과 비교했을 때 학업성취도가 어떻게 달라지는지 보려는 것이었다. 실험군 학생에게는 수학과 국어(힌디어)에 대해 주 6일, 하루 90분의 학습 프로그램을 4.5개월 동안 제공했다. 90분 중 전반 45분은 프로그램 소프트웨어를 이용한 자기주도학습을 하게 하고, 후반 45분은 12~15명씩 모둠을 만들어 조교가 학습을 도와줬다. 그 결과 이 프로그램에 참여한 실험군 학생은 미참여한 대조군 학생보다 수학과 국어(힌디어) 두 과목 모두에서 훨씬 높은 성적 향상을 나타냈다(Muralidharan et al., 2019). 사람 교수자가 일대일 지도를 해주기 힘들면 컴퓨터 교수자가 그 역할을 대신할 수도 있다는 것을 보여준 셈이다.

각 사람의 반응에 맞춰 정보를 제공하는 능력을 가진 인공지능은 맞춤형 학습 프로그램의 형태로 교육 현장에 들어왔다. 다수의 학생들에게 단일한 일방향 강의, 즉 같은 수준과 같은 속도의 강의를 제공하는 인간 교수자의 수업에서는 개별 학생의 이질성을 고려해주기 어려웠다. 그런데 AI 알고리즘을 기반으로 개별 학생의 선지식, 학습 유형, 학습 속도 등을 파악하여 이에 맞춰주는 적응형(맞춤형) 학습 시스템이 도입되면 얘기는 달라진다.

이를 대학 교육에 구현한 모범 사례가 미국에서 가장 혁신적인 대학으로 매년 선정되고 있는 애리조나주립대학교(ASU)다. U.S. New & World Report 2019 대학평가에서 애리조나주립대는 종합순위가 115위였지만, '가장 좋은 수업(학부 과정)' 부문은 11위, '가장 혁신적인 대학' 부문은 1위(해당 지표가 만들어진 이래

4년 연속 1위)였다. 참고로 2019년 '가장 혁신적인 대학' 부문 3위는 MIT(종합순위 3위), 5위는 스탠퍼드대학교(종합순위 7위)였다.

애리조나주립대는 포용적인 혁신교육을 표방하며 AI 기반의 맞춤형 학습 시스템을 도입하여 모든 학생이 목표 성취 수준에 도달하는 교육을 지향하고 있다(김희삼 외, 2018). 맞춤형 학습은 교육 콘텐츠에 대한 개별 학생의 반응을 토대로 AI 알고리즘이 해당 학생 특유의 요구와 능력에 따라 지시, 수정 및 개입에 대한 패턴과 반응을 실시간으로 감지한다. 각 학생의 학습 기록은 시스템에 저장되고 분석되어 해당 학생의 다른 과목 학습 시에도 그 학습 분석 정보가 활용될 수 있다. 교수는 AI의 분석에 따라 학생에게 맞는 학습 경로를 확인하고 그에 맞는 처방에 따라 학습 진도를 설계할 수 있다.

이러한 AI 기반 맞춤형 학습은 AI와 학습자가 상호작용하는 쌍방향 교육으로서 4차 산업혁명(지능화) 시대의 온라인 교육이라고 할 수 있다. 이에 비해 인터넷을 통한 동영상 강의 학습은 여전히 일방향 교육이라는 점에서 3차 산업혁명(정보화) 시대의 온라인 교육이라고 볼 수 있다. MOOC 등 인터넷 강의 학습에서는 학습자의 동기 부여가 부족하면 수료율이 저조해 반복학습이 용이한 잠재적 장점에도 불구하고 오프라인 교육에 비해 교육 효과가 떨어질 수 있는데, 맞춤형 학습에서는 이런 단점이 상당 부분 극복될 수 있다.

애리조나주립대가 이런 혁신을 시도한 바탕에는 고등교육에 대한 접근성을 높이고 소수의 특권층이 아닌 평생학습자를 위한 고등교육 프로그램을 만들고자 한 교육철학이 있었다. 이러한 철학은 배움을 멈추지 않는 것이 중요한 4차 산업혁명 시대에 적합한 것인데, 이를 구현하기 위한 기술도 4차 산업혁명의 핵심기술인 AI가 제공하고 있는 것이다. 원래 가정환경, 문화, 언어, 기초학력 등 서로 다른 학습 조건을 고려하여 학습자에게 맞춤형 교육 서비스를 제공하려면 교수자의 세심한 관찰이 필요하고 그에 따른 개별 학습 제공은 매우 큰 비용과 노력이 소요되지만, AI을 바탕으로 맞춤형 교육 서비스를 제공한다면 그 비용이 현저히 줄어들 수 있다.

맞춤형 학습의 성과는 목표 성취 수준에 이르는 학생 비율의 상승으로 나타났다(Lee and Steer, 2019). 2016년 가을부터 인공지능 시스템인 ALEKS(Assessment and Learning in Knowledge Spaces)를 도입하여 대수학(Algebra) 수업을 진행한 결과, 학생들의 목표 성취 수준 도달 비율이 2015년 62%에서 2018년 79%로 상승했다. 대수학 수업의 평균 이수율도 20.6% 증가했고, 기초학력이 미달 수준인 학생들의 경우 그 상승 효과는 28.5%에 달했다. 전통적인 방식으로 대수학을 배운 학생보다 맞춤형 지도를 받은 학생은 다음에 심화 단계의 수학 과목을 선택하는 경향도 높았다. 이것은 AI가 기초학력이 높고 수학에 소질이 있는 학생에게는 어려운 문제를 풀어보도록 학습 과정을 유도하고, 다소 이해가 더딘 학생은 문제의 난이도를 조절해가면서 흥미를 잃지 않도록 한 덕분이었다. 생물학 입문 과목(Bio 100)에서도 이전의 강의 중심 수업에서는 수강 취소율이 10% 내외이고 C학점 이상 비율이 77%였던 데 비해, AI 기반 맞춤형 수업에서는 수강 취소율이 5%로 감소하고 C학점 이상 비율은 91%로 증가했다.

이러한 맞춤형 학습 시스템을 통해 선행학습과 고교 성적의 영향을 덜 받고 모두가 목표 성취 수준에 이르는 포용적인 교육을 구현해나가고 있는 것이다. 애리조나주립대에서는 2011년 이후 수만 명의 학생이 AI 기반의 맞춤형 코스웨어를 통해 능동적 학습을 수행하고 있으며, 기초과학·수학 등 다양한 과목에서 맞춤형 학습이 이뤄지고 있다. 12만 6,000명의 재학생 중 40%가 맞춤형 온라인 수업을 수강하고 있는 애리조나주립대는 90% 이상의 학생들이 매 과목의 목표 성취 수준에 도달해 이수를 인정받고 학업을 중도 포기하는 비율이 5% 이하가 되도록 하는 목표를 갖고 있다.

애리조나주립대에서 AI는 기초과목의 교수자뿐 아니라 지도교수의 역할도 하고 있다. 이 대학은 학생들이 학문의 경계를 넘어 다양한 수업을 듣도록 권장하고 있으며, 학생은 스스로 원하는 교과과정을 만들어나간다. 학생 본인의 희망에 따라 7.5주 혹은 15주짜리 학기를 선택하고 자신이 원하는 온라인과 오프라인 강좌를 혼합하여 맞춤형 교과과정을 완성하는 것이다. 이때 AI 지도교수인 이어드바이저(eAdvisor)는 모든 학생에게 개별화된 학습 도구와 서비스를 제공한다. 각 학생은 전공과 직업에 관련한 퀴즈를 풀면서 전공을 추천받고, 해당 전공과 관련된 상세한 프로그램과 과목을 안내받는다. AI 지도교수는 8학기 동안 진행되는 최적 코스를 계획해주고, 대학원에 진학할 경우 필요한 준비까지 알려준다. 또한 학생이 수업에 잘 적응할 수 있도록 사전에 수학능력 수준을 알아보는 배치시험을 치르게 하고 학생의 수준에 맞는 코스를 안내한다. 학기 중에도 이어드바이저는 학생의 학습 진척도를 자동으로 알려주고, D 이하의 학점이 예상되면 5~8주 사이에 자동으로 경고하는 조기 개입을 통해 낙제를 예방한다.

또한 AI는 교원들을 도와주는 조교 역할도 하고 있다. AI 기반의 맞춤형 학습을 도입한 새로운 수업을 설계해야 하는 만큼, 온라인 학습과 오프라인 수업을 최적으로 구성하는 데 전문성이 필요하다. 이에 60명 이상의 전문 교수 설계자들이 교원들의 수업 설계에 도움을 주고 있다. 여기에 AI도 학습적 도움이 필요한 학생들을 모니터링하고, 학습을 분석하며, 성과를 측정하는 데 활용되고 있다.

끝까지 가르치는 AI 교수자

우리나라에는 대학원 교육에 AI 기반 맞춤형 학습 기술을 적용한 사례가 있다. KDI국제정책대학원에서 2019년 가을과 2020년 봄에 통계학과 기초계량경제학을 가르치는 〈양적분석 방법〉 수업에 AI 기반 맞춤형 코스웨어인 ALEKS를 도입했다 (Kim, 2021). 이 대학원은 다양한 국적과 배경의 외국인 학생들이 주류를 이루고 있어 통계학 기초지식 보유의 편차가 크기 때문에 기존의 강의형 수업에서는 수업 이해도가 낮은 학생이 따라오기 힘들었다. 그런데 맞춤형 학습 프로그램을 이용하자 3시간 테스트만으로도 오랜 기간 가르친 것처럼 학생의 선지식과 실력을 파악할 수 있었다. 또한 통계학 기초지식에서 최하위권이었던 학생 2명이 맞춤형 학습 후 최상위권으로 도약하는일도 나타났다. 인간 교수자라면 포기했을 학생도 본인이 원하기만 하면 AI 교수자는 지치지 않고(화도 내지 않고) 끝까지 가르칠 수 있었던 것이다.

맞춤형 학습 시스템은 기초·입문 과목의 수업에서 학생들 간의 사전적인 편차를 줄이고 모두를 목표 성취 수준에 도달하도록 돕는 데 적합한 것으로 판단됐다. 컴퓨터와 웹 기반이어서 유연한 학습 속도와 실시간 모니터링이 가능하고, 학생들은 자신에게 맞는 속도로 진행할 수 있으므로 시간을 보다 효율적으로 배분할 수 있었다. 교수자는 실시간으로 학생의 활동을 모니터링하며 적시에 맞춤형 도움을 제공할 수 있었고, 수업 조교(TA)도 TA 세션에서 관찰된 학생의 진행 상황을 기반으로 맞춤형 콘텐츠를 다룰 수 있었다. 결과적으로 수강생들, 특히 기초가 부족한 학생들이 학기 동안의 총학습량을 늘릴 수 있었던 것이다.

맞춤형 학습 시스템은 현재 AI 알고리즘의 기술 수준을 고려할 때 수월성이 요구되는 엘리트 과정보다는 콘텐츠를 표준화된 단위 그룹으로 분해할 수 있는 과정의 기본 지식 또는 개념 숙달을 습득하는 데 효과적이다. 현재 ALEKS 등 상업적인 맞춤형 코스웨어가 입문 수학, 통계학 및 일부 기초과학 과정에 집중되어 있는 이유이기도 하다. 이런 점에서 우리나라 교육의 중대 과제이기도 한 기본학력 보장(4장 참조)에 AI 기반의 맞춤형 학습이 유용하게 활용될 가능성이 있다.

또한 맞춤형 학습을 통해 속도의 차이는 있지만 결국 대부분의 학생들이 기본 지식과 적용 능력을 습득하므로, 이에 적합한 평가 방식은 상대평가보다는 절대평가다. 학습의 방식이나 소요 시간보다 중요한 것이 개별 학생이 목표 성취 수준에 도달하는 것이라면, 굳이 학생들의 줄을 세워서 석차와 등급을 매길 필요는 없다. 내신 등급 경쟁에 찌들어 학교를 전쟁터로 여겨온 기존의 현실(7장 참조)을 변화시키는 데도 학습 및 평가 방식의 전환을 추동하는 신기술의 영향력이 미칠 전망이다.

AI 원어민

글로벌 시대라고 하지만 영어로 말하는 것은 한국인에게 여전히 어렵다. 다른 과목보다 영어는 환경적 요인의 영향을 많이 받는다. 사회경제적 배경이 성적에 미치는 영향력은 국어나 수학보다 영어 과목에서 크게 나타났다(김희삼, 2011; 오성재 외, 2016). 우리처럼 영어가 모국어나 제2국어가 아닌 외국어인 환경에서는 가정환경, 사교육, 어학연수 경험 등에 따라 영어 구사력의 격차가 크게 생길 수 있다. 특히 영어 회화 능력은 영어 노출 환경에 따라 일찍부터 차이가 생기고 나중에도 좁혀지지 않는 경우가 많다.

어려서 영어권에서 살아본 아이들은 영어로 말하는 것이 수월하다. 이렇게 누구나 일찍부터 원어민과 대화할 수 있는 기회를 가질 수 있다면 영어 격차나 영어 울렁증은 줄어들 것이다. 물론 같은 환경에서도 숫기가 없는 아이는 원어민 앞에서 서툰 영어로 말하는 것을 피하게 되어 영어가 빨리 늘지 않을 수 있다.

만약 영어로 말하는 상대가 사람이 아니라 스마트폰 속의 AI 캐릭터라면 어떨까? 그것도 사람 말을 하는 펭귄 캐릭터인 펭수라면? 아마 아이들은 더 즐겁고, 더 편하게 영어로 말할 수 있을 것이다.

이런 점에 착안해 EBS는 전자통신연구원 및 NHN의 기술 지원과 교육부·교육청의 재정 지원을 받아 AI 기반의 초등학생 영어 말하기 앱인 'AI펭톡'을 개발했다. AI펭톡은 초등학교 영어 교육과정을 바탕으로 주제별 자유대화까지 가능하도록 설계됐다.

AI펭톡의 효과성 분석을 위해 2020년 1학기 전국 54개 시범학교 초등 4학년에 적용하는 실험이 실시됐다. 나는 AI펭톡 성과 분석 연구(김희삼 외, 2021)의 책임을 맡았다. 그리고 AI펭톡 베타 버전의 사용 아이디 제공 여부에 따라 각 학교의 4학년 2개 학급을 실험군(제공)과 비교군(미제공)으로 나누고 시범 서비스

4주간의 사용 효과를 분석했다. 시범 서비스의 시작과 종료 시점 두 차례에 걸쳐 영어 시험과 동일 문항들이 포함된 설문조사를 실험군과 대조군 모두에게 실시했다. 분석 결과, 실험군은 대조군보다 영어 시험 점수, 영어 말하기 능력 및 지난 4주간의 향상도에 대한 자기 평가, 영어에 대한 자신감, 유용성 인식, 흥미도, 실력 향상 의욕, 지난 4주간의 학습량 등에서 더 많이 개선된 것으로 분석됐다. 그런데 실험 시작 때의 조사 결과, 실험군은 초등학교 입학 전부터 그때까지 원어민 교습을 받은 경험과 지난 한 달 동안의 영어 학습량이 대조군보다 적었던 것으로 나타났다. 그럼에도 AI펭톡을 통한 원어민과의 대화 경험이 영어 능력 향상과 영어 학습에 대한 적극성 제고로 귀결된 것이다. AI 기반의 비대면 쌍방향 교육이 영어 격차를 줄이는 데 도움이 될 가능성을 시사하는 발견이었다.

2020년 2학기의 2차 시범학교 사업에서는 AI펭톡의 파일럿 버전을 전국 166개 초등학교 3~6학년에 확대 적용해보았다. 이번에는 AI펭톡 사용 아이디를 받은 학생들 간에도 실제 사용 시간은 개인차가 크다는 사실에 주목해 사전 특성을 통제한 상태에서 사용 시간에 따른 사후 특성의 차이로 효과를 측정했다. 그 결과 3,998명의 참여 학생 중에서도 AI펭톡 사용 시간이 많은 학생일수록 시범 서비스 종료 후의 영어 시험 평가 점

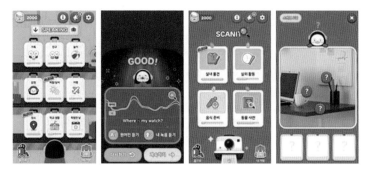

:: AI펭톡의 2차 시범 서비스 인터페이스

수가 높았다. 영어에 대한 자신감, 유용성 인식, 공부 흥미, 공부 집중, 말하기 선호, 향상 의욕, 듣고 따라 말하기 능력에 대한 주관적인 평가 역시 AI펭톡 사용 시간이 많을수록 높게 나타났다. 지난 4주간의 영어 학습 일수, 학습 시간, 독습 시간 등 영어 학습량과 주관적 영어 향상도에 대해서도 AI펭톡 사용 시간은 긍정적 효과를 나타냈다. AI펭톡과 같은 어학 챗봇(채팅 로봇)의 쌍방향성, 비대면성, 게임 방식 등의 특성이 영어 구사력 향상과 격차 완화에 대한 잠재력이 있음이 확인된 것이다.

빨라진 디지털 전환 시계

AI펭톡 시범학교 프로젝트는 코로나19로 학교 등교일수가 대폭 축소되고 비대면이 사회적 규범이 됐던 2020년에 시행됐다. 교육도 많은 부분 비대면으로 해야 했던 시기에 마침 AI 기반의 첨단 비대면 교육 시스템이 선을 보여 더욱 주목을 받았던 것이다.

이처럼 코로나19는 디지털 기술이 교육에 접목되는 계기가 됐다. '디지털 전환'은 디지털 기술을 사회 전반에 적용하여 기존의 사회 구조와 운영 방식을 혁신하는 것을 의미한다. 여기서 디지털 기술이란 사물인터넷, 클라우드 컴퓨팅, 인공지

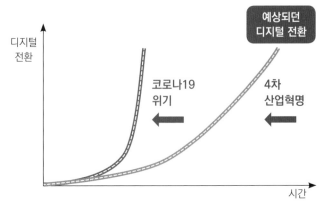

:: 앞당겨지고 있는 디지털 전환

자료: 금융위원회(2020).

능, 빅데이터 솔루션 등 정보통신 기술이 중심을 이룬다. 이들이 모두 4차 산업혁명의 핵심 기술임에서도 알 수 있듯이, 디지털 전환은 4차 산업혁명과 함께 진행되고 있다. 이런 기술에 맞게 조직을 변화시키는 것이 생존과 성장에 유리한 제조업, 금융업, 기타 서비스업 부문의 기업들을 중심으로 디지털 전환이 빠르게 진행돼왔다.

그러나 디지털 전환의 사회 전체적인 확산은 상대적으로 더딘 편이었다. 변화하지 않으면 도태되기 쉬운 비즈니스나 산업계와 달리 비영리기관들, 예컨대 학교와 같은 조직은 보수적인 편이다. 중세 유럽의 대학이나 근현대의 학교나 교실의 구조와 수업 방식은 본질적으로 차이가 없었다. 그런데 전 세계인의 삶을 어느 순간 크게 바꿔놓은 코로나19는 교실을 디지털 공간으로 갑자기 이주시켰다. 디지털 전환이 준비되지 않은 상태에서 전격 단행된 온라인 수업은 초기에 원격교육 인프라의 미비와

:: 중세 유럽의 대학 강의실과 근현대의 학교 교실

경험 부족으로 여러 가지 파행과 학습 결손을 낳았다. 그러나 교수자와 학습자 모두에게 원격교육의 경험 자산이 축적되자, 기왕 익숙해진 온라인 수업에서 장점을 발견해 이를 교육 효과를 높이는 데 활용하려는 시도가 늘어나고 있다. 코로나19로 강제된 경험이었지만, 이 경험이 교육 영역에서도 디지털 전환을 촉진시키는 계기가 된 것이다. 이렇게 코로나19 위기는 디지털 전환의 확산 속도를 높임으로써, 디지털 기술이 사회 전반을 혁신하는 데 걸릴 것으로 예상했던 시간을 앞당기고 있다.

표층학습에서 심층학습으로

'에듀테크(edutech)' 혹은 '에드테크(edtech)'는 교육(education)과 기술(technology)의 합성어로서, 교육에 정보통신 기술을 접목하여 교육 효과를 높이는 것 또는 그런 것과 관련된 산업을 말한다. 즉 교육 영역의 디지털 전환 과정을 보여주는 것으로서, 교육에 들어오고 있는 4차 산업혁명이라고 할 수 있다. 이런 교육의 디지털 전환이 구체적으로 어떻게 기존의 교육 방식보다 교육 효과를 높일 수 있을까? 이미 애리조나주립대의 AI 기반 맞춤형 학습 도입의 성과를 살펴봤기에, 어느 정도 짐작은 가능할 것이다. 요점을 미리 말하자면, 온라인 교육과 오프라인 교육의 장점을 결합한 혼합 교육은 기존의 표층학습을 넘어 심층학습에 도달하는 학습모형을 실제 교육에서 구현할 가능성을 높여주고 있다.

일반적으로 학습의 단계는 학습에 동원되는 인지적 사고 과정의 고차성에 따라 구분할 수 있는데, 학습 과정의 사고력은 다음과 같은 단계로 차원이 높아진다(Bloom et al., 2001).

① 기억(remember): 관련 지식을 장기 메모리로부터 끌어내는 것

② 이해(understand): 말, 글, 그림 등으로 주어진 지시 메시지로부터 머릿속에 의미를 구축하는 것

③ 적용(apply): 주어진 상황에서 절차를 적절히 수행 또는 사용하는 것

④ 분석(analyze): 대상을 구성 부분들로 분해하고 각 부분들 간의 관계 및 각 부분들과 전체 구조 또는 목적과의 관계를 결정하는 것

⑤ 평가(evaluate): 기준이나 표준에 근거하여 판단을 내리는 것

⑥ 창조(create): 요소들을 응집된 전체로 결합하거나 새로운 패턴 또는 구조로 재조직하는 것

여기서 기억과 이해까지를 표층학습, 적용, 분석, 평가, 창조까지 나아가는 것을 심층학습이라고 정의해보자. 기존의 학교 수업은 내용 전달 위주의 교육이었고, 학생들에게는 기억과 이해가 주된 인지적 활동이었다. 교수 학습 활동이 표층학습에 머물렀던 것이다. 평가 역시 배운 것을 얼마나 기억하고 있고 이해하고 있는지를 가늠하는 방식으로 이루어졌다. 따라서 주입식 수업과 벼락치기 시험공부가 일상적이었던 것이 전형적인 학교 교육의 모습이었다.

그런데 스마트폰 검색으로 인터넷에 넘쳐나는 정보와 지식을 빠르고 손쉽게 습득할 수 있고, 인공지능이 적용, 분석, 평가 등 고도의 인지작업까지 해내는 시대가 됐다. 그리고 우리나라는 추격형 경제에서 선도형 경제로 전환되어 모방형 인적자본보다 창조형 인적자본이 요구되는 상황이다. 결국 학교에서부터 심층학습의 경험이 축적된 인재가 필요하다.

하지만 교육 현실은 이에 미치지 못하고 있어 교육의 타당성 문제가 제기돼왔다. 또 교육의 형평성과 사회이동성 제고를 위해서도 학교 수업이 많이 아는 것을 중시하는 표층학습에 머물러서는 안 된다. 불리한 환경의 아이에게 쓸모가 점점 적어지고 있는 지식과 기능을 많이 전수한다고 아이의 미래가 밝아지지는 않을 것이기 때문이다.

문제는 학교 교육에서 심층학습까지 도달하는 것이 가능한가이다. 기존처럼 수업에서 교수자가 지식을 전달하는 데 거의 모든 시간을 소진하게 되면, 심층학습에 해당하는 상위 교육목표까지 도달하는 것은 요원하다. 더욱이 개별 학생마다 선지식이나 이해 속도가 다르다는 점을 고려하면 수업 시간에 일방향의 강의를 통해 모든 학생을 표층학습의 목표 성취 수준에 도달하게 하는 것도 어렵다.

이때 교육에 스며든 기술이 도움을 줄 수 있다. 개념과 지식 전달 위주의 표층학습은 오프라인 수업에만 의존하지 않고 온라인 학습을 통해 구현하고, 그 이상의 고차적인 심층학습은 오프라인 수업에서 면대면 상호작용을 통해 달성하는 방식을 도입하는 것이다.

기억하고 이해하는 것은 일방향의 동영상 강의 시청을 넘어 IT와 AI 기반의 에듀테크를 도입하여 학생 개인의 특성에 맞는 쌍방향 맞춤형 학습 기회를 부여하는 것이 효과적일 수 있다. 그런 표층학습의 모든 과정을 굳이 정규 수업 시간에 할 필요는 없으므로 교수자는 수업 시간을 절약할 수 있다.

오프라인 수업에서는 교수자와 학습자들이 만나 상호작용이 풍부한 수업을 진행한다. 온라인 수업에서 공부한 개념이나 공식 등을 활용해보는 프로젝트 수업 등을 통해 그것들이 머릿

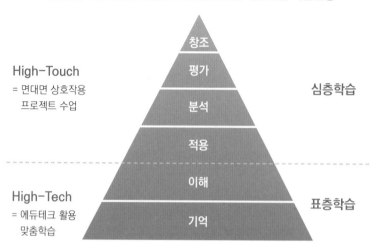

:: 온라인·오프라인 혼합 교육을 통한 심층학습 도달 학습모형

High-Touch
= 면대면 상호작용
  프로젝트 수업

High-Tech
= 에듀테크 활용
  맞춤학습

창조
평가
분석
적용
이해
기억

심층학습

표층학습

자료: Bloom et al.(2001)의 교육목표 분류 모형을 수정함.

속의 지식에 그치는 것이 아니라 실제로 적용하고 분석하고 평
가하며 결과물을 창조해보도록 하는 것이다. 이러한 일련의 심
층학습 과정을 경험하면 공부한 것이 시험 후에 대부분 망각해
버리던 표층적인 지식이 아니라 언제든 소환될 수 있는 역량이
될 가능성이 높아진다.

  이처럼 비대면 온라인 학습을 통해 개별 학생에게 맞춤
형 표층학습을 실현하는 과정에는 첨단기술(High-Tech)을 활용
하고, 면대면 오프라인 학습에서는 활발한 상호작용과 밀접

한 접촉(High-Touch)을 지향하는 학습모형을 보급하려는 노력은 최근 우리나라에서도 아시아교육협회를 중심으로 '하이테크 하이터치(HTHT) 교육'이라는 이름으로 펼쳐지고 있다(https://educommissionasia.org). 이를 통해 그동안 학교 교육에서는 드물었던 심층학습에 도달하는 경험을 학습자와 교수자 모두에게 선사할 수 있을 것으로 기대하고 있다. 이 과정에서 학습자는 교육의 객체만이 아니라 교육적 생산의 공동생산자이자 공동평가자가 된다. 교수자는 '강단 위의 현자'로서 지식을 전달하는 기능보다는 '옆에 선 조력자'로서 학습자들이 지식을 공유하고 재창출하는 과정의 페이스메이커, 코치, 상담자로서 역할하게 된다. 이 과정에서 개별 학습자의 학습 상태와 경로를 분석하고 그에 맞는 도움을 주는 데는 온라인 학습과 학습 분석, 인공지능 등 4차 산업혁명의 주요 기술이 적용된 에듀테크의 도움을 받게 될 것이다.

'T자형 인재'를 기르는 '햇살형 교육'

산업화 시대에 분업화된 공정과 칸막이 조직이 요구하던 인재는 제한된 분야에서 종적으로 깊이 있는 지식과 숙련을 가진 이른바 'I자형 인재'였다. 4차 산업혁명의 핵심은 사물인터넷과 인공지능에 기반한 초연결과 초지능에 있다. 이처럼 인공지능이 중요해지고 있다고 모든 사람이 인공지능 개발자가 될 수는 없고, 그럴 필요도 없고, 그래서도 안 된다. 지금은 종적인 전문성과 함께 횡적으로 다른 분야에 대한 기본 소양과 이해력을 갖춘 'T자형 인재'를 필요로 하는 시대다. 유수의 IT기업들이 비전산 전공자들에게 소프트웨어 교육을 받을 기회를 주어 인문학·사회과학·예술·생명과학 등 다양한 소양을 갖춘 기획자나 개발자를 길러보려고 하는 것도 이런 맥락이다.

'T자형 인재'를 기르는 교육은 학생들에게 다양한 체험과 탐색의 기회를 주고, 문제해결을 위한 협업과 소통을 장려하며, 창의·인성·긍정 등 미래사회를 대비한 핵심 역량(5장 참조)을 함양하는 교육이다. 공교육에서 새로운 것을 배우기 위해 필요한 기본 학력을 갖추는 것은 모든 학생에게 필수가 되어야 하고, 컴퓨터 활용력 제고를 위한 기본적인 코딩 능력을 갖추는 것은 기초 소양이 될 필요가 있다.

이렇게 공통의 핵심 역량, 기본 학력, 기초 소양을 갖추는 것이 공통의 출발원이 되면 교육의 모습은 달라진다. 한정된 자리의 선호 대학, 선호 학과, 선호 직장을 위한 한 방향으로의 일점 집중형 경쟁의 전장이 아니다. 어느 방향으로 전문성을 키워가

:: '막대사탕형 인재'를 기르는 '햇살형 교육'

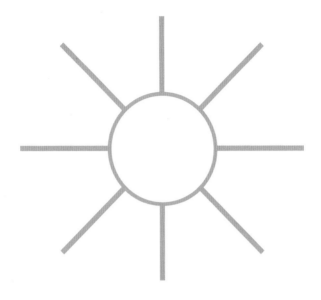

든지 필요한 융합적 사고와 연결·소통·협업의 능력의 바탕을 출발원에서 키우는 요람이 되는 것이다. 그 출발원에서 개인이 저마다 정한 방향으로 전문성을 키워가는 모습은 햇살이 방사형으로 퍼져나가는 모습과 유사하다. 360도 방향으로 각자 성장하면 모두 최고가 될 수 있는 사회(4장 참조), 그리고 그 요람이 되는 '햇살형 교육'의 모습이다.

그 결과로 기업과 사회가 얻을 수 있는 이상적인 인재는 'T

자형 인재'보다 진화한 '막대사탕형 인재'다. 어떤 분야의 전문가를 만나도 대화의 접점이 있고 기본적인 이해와 협력이 가능한 인재다. 출발원 전체가 아니라 본인의 관심과 능력이 허락한 일부 호만을 역량으로 가졌다면 'T자형 인재'로 볼 수 있는데, 그것도 좁은 전공 외에는 아무것도 모르는 'I자형 인재'보다는 낫다.

교육과 기술의 합주

코로나19 위기로 인해 가속화된 디지털 전환은 교육에도 상당한 변화를 가져올 수 있다. 실시간 원격수업에서 사용된 화상회의 솔루션도 이미 상용화된 기술이었다. 존재하지만 교육에서는 사용되지 않았던 '선반 위의 기술'이 기존 방식의 교육이 중단될 위기를 맞자 선반에서 내려와 '책상 위의 기술' 또는 '손 안의 기술'로 활용된 것이다. 앞으로는 메타버스 가상세계에 조성된 가상학교가 팬데믹 위기 상황에서 학생들을 맞이할 것으로 예상된다.

지금 우리의 '교육과 기술의 경주' 상황은 어떤가? 교육이 기술을 쫓아가지 못하면 불평등이나 양극화가 심화될 것이라고 우려하는 사람도 있다. 다른 한편으로 교육이 기술을 쫓아가려고 애쓰다 보면 전인교육의 이상이 훼손될 것이라고 우려하는 사람도 있다.

그런데 교육과 기술, 어느 쪽이 다른 쪽을 쫓아가는 경주(競走, race)가 아니라 양자가 서로 조화를 이루는 합주(合奏, ensemble)를 할 수는 없을까? '교육과 기술의 경주'에서 앞서가는 기술도 교육에 기초한 연구개발의 산물인데, 다수를 위한 공교육과 평생학습이 정체되어 있으면 기술은 사람들 간의 격차를 벌리게 된다. 그런데 교육이 신기술과 사회 변화에 눈감지 않고 이를 적극적으로 수용하고 포섭하여 출발원상에 통합시키면, 기술은 모든 이의 능률을 높여 여가와 소득을 동시에 늘려줄 수 있는 평등한 도구가 될 수 있다. 교육의 주체들이 변화에 방어적이기보다 변화를 수용하고 변화의 방향을 정하는 능동성을 발휘할 때, 우리는 기술결정론에 빠지지 않고 미래를 우리가 바라는 모습에 조금 더 가깝게 만들어갈 수 있을 것이다. '교육과 기술의 합주'를 아름다운 하모니로 만들기 위한 철학과 통찰력, 그리고 무엇보다 용기가 필요한 시대다.

"교수님, 이거 지금 다 풀어놓는 거 아깝지 않으세요?"

EBS 〈클래스ⓔ〉 방송작가가 내 강의 자료를 미리 읽어보고 나서 한 말이다. 그 강의를 또 보완해 책을 썼으니, 이 책 한 권에 지금 내가 나누고 싶은 얘기들을 대부분 망라한 셈이다. 아낌없이 주는 나무처럼 많은 내용을 책 한 권에 담으려 했지만, 담지 못한 주제도 물론 있다. 이 책에서는 교육의 변화를 위해 정책적으로 중요한 부분인 교육행정과 교육재정 문제는 다루지 못했다. 또한 교육의 형평성 차원에서 교육 불평등과 사회이동성 문제는 다루었지만, 환경교육과 같이 점점 중요해지고 있는 교육사회학의 다양한 주제들을 포괄하지는 못했다.

무엇보다 이 책은 한국의 경제 · 사회 현실과 다가올 미래의 맥락에서 우리 교육을 평가해보고자 한 것이었다. 교육의 효율성을 평가할 때도 교육의 거시적 투자 가치와 경제성장에 대한 기여를 따지는 외적 효율성에 초점을 맞추었다. 교육의 산출 지표를 학업성취도와 같은 미시적 변수로 설정하고 투입 대비 산출 효과를 따지는 내적 효율성과 관련된 논의도 포함했지만, 미래사회의 관점에서 산출 지표의 적절성을 고민하기 위해 교육의 타당성이라는 척도를 명시적으로 도입했다.

한편 이 책은 일반적인 교육경제학 교과서처럼 이론과 모형을 먼저 설명하고 적용 사례를 제시하는 방식이 아니다. 반대로 구체적인 현실에서 출발하여 이를 이해하고 평가하는 접근방식으로 경제학적 관점을 사용한 것이다. 내가 교육경제학을 수업으로 개설했던 초기에는 교과서적인 이론, 모형, 분석방법론 등을 설명하다 보니 현실에 관해 토론할 시간이 부족했고 자료 공유도 충분하지 않았다. 그 후로는 교육의 효율성, 형평성, 타당성이라는 세 가지 평가 기준, 피라미드형 교육경쟁사회의 사교육 및 사회자본에 관한 현실과 극복 방안, 인구변동과 기술혁명이라는 파고 앞의 미래교육 방향, 본인이 재학 중인 학교 교육의 개선 방안 등 주제별로 자료를 정리해 읽기 자료를 만들었다. 그리고 학생들이 수업 전에 읽기 자료를 학습해 오게 한 후 수업시간에는 강의를 짧게 하는 대신 치열한 토론을 벌였다. 찬반 토론의 경우 진영을 나누어 앉아 토론하다가 생각을 바꾸어 다른 진영으로 옮겨가는 학생이 나오면 강의실에 웃음이 터져 나왔고 그 학생은 공론장의 모범으로 격려를 받았다. 수업 후에는 해당 주제의 토론장이 온라인 수업 게시판으로 넘어갔다. 이 책은 그런 토론식 수업의 읽기 자료가 바탕이 됐다. 따라서 강의 교재보다는 토론 수업의 자료로 더 적합할 것이다. 이 책이 독자들에게 일종의 '가성비' 높은 도서가 되고, 근거 있는 교육 토론의 자료로 활용되기를 바란다.

김희삼

참고 문헌

강동우, 「무엇이 행복한 지역을 구성하는가?: 지역특성과 행복의 관계 탐색」, 안주엽 외, 『일과 행복(Ⅲ)』, 경제인문사회연구회 협동연구총서, 한국노동연구원, 2017.

강창희, 「'학교교육 수준 및 실태 분석 연구: 중학교' 자료를 이용한 사교육비 지출의 성적 향상효과 분석」, 『한국개발연구』, 34(2), 2012.

강창희·박윤수, 「사교육이 학업동기와 비인지적 역량 발달에 미치는 영향」, 김용성·이주호 편, 『인적자본정책의 새로운 방향에 대한 종합연구』, KDI 연구보고서, 한국개발연구원, 2014.

강창희·이삼호, 『사교육에 대한 경제학적 분석 및 정책 제언』, 한국교육개발원 수탁연구 CR 2010-12, 2010.

고영선, 「임금격차는 어떻게, 왜 변해 왔는가?」, KDI 정책포럼, 제274호, 한국개발연구원, 2019.

구본권, 「'로봇 도입률 1위' 한국은 자동화에 더 안전할까?」, 『한겨레』, 2017. 3. 17.

금융위원회, 「디지털금융 종합 혁신 방안」, 2020. 7.

김경근, 「교육 영역의 주요 동향」, 『한국의 사회동향 2020』, 통계청 통계개발원, 2020.

김광억·김대일·서이종·이창용, 「입시제도의 변화: 누가 서울대학교에 들어오는가?」, 『한국사회과학』, 25(1·2), 2003.

김성태·전영준·임병인, 「우리나라 소득 이동성의 추이 및 결정 요인 분석」, 『경제학연구』, 60(4), 2012.

김세움, 『기술 진보에 따른 노동시장 변화와 대응』, 정책연구 2015-05, 한국노동연구원, 2015.

김세직, 「경제성장과 교육의 공정경쟁」, 『경제논집』, 53(1), 서울대학교 경제
　　연구소, 2014.

김세직, 「추락의 시대, 창의성과 경쟁을 말하다」, 서울대학교 창의성 교육을
　　위한 교수 모임, 『창의 혁명』, 코리아닷컴, 2018.

김세직·류근관 외, 「성장동력으로서 창조형 인적자본 육성의 필요성」, 경
　　제·인문사회연구회 협동연구총서, 10-05-01, 2011.

김세직·류근관·손석준, 「학생 잠재력인가? 부모 경제력인가?」, 『경제논집』,
　　54(2), 서울대학교 경제연구소, 2015.

김용성, 「세대 내 소득이동성에 대한 연구: 학력계층을 중심으로」, 김용성·이
　　주호 편, 『인적자본정책의 새로운 방향에 대한 종합연구』, KDI 연구보
　　고서, 한국개발연구원, 2014.

김주환, 『그릿(GRIT)』, 쌤앤파커스, 2013.

김준하, 「모든 것은 변한다」, 광주과학기술원 Faculty Lunch Talk 발표자료,
　　2017.

김희삼, 「'딴짓'에서 '소명'까지」, 『딴짓 4』, 2019 지스트 무한도전 프로젝트의
　　기록, 광주과학기술원, 2019.

김희삼, 「강의랑 연구만 안 하면 교수도 좋은 직업?」, 『나라경제』, 2018년 10월호.

김희삼, 「교육정책의 숨은 비용: 교사의 노력」, 『중등교육연구』, 68(2), 2020.

김희삼, 「사교육 수요에 관한 행태적 분석」, 『응용경제』, 21(4), 2019.

김희삼, 「사적소득이전과 노후소득보장」, 『한국개발연구』, 30(1), 2008.

김희삼, 「사회 이동성과 교육 불평등」, 『복지환경 변화에 따른 사회보장제도
　　중장기 정책방향 연구』, 보건복지부·한국보건사회연구원, 2017.

김희삼, 「세대 간 계층 이동성과 교육의 역할」, 김용성·이주호 편, 『인적자본
　　정책의 새로운 방향에 대한 종합연구』, KDI 연구보고서, 한국개발연구
　　원, 2014.

김희삼, 「우리는 왜 학교에 가는가?: 온라인학기가 대학 신입생에 미친 효과」,

『교육방법연구』, 32(4), 2020.

김희삼, 「원격교육 상황에서의 기초학력 보장과 교육격차 완화 방안」, 2020 이슈페이퍼 5호, 교육정책네트워크·한국교육개발원, 2020.

김희삼, 「한국인의 계층의식과 사회 이동성」, 이재열 외, 『한국의 사회동향 2016』, 통계청 통계개발원, 2016.

김희삼, 『2010년 사교육비 조사 자료의 심층 분석 연구 - 사교육 대체 프로그램의 효과성 분석』, 한국교육개발원 수탁연구 CR 2011-21, 한국교육개발원, 2011.

김희삼, 『노후소득보장을 위한 가족과 정부의 역할』, KDI 정책연구시리즈 2014-02, 한국개발연구원, 2014.

김희삼, 『사회자본에 대한 교육의 역할과 정책방향』, KDI 연구보고서, 한국개발연구원, 2017.

김희삼, 『영어교육 투자의 형평성과 효율성에 관한 연구』, KDI 연구보고서, 한국개발연구원, 2011.

김희삼, 『학업성취도 분석을 통한 초중등교육의 개선방향 연구』, KDI 연구보고서 2012-09, 한국개발연구원, 2012.

김희삼, 『학업성취도, 진학 및 노동시장 성과에 대한 사교육의 효과 분석』, KDI 연구보고서, 한국개발연구원, 2010.

김희삼·글로벌지식협력단지연구기획팀, 『4차 산업혁명과 한국 교육의 대전환』, 학예연구 2019-06, 기획재정부·글로벌지식협력단지·한국개발연구원, 2019.

김희삼·엄한숙·오형나·최다인, 「인공지능 영어 말하기 프로그램의 효과성 분석: AI펭톡 시범학교 성과 분석 결과」, 『교육방법연구』, 33(3), 2021.

남기곤, 「교육 불평등의 현실과 정책 대안」, 한국사회보장학회 정기학술대회 발표논문집, 2017.

남기곤, 「왜 한국에는 2월 출생자가 많았을까? 그들은 성공하고 있는가?」, 미발간 원고, 2010.

대한민국정책브리핑, 「인공지능·로봇시대에도 살아남을 직업은?」, 정책뉴스, 2016. 3. 24.

박윤수, 「평생학습사회 구현」, 『KDI가 보는 한국경제의 미래』, KDI 개원 50주년 기념 연구서, 나남, 2021.

백순근·양정호, 「지역균형선발의 성과와 과제」, 『제27회 대학교육 정책포럼 자료집』, 한국대학교육협의회, 2009.

서울방송(SBS), 「제9차 미래한국리포트: 경쟁의 딜레마-공존의 신생태계를 찾아서」, 2011.

신석하, 「경제위기 이후 기술변화가 미숙련 근로자의 고용상황에 미친 영향」, 『한국개발연구』, 29(1), 2007.

양정호·엄미정, 「창조적 미래인재 양성을 위한 정책방향과 과제」, 『학습사회 구현과 인적자본 고도화를 위한 정책방향과 과제』, 중장기 경제발전전략 정책세미나, 국민경제자문회의·기획재정부 중장기전략위원회·KDI, 2015. 7. 22.

오성재·강창희·정혜원·주병기, 「가구환경과 교육성취의 기회: 대학수학능력시험 성적을 이용한 연구」, 『재정학연구』, 9(4), 2016.

오성재·주병기, 「한국사회의 소득기회불평등에 대한 연구」, 『재정학연구』, 10(3), 2017: 1-30.

오욱환, 『사회자본의 교육적 해석과 활용: 콜먼으로부터 그리고 그를 넘어서』, 교육과학사, 2013.

오호영, 「제4차 산업혁명과 한국경제의 일자리 충격」, 『한국경제포럼』, 11(2), 2018.

오호영, 「한국과 미국의 청년창업 실태와 창업교육 활성화 과제」, 김용성·이주호 편, 『인적자본정책의 새로운 방향에 대한 종합연구』, KDI 연구보고서, 한국개발연구원, 2014.

오호영·김미숙·서유정·김나라·홍성민, 『2012 학교 진로교육 지표조사』, 한국직업능력개발원, 2012.

우천식 편, 『사교육의 효과, 수요 및 그 영향요인에 관한 연구』, KDI 연구보고서 2004-17, 한국개발연구원, 2004.

유한구·김영식, 「PISA2012와 PIAAC 분석을 통한 우리나라 청소년과 성인의 교육효율성 분석」, 『KRIVET Issue Brief』, 116호, 2017.

이수형, 「게임 룰만 알아도 천하무적 … '알파 제로', AI 확장성 보여줘」, CBC 뉴스, 2018. 12. 7.

이주호·정혁·홍성창, 「한국은 인적자본 일등 국가인가?: 교육거품의 형성과 노동시장 분석」, KDI 포커스 제46호, 한국개발연구원, 2014.

이주호·지상훈, 「교육 불평등에 대한 실증분석과 정책방향」, 『수저계급론에 대한 진단과 정책 제언』, 한국경제연구원, 2018.

이철희, 「인구변화와 노동생산성: 전망과 과제」, 저출산고령사회위원회 미래기획분과 발표자료, 2021. 6. 24.

이철희, 「장래 인구 변화의 영향과 대응: 노동시장에 관한 분석결과와 시사점」, 저출산·고령사회위원회 워크숍 발표자료, 2019. 1. 24.

이태진 외, 『2014년 한국복지패널 기초분석 보고서』, 한국보건사회연구원, 2014.

장주희, 「인공지능 시대 전문직의 변화와 향후 전망」, 『인공지능 시대의 직업세계와 교육세계의 변화』, 제75차 인재개발 정책포럼 자료집, 한국직업능력개발원, 2020. 12. 1.

장현진, 『2017년도 진로교육센터 운영 사업(IV): 초·중등 진로교육 현황조사(2017)』, 한국직업능력개발원, 2017.

전국교직원노동조합 참교육연구소, 『교육이 가능한 학교 만들기: 10만 교원 실태조사 보고서』, 국학자료원, 2020.

정재승, 『열두 발자국』, 어크로스, 2018.

정제영, 『디지털 시대와 4차 산업혁명에 대비한 교육의 시대』, 박영STORY, 2018.

조수진, 「자율적인 코로나 대응… 스웨덴의 미래는?」, EBS 뉴스, 2021. 3. 31.

조영태, 『인구 미래 공존』, 북스톤, 2021.

조영태, 『정해진 미래』, 북스톤, 2016.

주병기, 「공정한 사회와 지속가능한 경제발전: 우리의 현실과 바람직한 정책 방향」, 『한국경제포럼』, 12(2), 2019.

채창균, 「인구 충격과 한국 평생교육의 새로운 모색」, 『학예연구』 2020-03, 기획재정부·글로벌지식협력단지·한국개발연구원, 2020.

최경수, 「청년실업률은 왜 상승하는가?」, KDI 포커스, 한국개발연구원, 2017.

최원일, 「'일상이 도전'인 세상에서 '도전이 일상'이 되는 삶을 위하여」, 『딴짓, 다섯 번째 이야기』, 2020년 GIST 무한도전 프로젝트, 광주과학기술원, 2020.

통계청, 「2020년 출생통계(확정)」, 2021.

통계청, 「움직이는 인구피라미드」, SGIS 통계지리정보서비스, 2021. https://sgis.kostat.go.kr/jsp/pyramid/pyramid1.jsp

통계청, 「장래인구추계(2017~2067)」, 2019. 3. 28.

한국개발연구원, 「KDI 행복연구(KDI Happiness Study)」 조사자료(연구책임자: 김희삼), 2013.

한국교육방송공사, EBS다큐프라임 교육대기획 〈대학입시의 진실〉 제4부 '진짜인재, 가짜인재', 2017.

한요셉, 「전공 선택의 관점에서 본 대졸 노동시장 미스매치와 개선방향」, KDI 포커스, 한국개발연구원, 2020.

한준, 「한국의 사회이동성 제고를 위한 방안」, 『수저계급론에 대한 진단과 정책 제언』, 한국경제연구원, 2018.

허재준, 「인공지능과 노동의 미래: 우려와 이론과 사실」, 『한국경제포럼』,

12(3), 2019.

Acemoglu, D. and D. H. Autor, "Skills, Tasks and Technologies: Implications for Employment and Earnings," in *Handbook of Labor Economics 4*, Elsevier, 2011.

Algan, Y., P. Cahuc, and A. Shleifer, "Teaching Practices and Social Capital," *American Economic Journal: Applied Economics*, 5(3), 2013.

Autor, D., "Work of the Past, Work of the Future," NBER working paper 25588, 2019.

Betts, J. R. and J. L. Shkolnik, "The Behavioral Effects of Variations in Class Size: The Case of Math Teachers," *Educational Evaluation and Policy Analysis*, 21(2), 1999.

Bloom, B. S., P. W. Airasian, K. A. Cruikshank, R. E. Mayer, P. R. Pintrich, J. Raths, and M. C. Wittrock, *A Taxonomy for Learning, Teaching, and Assessing: A Revision of Bloom's Taxonomy of Educational Objectives*, Longman, 2001.

Blundell, R, R. Joyce, A. Norris Keiller, and J. P. Ziliak, "Income Inequality and the Labour Market in Britain and the US," *Journal of Public Economics*, 162, 2018.

Carneiro, Pedro and James J. Heckman, "Human Capital Policy," NBER Working Paper 9495, 2003.

Chetty, Raj, Nathaniel Hendren, Patrick Kline, Emmanuel Saez, and Nicholas Turner, "Is the United States Still a Land of Opportunity? Recent Trends in Intergenerational Mobility," *American Economic Review*, 104(5), 2014.

Coleman, J. S., E. G. Campbell, C. J. Hobson, J. McPartland, A. M. Mood,

F. D. Weinfeld, and R. L. York, *Equality of Educational Opportunity*, Washington, DC: U.S. Government Printing Office, 1966.

Coleman, J. S., T. Hoffer, and S. Kilgore, "Cognitive Outcomes in Public and Private Schools," *Sociology of Education*, 55(2), 1982.

Cunha, F., and J. J. Heckman, "Formulating, Identifying and Estimating the Technology of Cognitive and Noncognitive Skill Formation," *Journal of Human Resources*, 43(4), 2008.

Cunha, Flavio and James Heckman, "The Technology of Skill Formation," *American Economic Review*, 97(2), 2007.

Deming, D. J., "The Growing Importance of Social Skills in the Labor Market," *The Quarterly Journal of Economics*, 132(4), 2017.

Dustmann, C, J. Ludsteck, and U. Schonberg, "Revisiting the German Wage Structure," *The Quarterly Journal of Economics*, 124(2), 2009.

Education Endowment Foundation, "Teaching and Learning Toolkit." https://educationendowmentfoundation.org.uk/ evidence-summaries/teaching-learning-toolkit/

Esser, H., "The Two Meanings of Social Capital," in D. Castiglione, J. Van Deth, and G. Wollebm (eds.), *The Handbook of Social Capital*, Oxford: Oxford University Press, 2008.

Feinstein, Leon, "Inequality in the Early Cognitive Development of British Children in the 1970 Cohort," *Economica*, 70(277), 2003.

Fischbacher, Urs, Simon Gächter, and Ernst Fehr, "Are People Conditionally Cooperative? Evidence from a Public Goods Experiment," *Economics Letters*, 71(3), 2001.

Frey, Carl B. and Michael A. Osborne, "The Future of Employment: How Susceptible are Jobs to Computerisation?" *Technological Forecasting*

& *Social Change*, 114, 2017.

Fullan, M. and M. Langworthy, *A Rich Seam: How New Pedagogies Find Deep Learning*, Pearson, January 2014.

Goldin, Claudia and Lawrence F. Katz, *The Race between Education and Technology*, Harvard University Press, 2007.

Greenstone, Michael, Adam Looney, Jeremy Patashnik, and Muxin Yu, "Thirteen Economic Facts about Social Mobility and the Role of Education," The Hamilton Project, Policy Memo, June 2013.

Hanushek, Eric A. and Ludger Woessmann, "Knowledge Capital, Growth, and the East Asian Miracle," *Science*, 351(6271), 2016.

Hargreaves, Andy and Dennis Shirley, *The Global Fourth Way: The Quest for Educational Excellence*, Thousand Oaks, CA: Corwin, 2012 (이찬승·홍완기 역, 『학교교육 제4의 길 2』, 21세기교육연구소, 2015).

Highscope, "Perry Preschool Project: Does High-Quality Preschool Education Make a Difference?" (접속일: 2021. 7. 12.) https://highscope.org/perry-preschool-project/

Hirschman, A., *Exit, Voice, and Loyalty: Responses to Decline in Firms, Organizations, and States*, Harvard University Press, 1970.

Ito, T., K. Kubota, and F. Ohtake, "The Hidden Curriculum and Social Preferences," Discussion Paper No. 954, The Institute of Social and Economic Research, Osaka University, 2015.

Jerrim, John and Lindsey Macmillan, "Income Inequality, Intergenerational Mobility, and the Great Gatsby Curve: Is Education the Key?" *Social Forces*, 94(2), 2015.

Karabel, Jerome, *The Chosen: The Hidden History of Admission and Exclusion at Harvard, Yale, and Princeton*, 2006. (이종삼 역, 『누가 선

발되는가?』, 한울아카데미, 2011.)

Kawaguchi, D., "Fewer School Days, More Inequality," *Journal of the Japanese and International Economics*, 39, 2016.

Kim, Dongseok, "Adaptive Learning System in a Statistics Course: An Experience in Korea and Its Implications," *KEDI Journal of Educational Policy*, 18(1), 2021.

Koh, Youngsun, "The Evolution of Wage Inequality in Korea", Policy Study 2018-01, Korea Development Institute, 2018.

Lee, J. H. and L. Steer, "Combining High-Tech and High-Touch to Personalize Learning for Every Child," The Education World Forum, 2019. 1. 8.

Levitt, Steven D. and Stephen J. Dubner, *Freakonomics: A Rogue Economist Explores the Hidden Side of Everything*(안진환 역, 『괴짜경제학』, 웅진지식하우스, 2005.)

Lundberg, S., "Noncognitive Skills as Human Capital," in Hulten, C. R., and Ramey, V. A. (eds.), *Education, Skills, and Technical Change*, University of Chicago Press, 2018.

Muralidharan, K., A. Singh, and A. J. Ganimian, "Disrupting Education? Experimental Evidence on Technology-Aided Instruction in India," *American Economic Review*, 109(4), 2019.

Murnane, R. J. and F. Levy, "Evidence from Fifteen Schools in Austin, Texas," in G. Burtless (ed.), *Does Money Matter?: The Effect of School Resources on Student Achievement and Adult Success*, Brookings, 1996.

OECD, "Focus on Inequality and Growth," December 2014.

OECD, "Overview of the Education System (EAG 2021): Korea," 2021.

OECD, *Education at a Glance*, Database, 2020.

OECD, *Employment Outlook 2017*, 2017.

OECD, *Pathways to Success: How Knowledge and Skills at Age 15 Shape Future Lives in Canada*, OECD, Paris, 2010.

OECD, *Program for the International Assessment of Adult Competencies(PIAAC)*, 2013.

OECD, *The Causes and Consequences of Field-of-Study Mismatch*, 2015.

OECD, *Economic Surveys: Korea*, 2008.

Osaka University(오사카대학 사회경제연구소), "Global COE(The 21st Century Center of Excellence Program) Preference Parameters Study," 2012.

Poh, Ming-Zher, Nicholas C. Swenson, and Rosalind W. Picard, "A Wearable Sensor for Unobtrusive, Long-Term Assessment of Electrodermal Activity," *IEEE Transactions on Biomedical Engineering*, 57(5), 2010.

Putnam, R. D., *Bowling Alone: The Collapse and Revival of American Community*, New York: Simon & Schuster, 2000. (정승현 역, 『나 홀로 볼링』, 페이퍼로드, 2009.)

Putnam, R. D., *Our Kids: The American Dream in Crisis*, New York: Simon and Schuster, 2015. (정태식 역, 『우리 아이들』, 페이퍼로드, 2016.)

Riley, M. W. and J. W. Riley, "Age Integration: Conceptual and Historical Background," *The Gerontologist*, 40(3), 2000.

Risley, Todd R. and Betty Hart, *Meaningful Differences in the Everyday Experience of Young American Children*, Paul H. Brookes Publishing Co., 1995.

Sustainable Development Solutions Network, *The World Happiness*

Report, each year.

The Economist, "Education Reform: Teaching the Teachers," 2016. 6. 11.

UN, *World Population Prospects,* 2017 Revision.

Wolfe, Barbara and Robert Haveman, "The Determinants of Children Attainments: A Review of Methods and Findings," *Journal of Economic Literature,* 33(4), 1995.

왜 지금 교육경제학인가

1판 1쇄 발행 2021년 12월 24일
1판 2쇄 발행 2022년 10월 15일

지은이 김희삼

펴낸이 김유열 | **콘텐츠기획센터장** 이주희 | **지식출판부장** 박혜숙
지식출판부·기획 장효순, 최재진 | **마케팅** 최은영, 이정호 | **북매니저** 박민주

책임편집 정진라 | **디자인** 오하라 | **인쇄** 우진코니티

펴낸곳 한국교육방송공사(EBS)
출판신고 2001년 1월 8일 제2017-000193호
주소 경기도 고양시 일산동구 한류월드로 281
대표전화 1588-1580
홈페이지 www.ebs.co.kr | **이메일** ebs_books@ebs.co.kr

ISBN 978-89-547-6282-3 03320

ⓒ 2021, 김희삼